本丛书由中国社会科学院俄罗斯东欧中亚研究所与社会科学文献出版社共同组织出版

当代俄罗斯东欧中亚
研究丛书

中国社会科学院创新工程学术出版资助项目

当代俄罗斯东欧中亚研究丛书

区域经济社会发展

俄罗斯的探索与实践

REGIONAL ECONOMIC
AND SOCIAL DEVELOPMENT

Exploration and Practice of Russia

高际香◎著

社会科学文献出版社
SOCIAL SCIENCES ACADEMIC PRESS (CHINA)

序

陆南泉

在高际香送来的《区域经济社会发展——俄罗斯的探索与实践》一书即将付梓之际，为书作序，义不容辞。

实现地区间经济社会的均衡发展，对于像俄罗斯这样国土广袤、民族问题复杂的国家来说，具有十分重要的战略意义。当前，国内对俄罗斯经济社会发展的研究，大多仍然停留在宏观层面，区域层面的系统研究尚不多见，并且主要关注的焦点还是与中国比邻的远东地区。因此，为全面了解和深入把握俄罗斯经济社会发展状况，更好地推进中俄两国战略合作伙伴关系发展，加强对俄罗斯地区经济社会发展的全面系统研究无疑是十分必要的，也是十分紧迫的。

正是在这种背景下，高际香以俄罗斯地区经济社会发展为整体研究对象，在吸收中俄学者主要研究成果的基础上，综合运用区域经济学、城市经济学、产业经济学、财政经济学、社会学、人口学、经济地理学、政治学等相关理论，对俄罗斯八大联邦区经济社会发展概况、中央与地区关系、地区人口与人口跨区域流动、城市发展、俄罗斯农村地区与农业发展、区域政策演变与区域发展战略选择、落后地区发展战略与政策等方面进行了全面系统的研究，从不同层面和不同视角，勾勒出俄罗斯地区经济社会发展的全貌。

以此为基础，作者对俄罗斯地区经济社会发展的主要特点进行了总结，归纳起来主要为以下六点：一是资源过度集中在为数不多的几个联邦主体之中；二是城市集聚区中心城市对本地区资源具有较强的吸附能力；三是地区间发展差异较大；四是人口增加的地区为数不多；五是人口的空间集聚带动经济活动的空间集聚；六是各地区的工业化、城市化进度不等。本书对上述特点进行了分析，提出了十分重要的看法。

本书作者还深入探讨并回答了几个关系俄罗斯地区经济社会发展的重大问题：第一个问题是，俄罗斯将如何对国土广袤、发展程度不一、人口分布严重不均衡的经济空间进行有效治理；第二个问题是，俄罗斯将如何更好地综合运用各项政策，消除科技基础设施和制度障碍，激发各个地区的潜力，提高经济竞争力并且实现综合发展的地区政策目标；第三个问题是，自2008年以来，俄罗斯整体、各大联邦区、各联邦主体经济社会长期发展战略体系的构建，将对区域经济社会发展产生怎样的影响。

本书最后对中俄地区间合作的前景进行了展望，认为中国与俄罗斯彼此之间是最为重要的邻国，基于资源互补的优势，中俄两国开展地区间合作前景无疑是广阔的。然而，就目前的现实情况来看，中俄两国的地区间合作还是应该本着积极、理性、稳妥的原则推进，并且可以适当拓展合作区域和领域。

在本书研究与撰写期间，作者收集了大量俄文最新资料和政策文件，为研究工作的开展奠定了坚实的基础。与此同时，作者还就有关重点、难点问题，登门拜访了数十位俄罗斯专家、学者，掌握了大量第一手的资料，使研究内容更为切实和可信。

据我所知，本书是国内首次对俄罗斯地区经济社会发展所做的系统研究，本书的研究成果既可为从事俄罗斯问题研究的相关人员提供借鉴，也可为发展中俄两国关系提供政策制定的参考。

综上所述，这是一本具有重要价值的论著。

2012 年 12 月 12 日

目录 CONTENTS

导　论 …………………………………………………………………… 1
　　第一节　研究背景 ………………………………………………… 1
　　第二节　相关研究综述 …………………………………………… 2
　　第三节　研究思路与研究框架 …………………………………… 12

第一章　八大联邦区经济社会发展概况 ……………………………… 14
　　第一节　中央联邦区 ……………………………………………… 16
　　第二节　西北联邦区 ……………………………………………… 21
　　第三节　南方联邦区 ……………………………………………… 26
　　第四节　北高加索联邦区 ………………………………………… 32
　　第五节　伏尔加沿岸联邦区 ……………………………………… 39
　　第六节　乌拉尔联邦区 …………………………………………… 45
　　第七节　西伯利亚联邦区 ………………………………………… 50
　　第八节　远东联邦区 ……………………………………………… 55

第二章　中央与地区关系 ……………………………………………… 61
　　第一节　苏联时期的中央与地区关系 …………………………… 61
　　第二节　叶利钦时期的中央与地区关系 ………………………… 68
　　第三节　2000年至今的中央与地区关系 ………………………… 73

第三章　地区人口与人口跨区域流动 …………………………………… 87

第一节　地区人口状况 …………………………………………………… 87

第二节　人口跨区域流动 ………………………………………………… 96

第三节　制约人口跨区域流动的因素与地区间移民政策 ……………… 104

第四章　城市发展 …………………………………………………………… 110

第一节　城市化进程 ……………………………………………………… 110

第二节　城市发展现状 …………………………………………………… 121

第三节　"郊区居所"的发展 …………………………………………… 129

第五章　农村地区与农业发展 ……………………………………………… 140

第一节　农村地区发展 …………………………………………………… 140

第二节　农业发展 ………………………………………………………… 154

第三节　农村地区和农业发展政策 ……………………………………… 170

第六章　区域政策演变与区域发展战略选择 ……………………………… 182

第一节　区域政策演变 …………………………………………………… 182

第二节　主要区域政策工具——经济特区 ……………………………… 189

第三节　区域长期发展战略体系构建 …………………………………… 206

第七章　落后地区发展战略与政策 ………………………………………… 214

第一节　北高加索地区发展战略与政策 ………………………………… 214

第二节　远东地区开发战略与政策 ……………………………………… 232

第八章　结论 ·········· 253
第一节　俄罗斯地区经济社会发展特点 ·········· 253
第二节　影响俄罗斯地区经济社会发展的因素分析 ·········· 268
第三节　俄罗斯地区经济社会发展前景展望 ·········· 275
第四节　关于中国与俄罗斯地区间合作的思考 ·········· 284

主要参考文献 ·········· 291

后　记 ·········· 299

导　论

当前，如何更好地实现各地区经济社会均衡发展，已经成为俄罗斯凝聚民众精神、重振大国雄风、加快经济现代化的重大战略问题之一。本章试图在对研究背景和相关研究成果综合深入分析和归纳的基础上，提出本书的研究思路和研究框架。

第一节　研究背景

本书之所以选取俄罗斯地区经济社会发展作为研究对象，把对俄罗斯经济社会问题的研究视角从宏观层面进一步深化到区域层面，主要基于以下两个方面的考虑。

一　中俄战略协作伙伴关系亟待寻求新的突破

中俄两国均为世界最为重要的国家之一。中俄战略协作伙伴关系的建立，无论是对两国经济社会发展，还是对国际政治经济新秩序的构建，都将产生十分重大而深远的影响。然而，我们也必须清醒地认识到，中俄两国当前在经济社会方面的合作，更多的是资源互补式的合作，更多的是局限于远东西伯利亚地区的边境合作，这对中俄两国战略协作伙伴关系的长远发展是十分不利的。为实现两个战略邻邦全面协同发展，中俄战略协作伙伴关系必须有新的突破。当前，服务业和创新经济的发展，为中俄两国突破合作的领域局限和区位限制提供了良好的条件。随着全球经济增长中心逐渐向亚太地区转移以及美国"重返亚太"战略的实施，俄罗斯的亚太政策、紧邻我国的俄罗斯西伯利亚和远东地区发展政策也越来越多地被提到重要地位，正是在这种背景下，本书把对俄罗斯经济社会发展的研究从宏观层面进一步深入到区域层面，试图从俄罗斯区域政策和区域战略的角度，探讨中俄合作的优先方向，寻找扩大和深化中俄区域合作和相互投资合作的新途径，为中俄两国战略协作伙伴关系的全面升级提供有益的参考。

二 我国区域经济社会发展需要有不同视角的借鉴

当前，我国区域经济社会发展更多的是借鉴西方发达国家的理论与模式，而对俄罗斯的情况研究不多。事实上，我国领土面积广阔，各地区经济社会发展状况与程度各异，在区域经济社会发展方面与俄罗斯存在一些共性问题，诸如中央与地区关系协调问题、区域经济发展战略与政策选择问题、城乡协调发展问题、落后地区开发问题、边疆民族地区治理问题等。研究俄罗斯促进区域经济社会发展的战略与政策，对于我国加强国家治理、制定区域发展战略、出台区域经济社会发展政策具有一定的借鉴意义。

第二节 相关研究综述

当前，中国学者对俄罗斯区域经济社会发展的研究，主要集中在与中国毗邻的西伯利亚远东地区，即俄罗斯东部地区，对俄其他地区的研究不足，而且研究重点大多集中在西伯利亚远东地区与中国东北地区的贸易投资合作，或者是中俄相关区域共同参加东北亚区域经济合作等，对俄罗斯各个区域的资源禀赋、产业结构、国际竞争力、投资潜力等的综合评估不足，缺乏对俄罗斯区域经济社会发展战略的整体把握。故此，以下仅就俄罗斯学者对区域经济社会发展的研究成果以及俄罗斯政府的政策实践等做一简要的综述。

一 俄罗斯区域经济理论演进与政策实践

西方经济理论认为，地区经济学（也称区域经济学）是经济学与经济地理学的结合，是研究生产资源在一定空间（区域）优化配置和组合，以获取最大产出的学说。其基本任务在于揭示经济活动的空间组织规律、区域之间的经济联系与相互制约关系，并以此为基础，制定区域经济政策并进行区域经济管理，从而推动区域经济的协调发展。

俄罗斯学者对区域经济学的前身——经济地理学的研究由来已久。世界经济地理学第一人、荷兰的伯恩哈德（Bernhard Varenius）（1622~1650）于1650年发表了其代表作《综合地理》。在当时的社会发展状况下，仅仅隔了50余年，到18世纪初，彼得一世就命令将此书译成俄文。俄罗斯最早研究经济地理的学者是塔季舍夫（В. Татишев）（1686~1750）和罗蒙诺索夫（М. Ломоносов）（1711~1765）。罗蒙诺索夫于1760年在国际上首次使用了"经济地理"这一术语，并且领导了一个与此相关的专门研究机构。

苏联时期，巴兰斯基（Н. Баранский）（1881~1963），科洛索夫斯基（Н. Колосовский）（1891~1954），萨乌什金（Ю. Саушкин）（1911~1982）等是区域经济主要思想和基础理论的主要奠基人。20世纪60年代，因制定区域长期发展计划的需要，苏联的区域经济学获得了长足发展。20世纪70年代，苏联科学院院士、国家计委生产力研究委员会主席涅克拉索夫（Н. Некрасов）（1906~1984）出版了《区域经济问题》和《区域经济学》等重要专著，标志着苏联的区域经济学已发展成为一门独立完整的学科。"区域经济学"也作为独立条目，被写进了苏联的《政治经济学百科全书》。

涅克拉索夫对区域经济学的定义是："社会主义区域经济学，是一门经济科学，它以社会主义经济规律为依据，研究那些对有计划建立和发展国家区域体系和每一地区生产力及社会过程有决定意义的经济社会因素和现象的总和。"根据涅克拉索夫的定义，许多苏联学者认为，区域经济应当研究和探讨的综合问题包括：保证实行有计划的区域分工，保障各个区域在统一经济体系中的最优专业化；从全国国民经济综合体的整体利益出发，实现物质生产最大化；完善地区内部和地区间的交通经济联系；合理利用劳动力资源；为居民劳动、生活、休息创造应有的社会保障条件；保护环境和合理利用自然资源等。

至此，区域经济学与经济地理学的区别逐渐明晰。区域经济学已走出经济地理研究一国一地区的范畴，而是研究对建立和发展国家区域体系和每一个具体地区生产力和社会过程有决定意义的经济和社会因素的总和，其中主要包括生产力布局、区域经济综合发展和区际生产联系等。区域经济学与人口学、社会学、统计学等学科交叉，同经济地理学相比，它的研究范围更宽泛，研究程度更深，在科学和实践方面的目标性更强，更能适应国民经济整体发展的需要。20 世纪 80 年代末至 90 年代初，苏联的高等院校开始开设区域经济学课程。

在区域经济学研究中，对苏联区域经济社会发展实践产生重要影响的是经济区划理论、生产力布局理论和区域生产综合体理论。

（一）经济区划理论与政策实践

经济区划是根据社会劳动地域分工规律、区域经济发展水平和特征的相似性、经济联系的密切程度，或者依据国家经济社会发展目标与任务，对国土进行的战略性区分。

俄罗斯有关经济区划的文献可以追溯到 18 世纪后半叶的沙俄时期，其中较为著名的有《俄罗斯帝国地理方法记述》（Х. Чеботарев，1776）、《俄罗斯帝国概览》（С. Плещеев，1786）、《俄罗斯自然状况概览》（К. Арсеньев，1818）、《俄罗斯欧洲部分工业分布图》（К. Арсеньев，1842）、《俄罗斯帝国分区统计尝试》（Н. Огарев，1847）、《俄罗斯欧洲部分物产和人居统计》（П. Семенов-Тян-Шанский，1871）、《俄罗斯欧洲部分各地区工业和贸易》（П. Семенов-Тян-Шанский，Н. Штрупп，1911）等。

苏维埃政权建立之初，经济区划实践随即开始。1920 年，俄成立了国家电气化委员会，通过了电气化国家计划（ГОЭЛРО）。同年，在电气化国家计划框架下，划分了八个大区：北部区、中央工业区、南方区、伏尔加沿岸区、乌拉尔区、高加索区、西西伯利亚区、土耳其斯坦区。电气化计划项下的经济区划未能覆盖苏联全部地区，东西伯利亚和远东被排除在外。

1921~1922 年，时任国家计划委员会（前身为国家电气化委员会）主任的克尔日诺夫斯基（Г. Кржижановский）领导国家的经济区划工作，成立了以加里宁为主席、由著名经济学家和地理学家组成的经济区划委员会，探索了经济区划的基本理论、原则和方法。当时根据科研工作和实践的需要把全苏划分为 21 个经济区：中央工业区、中央黑土区、西北区、东北区、维亚茨克 –

韦特卢加区、伏尔加中游地区、伏尔加下游地区、西部区、西南区、南方矿业区、高加索区、乌拉尔区、鄂毕区、库兹涅茨－阿尔泰区、叶尼塞区、连斯克－贝加尔区、雅库特区、远东区、西哈萨克区、东哈萨克区、中亚区。这是苏联按地区布局生产力的开端。

1938~1940年，对经济区作了相应的调整，21个经济区被合并为13个经济区：中央区、西北区、欧洲北部区、伏尔加区、北高加索和顿河下游区、乌拉尔区、西西伯利亚区、东西伯利亚区、远东区、南方区（乌克兰和摩尔多瓦苏维埃社会主义共和国）、西部区（白俄罗斯、立陶宛、拉脱维亚、爱沙尼亚苏维埃社会主义共和国）、外高加索区（格鲁吉亚、阿塞拜疆和亚美尼亚苏维埃社会主义共和国）、中亚和哈萨克区（哈萨克、乌兹别克、吉尔吉斯、塔吉克和土库曼苏维埃社会主义共和国），其中前九个经济区在俄罗斯联邦社会主义共和国境内。

1963年，经济区划做了进一步细化，全苏被分成18个经济区，俄罗斯境内有十个。1982年，重新划分形成了19个经济区，其中俄罗斯有11个：西北区、北方区、中央区、中央黑土区、伏尔加－维亚茨基区、伏尔加河地区、北高加索区、乌拉尔区、西西伯利亚区、东西伯利亚区和远东区。

苏联的经济区划理论不仅获得了学界的高度评价，而且为联合国所认可。1985年，联合国区域发展中心指定出版了英文版的《经济区划：苏联国民经济计划的概念、方法、实践》一书，专门介绍经济区划在苏联区域发展中的作用。

（二）生产力布局理论和政策实践

生产力布局理论是研究在一定生产力发展水平和一定社会条件下，有效实现生产力诸要素的空间配置，使生产活动经济效果最大化的理论。1915年，秉承17~18世纪在地区生产力方面的研究成果，在院士韦尔纳德斯基（В. Вернадский）的倡导下，俄国皇家科学院通过了组建俄国自然生产力委员会（КЕПС）的决议。该委员会后来被苏联学者称为最早研究生产力布局的机构。

苏维埃政权成立后，自然生产力委员会很快变成了科学院的一个大型科研机构。1930年，在自然生产力委员会和科学院考察研究委员会基础上成立了生产力研究委员会（СОПС）。该委员会在研究、批判和吸收西方区位理论的基础上，逐步形成了自己的生产力布局理论，提出了"社会主义生产力布局原则"，即加快落后民族地区的经济和文化事业发展，使所有加盟共和国和地区的经济发展水平逐步趋近；有计划地在全国配置工业，发展专业化协作；工业产区尽量接近原料、燃料产地和成品消费区；有计划并合理地利用自然资源，加速开发储量最丰富和开采条件最有利的自然资源；在合理配置生产力的基础上，巩固国家的国防能力。20世纪60年代，苏联开始把生产力布局的理论研究成果付诸具体实践。其主要标志是1960年生产力研究委员会直接归属国家计委，使其具备了科研机构和重要国家管理机关的双重职能，从而使其理论研究成果能够在实际工作中得到更为广泛的应用。20世纪60~80年代，生产力研究委员会详细拟定了1971~1980年、1976~1990年、2000年前和2005年前的生产力布局总纲要[①]。

（三）区域生产综合体理论与政策实践

区域性生产综合体理论强调，在一个区域中应建立在全国具有地域分工性质的产业，以确立区域在全国经济中的地位；与此同时，在区域内还必须有一些基础产业，以及服务性和附属性产业来支撑专门化产业部门，以体现专门化与综合发展相结合的原则。1928~1937年，苏联组建了第一个区域生产综合体——乌拉尔-库兹巴斯综合体。事实上，区域综合体理论的形成，要比其实践晚了十多年。直到1941年，苏联著名经济学家、区域规划专家科洛索夫斯基才率先提出了有关地域生产综合体的概念："生产地域综合体是特定生产技术条件下社会劳动力的组织形式，是生产企业和居住条件的结合。"以后，阿拉姆皮耶夫（П. Алампиев）、萨乌什金、涅克拉索夫等人就区域生产综合体撰写了一系列专著和论文，区域生产综合体的理论渐趋完善。该理论的优点一是以有限的空间为核心，集中投入资源，形成生产要素的地域性集中；二是注重产业之间结构上的比例关系；三是从动态角度看待区域经济发展。但是该理论也存在一定的缺陷：逻辑结构上缺乏一致性和严密性；在论述区域经济发展过程中，过于注重生产结构的分析，对经济发展地域扩展与演化的规律性探讨

---

① Т. 扎伊采娃：《俄罗斯科学院生产力研究委员会》，《西伯利亚研究》2005年第4期。

不足；存在计划经济体制的根本弊端，即各个企业如同棋子般被动地适应规划或计划，其能动性难以得到发挥。

从20世纪60年代起，区域性生产综合体理论得到广泛应用。1971年，苏共第二十四次代表大会首次正式肯定了这种组织形式。由此，以石油和天然气为基础的西西伯利亚地域生产综合体、以天然气为基础的奥伦堡工业综合体、以铁矿为基础的库尔斯克磁力异常区生产综合体、以特有矿产为基础的南雅库特生产综合体等相继形成。这些综合体在苏联经济发展中起到了重要作用，但由于计划体制的僵化和产业安排的不协调，大多数综合体运行效率不佳。

苏联解体后，1992年6月，生产力研究委员会更名为生产力布局研究与经济合作委员会，并转由俄联邦经济部和俄罗斯与独联体国家经济合作部联合管辖，格兰别尔格（А. Гранберг）院士任该委员会主席。20世纪90年代中期，该委员会继续制订长期区域纲要。1997年9月，该委员会与生产力及自然资源研究委员会合并，再次被命名为生产力研究委员会（СОПС），由俄联邦政府经济部和俄罗斯科学院共同管理。2000年之后，生产力研究委员会基础研究和应用研究并举，成为制订俄联邦目标纲要以及区域和部门战略的牵头单位，完成了大量国家部委、地方政府、科学院和私人公司委托的课题。其主要研究领域为区域经济和国民经济的地区组织、俄联邦经济社会长期发展构想、工业乌拉尔－极地乌拉尔大型投资项目构想、俄罗斯海洋开发长期战略模式、俄罗斯与独联体国家相互协作的地域特点、国家空间发展调控体系改革、联邦区域政策和次联邦区域政策等[①]。生产力研究委员会的研究人员每年完成专著15~20部，论文100多篇。可见，其在俄罗斯区域经济研究中仍发挥着重要的作用。此外，在区域经济研究领域成就卓著的研究教学机构还有俄罗斯科学院地理研究所、莫斯科大学地理系、盖达尔经济政策研究所等。整体而言，当今俄罗斯学界对区域经济的研究更多侧重于应用研究，主要是沿用西方区域经济学理论，诸如地缘政治经济理论、不平衡发展理论、区域分工贸易理论、增长极理论、点轴开发理论、城市集聚区理论等来阐释俄罗斯区域经济发展问题，提出相关对策建议，而在理论上的建树较少。此外，在涅克拉索夫定义的基础上，

---

① http://www.sops.ru/.

俄罗斯对区域经济学的定义也发生了一些变化："区域经济学是研究单个地区或地区体系经济运行的规律、要素、特点和方法，并研究生产力、地区内部和地区间经济关系，为制订地区经济政策和进行经济调控服务的学科。"①

二　后苏联时代俄罗斯区域经济领域的主要研究成果

俄罗斯学者有关区域经济发展的论文大多发表在《俄罗斯经济杂志》《经济问题》《经济学家》《社会与经济》《地区研究》《地区：经济与社会》《地区经济：理论与实践》《国家利益：优先方向与安全》等杂志上。研究方向呈现多元化趋势，主要有农村问题、城市化与逆城市化、中央与地区关系（包括预算间关系）、区际移民等。

需要特别指出的是，俄罗斯学术界从社会经济、社会文化、地缘政治、人种存在论、历史社会学、社会地理学等视角对俄罗斯农村和农业问题给予了特别的关注。如果说，苏联时期对农村问题的研究偏重社会结构差异，认为农村居民社会职业群体之间的差异要远远超越阶级之间的差异，视野尚局限于城乡管理体制的差别、城乡之间的不平等交换、工农业产品剪刀差使城市单向吸纳农村的资源，以及城乡居民之间社会地位、生活水平、生活方式和生活质量上存在实质上的不平等这些问题上②，则后苏联时代的俄罗斯学者对农村问题的研究视角已开始多元化。

为纪念谢缅诺夫-江-尚斯基（В. Семенов-Тян-Шанский）的著作——《俄罗斯欧洲部分的城市和乡村》出版一百年，俄罗斯科学院地理学研究所集体完成了《俄罗斯欧洲部分的城市和乡村：百年变迁》这一百科全书式的著作。该著作综合运用统计学、地理学和社会学资料以及大量图表和附录，详细阐述了俄罗斯欧洲部分城市和乡村的百年变迁③。

萨宁（Т. Шанин）、哈古罗夫（А. Хагуров）、涅费多娃（Т. Нефёдова）、

---

① В. Кистанов, Н. Копылов, Региональная экономика России, М.: Финансы и статистика, 2009, стр. 12.

② Ю. Арутюнян, Опыт социологического изучения села. М., 1968. Ю. Арутюнян, Социальная структура сельского населения СССР. М., 1971.

③ Г. Полян, Т. Нефедова, А. Трейвиш, Д. Лухманов, А. Титков, С. Сафронов, Город и деревня в Европейской России: сто лет перемен. М., 2001.

等学者深入分析了农村因市场经济改革面临的一系列挑战：土地、生产资料、固定资产和流动资产进行所有权转移后，成千上万的乡村出现了因不适应市场经济而人去屋空等问题①。

部分俄罗斯学者从历史社会学视角展开了农村问题的研究：一是分析了斯托雷平农业改革的经验教训，介绍了其改革的主要思想②；二是研究了第二次世界大战后农业经济思想变革，分析了政府在农业和农村发展规划问题上的抉择③。

从社会经济视角研究农村问题较具代表性的是俄罗斯农业科学院全俄农业经济科研所和俄罗斯科学院国民经济社会问题研究所。从 2000 年开始，俄罗斯农业科学院全俄农业经济科研所每年发布农村社会劳动监测报告。监测结果显示，农村最主要的资源——人力资源逐渐走向枯竭④。而俄罗斯科学院国民经济社会问题研究所在帕齐奥尔科夫斯基（В. Пациорковский）的主持下，对别尔哥罗德州、罗斯托夫州、伏尔加格勒州、克拉斯诺达尔边疆区以及楚瓦什共和国的家庭进行了单次或者多次问卷调查，收集了 1000 多户家庭的信息⑤。

著名社会学家斯塔罗韦罗夫（В. Староверов）重新思考了农村社会结构问题，分析了俄罗斯农村自发现代化的成效⑥。库班国立农业大学对农工综合体市场转型条件下的农村社会问题进行了长达十多年的研究⑦。

在农村改革研究方面，卡莉吉娜（З. Калигина）分析了俄罗斯农业改革的三个悖论：一是出乎改革设计者的预想，主要的农产品生产者不是农场，也不是股份公司，而是农户，即农业改革造成小商品生产的扩张；二是现代农业改革成效甚微；三是改革不仅没有培育起农户的市场意识和行为，而且对劳动

---

① Т. Шанин, Рефлексивное крестьяноведение и русское село, Рефлексивное крестьяноведение. М., 2002.；А. Хагуров, Некоторые мотодологические аспекты исследования российского села, Социалогические исследования, №2. 2009.；Т. Нефёдова, Сельская Россия на перепутье, Новое издательство, 2003.

② А. Гутерц, Столыпинскя реформа и землестроитель А. А. Кофод, М., 2003.

③ Т. Заславская, Страницы творческой биографии, Реформаторское течение в отечественной аграрно-экономической мысли（1950 - 1990 - е гг.）М., 1999.

④ Состояние социально-трудовой сферы и предложения по её регулированию. М., 2000 - 2012.

⑤ В. Пациорковский, Сельская Россия：1991 - 2001гг. М., 2003.

⑥ В. Староверов, Сельская социология, М., 2003. В. Староверов, Результаты либеральной модернизации российской деревни, Социологическое исследование, №12. 2004.

⑦ Человеческий капитал современного российского села. М., 2006.

积极性造成了损害①。伊林因（И. Ильин）对多民族地区农村（楚瓦什人、俄罗斯人和巴什基尔人混居）在农业改革过程中呈现的状况、特点和趋势进行了全景式描述②。维里基（П. Великий）主要研究农业改革的矛盾③。

俄罗斯科学院院士阿巴尔金（Л. Абалкин）对俄罗斯农业政策变迁进行了反思，阐述了从苏联时期至今，俄罗斯农业政策的变迁历程，结论是在最近半个世纪以来，俄罗斯每隔15～20年就对农业政策进行一次根本性的变革，对国民心理产生了负面影响④。莫斯科市前市长卢日科夫认为："农业是国民经济中的主要牺牲品。""我们不断考虑要重新开发并发展广阔的疆土，但是我们忘了很重要的一点，我们国土的很大一部分是濒死的村庄，那里人走他乡。3/4濒死的村庄位于中央经济区和西北经济区，也就是俄罗斯的历史中心。如果那里的人口不断流失，俄罗斯的未来将无法想象。"⑤

对于农村和农业改革方案，俄罗斯学者普遍认为，"一刀切"的农村和农业改革方案行不通。因历史背景和地域广阔的原因，俄罗斯各地的农业生产和农业生活方式受多种因素影响，俄罗斯农业需要实行多样性经营，各民族地区的农民也需要相对多元化的生活方式。农业发展与农村地区发展紧密相连，需要对俄罗斯南方和北方地区的改革采取不同的方式。影响南方农业发展的主要是自然条件，而对非黑土区⑥农业发展产生较大影响的则是城市。

关于现有条件下俄罗斯农业经营方式的问题，学者们则争论不休。有人认为："通过发展农场培育农村的中产阶层，在现有条件下不现实。所有权集中到一个或者几个所有人手中的农业经营模式相比所有权平均分配的模式更有效率。"⑦ 俄罗斯农业（农场）和农业经营合作者协会荣誉总裁、著名

---

① З. Калигина, Парадоксы аграрной реформы в России. Новосибирск, 2000.
② И. Ильин, Аграрная реформа в полиэтническом регионе, Чебоксары, 2006.
③ П. Великий, Российское село: кризис созидания, Тезисы докладов и выступлений на Всероссийском социологическом конргрессе, М., 2006.
④ Л. Абалкин, Аграрная трагедия России, Вопросы экономики, №9. 2009.
⑤ Ю. Лужков, Сельский капитализм в России, М., 2005.
⑥ 指北起北冰洋沿岸南到森林草原地带，西起波罗的海东到西西伯利亚的广阔区域。该说法借由土壤构成而来，主要是指覆盖灰色土壤的地区。
⑦ Е. Балабанова, А. Бедный, А. Грузинский, Концентрация собственности в сельском хозяйстве-путь становления эффективного предприятия, Социологическое исследование, №4. 2005.

农学家巴什马奇尼科夫（В. Башмачников）认为，现行农场经济发展并未走上正轨，主要原因是一直以来对大型农业生产方式情有独钟的慢性病所致。他建议对农场实施长期发展规划，最好是 20~30 年的发展规划，而非三四年的规划。只有在较长的时期内，农场经营模式才可以扎根、发展并传承[①]。

预算间关系、预算联邦主义是区域经济领域的另一个重要研究方向。成果颇丰的学者有列克辛、什韦措夫（В. Лексин，А. Швецов）等[②]。什韦措夫认为："资源、权力和地区发展的主要工具都集中在联邦中央……联邦权力机构从自身利益出发强化地区对中央的依赖。""中央权力强化已经成为国家地区政策的主旋律，日后将成为阻碍地区发展的制约因素。"[③]

在城市化和逆城市化研究领域，皮沃瓦罗夫（Ю. Пивоваров）用新的视角重新审视俄罗斯 20 世纪的城市化进程[④]；祖巴列维奇（Н. Зубаревич）关注特大城市的发展与特大城市之间的竞争[⑤]；马赫罗娃（А. Махрова）等则从住房市场角度探讨莫斯科周边刚刚起步的逆城市化进程[⑥]；西萨金

---

① *В. Башмачников*, Минсельхоз меняет взгляды: интервью, *Деловой крестьянин*, №2. 2008.
② В. Лексин, А. Ситников, А. Швецов, Как децентрализовать бюджетно-налоговую систему в интересах Федерации и ее субъектов, *Российский экономический журнал*, № 3. 1993.；В. Лексин, А. Швецов, Бюджет и межбюджетные отношения: Системная модернизация российской модели бюджетного федерализма. Концепция и рекомендации. М.: ГУ - ВШЭ, 1999.；В. Лексин, А. Швецов, Российский федерализм: от сути - к форме, *Российский экономический журнал*, № 5 - 6. 2004.
③ А. Швецов, Традиционный централизм или новый регионализм: подходы к обеспечению территориального развития, *Регион, экономика и социология*. № 1. 2007.
④ Ю. Пивоваров, Урбанизация России в XX веке: представления и реальность, *Общественные науки и современность*, №6. 2001.
⑤ Н. Зубаревич, Развитие и конкуренция крупнейших городов России в периоды экономического роста и кризиса, *Региональные исследования*, №1 (27). 2010.
⑥ *А. Махрова*, Субурбанизация в московском столичном регионе: современное и перспективное состояние, Региональные исследования, №4 - 5. 2009.；*А. Махрова*, Организованные коттеджные поселки новый этап поселений (на примере московской области), Региональные исследования, №2. 2008.；А. Махрова, Т. Нефедова, А. Трейвиш, Московская область сегодня и завтра: тенденции и перспективы пространственного развития. М.: Новый хронограф, 2008.；*Т. Нефедова*, Российские дачи как социальный феномен, SPERO, №15, Осень-Зима 2011.

(Ю. Сисагин) 主要研究城镇在地区发展中的经济社会意义[1];利普西茨(И. Липсиц) 等更多地关注产业单一城市产生的原因及国家对单一产业城市的调控政策[2]。

在区际移民研究领域,泽姆斯科夫(В. Земсков)着眼于对"特殊移民",即遭流放的"富农"和被流放驱逐的少数民族人口的研究[3];扎约奇科夫斯卡娅(Ж. Зайончковская)等从法律制度层面探讨人口地区间流动的障碍因素[4];莫斯塔霍娃(Т. Мостахова)等主要探讨地区的移民吸引力[5]。

此外,有关地区政策、地区战略、地区间差异、远东地区及北高加索地区状况等问题,不仅是俄罗斯学界,而且更是俄政界关注的热点。

实际上,俄罗斯学界乃至各级政府层面对俄罗斯区域经济社会发展如此关注,主要希望解决三个方面的问题:一是确定区域经济发展的优先方向;二是从地缘政治与地缘经济角度探讨保障俄罗斯区域经济政治安全的途径;三是本着经济增长、社会稳定的原则制定合理的区域经济社会发展战略。

第三节 研究思路与研究框架

通过上述对研究背景和相关研究综述的分析,确定本书的研究思路和研究框架如下。

一 研究思路

在吸收中俄学者主要研究成果的基础上,综合运用区域经济学、城市经济

---

[1] Ю. Сисагин, Социально-экономическое значение поселков городского типа в регионах России, Национальные интересы: приоритеты и безопасность, № 20. 2009.

[2] И. Липсиц, Монопрофильные города и градообразующие предприятия: обзорный доклад, М.: ИД Хроникер, 2000. А. Жандаров, Ф. Шиллер, Государственное регулирование экономики: проблемы моногородов России, Вопросы статистики, № 4. 2010.

[3] В. Земсков, Спецпоселенцы в СССР (1930–1960), М., Наука, 2005.

[4] Ж. Зайончковская, Н. Мкртчян, Внутренняя миграция в России: правовая практика, Центр миграционных исследований институт народнохозяйственного прогнозирования РАН, Москва, 2007.

[5] Т. Мостахова, Д. Туманова, Миграционная привлекательность региона, Нац. интересы: приоритеты и безопасность, № 13. 2009.

学、产业经济学、财政经济学、社会学、人口学、经济地理学、政治学等理论，对俄罗斯八大联邦区经济社会发展状况、中央与地区关系、地区人口与人口跨区域流动、城市发展、俄罗斯农村地区与农业发展、区域政策演变与区域发展战略选择、落后地区发展战略与政策等方面进行系统研究，力图借助如上不同层面的视角，勾勒出俄罗斯地区经济社会发展的全貌。

本书尝试探讨几个关系到俄罗斯区域经济社会发展的重大问题：一是俄罗斯将如何对国土广袤、发展程度不一、人口分布严重不均衡的经济空间进行有效治理；二是俄罗斯将如何更好地综合运用各项政策，消除科技基础设施和制度障碍，激发各个地区的潜力，提高地区经济竞争力并且实现综合发展的地区政策目标；三是2008年以来，俄罗斯整体、各大联邦区、各联邦主体经济社会长期发展战略体系的构建，将对区域经济社会发展产生怎样的影响。

二 研究框架

按照前述研究思路，将本书的研究框架确定为八个部分，即八章。第一章介绍八大联邦区的经济社会发展概况；第二章从历史纵深角度，对苏联时期、叶利钦时期和2000年至今的中央与地区关系的演变及其特点进行分析；第三章阐述地区人口状况，纵览沙俄时期、苏联时期及后苏联时期俄罗斯的人口地区间流动特点，分析影响人口地区间流动的主要因素，并对地区间移民政策的绩效进行简要评估；第四章回溯沙俄时期至今俄罗斯的城市化进程，对当今城市发展现状进行概述，并从"郊区居所"发展角度试析俄罗斯居民独有的城乡结合式的劳动休闲方式；第五章是对俄罗斯农村地区、农业发展和农村与农业发展政策的研究；第六章回顾俄罗斯区域政策的演变历程，对近年来频频使用的主要区域政策工具——经济特区进行介绍，并对2008年之后逐渐形成的区域发展长期战略体系进行重点分析；第七章探讨落后地区发展战略与政策，撷取民族宗教关系复杂的边疆地区——北高加索地区和经济最为落后的远东地区作为重点研究对象。第八章是结论，总结俄罗斯区域经济社会发展特点，分析成因，并对俄罗斯区域经济社会发展前景以及中俄地区合作前景予以展望。

第一章
八大联邦区经济社会发展概况

2000年,俄罗斯设立七大联邦区:中央联邦区、西北联邦区、南方联邦区、伏尔加沿岸联邦区、乌拉尔联邦区、西伯利亚联邦区、远东联邦区。联邦区所辖范围实际上与七大军区相吻合,与1982年俄罗斯11个经济区的重合部分较少,联邦区中心也基本设在军区司令部所在城市,仅有萨马拉市和赤塔市例外,这两市分别是伏尔加沿岸军区和西伯利亚军区司令部所在地。2010年,北高加索联邦区从南方联邦区剥离出来,至此形成了八大联邦区(见表1-1)。就实质而言,八大联邦区既不属于行政区划范畴,也很难将其视为经济区(有关联邦区的作用见第二章),但因俄罗斯国家统计局以联邦区为单位进行统计,研究俄罗斯经济地理和区域经济的俄罗斯学者只能把联邦区当做研究单位,尽管这在经济学意义上欠缺严谨。本章亦采用俄罗斯学者通常的做法,利用俄罗斯国家统计局的数据,对八大联邦区的经济社会发展状况进行简述。

表1-1 八大联邦区与11个经济区涵盖范围对比

联邦区(中心城市)	所属经济区	所属联邦主体
中央联邦区(莫斯科市)	中央经济区	布良斯克州、弗拉基米尔州、伊万诺沃州、卡卢加州、科斯特罗马州、莫斯科市、莫斯科州、奥廖尔州、梁赞州、斯摩棱斯克州、特维尔州、图拉州、雅罗斯拉夫州
	中央黑土区	别尔哥罗德州、库尔斯克州、利佩茨克州、坦波夫州、沃罗涅日州

续表

联邦区（中心城市）	所属经济区	所属联邦主体
西北联邦区 （圣彼得堡市）	北方经济区	卡累利阿共和国、科米共和国、阿尔汉戈尔斯克州、涅涅茨自治区、沃洛格达州、摩尔曼斯克州
	西北经济区	圣彼得堡市、列宁格勒州、诺夫哥罗德州、普斯科夫州
	加里宁格勒州	加里宁格勒州
伏尔加沿岸联邦区 （下诺夫哥罗德市）	伏尔加-维亚茨基经济区	马里-埃尔共和国、摩尔多瓦共和国、楚瓦什共和国、基洛夫州、下诺夫哥罗德州
	伏尔加经济区	鞑靼斯坦共和国、萨马拉州、萨拉托夫州、奔萨州、乌里扬诺夫斯克州
	乌拉尔经济区	巴什科尔托斯坦共和国、乌德穆尔特共和国、奥伦堡州、彼尔姆边疆区
南方联邦区 （顿河畔罗斯托夫市）	北高加索经济区	阿迪格共和国、克拉斯诺达尔边疆区、罗斯托夫州
	伏尔加经济区	卡尔梅克共和国、阿斯特拉罕州、伏尔加格勒州
北高加索联邦区 （皮亚季戈尔斯克市）	北高加索经济区	达吉斯坦共和国、印古什共和国、卡巴尔达－巴尔卡尔共和国、卡拉恰耶夫－切尔克斯共和国、北奥塞梯－阿兰共和国、车臣共和国和斯塔夫罗波尔边疆区
乌拉尔联邦区 （叶卡捷琳堡市）	乌拉尔经济区	库尔干州、斯维尔德洛夫斯克州、车里雅宾斯克州
	西西伯利亚经济区	秋明州，汉特-曼西自治区、亚马尔-涅涅茨自治区
西伯利亚联邦区 （新西伯利亚市）	西西伯利亚经济区	阿尔泰共和国、新西伯利亚州、鄂木斯克州、托木斯克州、阿尔泰边疆区
	东西伯利亚经济区	布里亚特共和国、图瓦共和国、哈卡斯共和国、克拉斯诺亚尔斯克边疆区、外贝加尔边疆区、克麦罗沃州、伊尔库茨克州
远东联邦区 （哈巴罗夫斯克市）	远东经济区	萨哈共和国（雅库特）、犹太自治州、楚科奇自治区、滨海边疆区、哈巴罗夫斯克边疆区、堪察加边疆区、阿穆尔州、马加丹州、萨哈林州

资料来源：В. Глушкая，Ю. Симагина，Федеральные округа России，региональная экономика：учебное пособие，М.：КНОРУС. 2009.

第一节　中央联邦区

中央联邦区主要分布在东欧平原，面积 65.02 万平方公里，占俄罗斯国土面积的 3.8%，所辖 17 个州和一个直辖市分别为：别尔哥罗德州、布良斯克州、伊万诺沃州、卡卢加州、科斯特罗马州、库尔斯克州、利佩茨克州、莫斯科州、奥廖尔州、梁赞州、斯摩棱斯克州、坦波夫州、特维尔州、图拉州、弗拉基米尔州、沃罗涅日州、雅罗斯拉夫尔州和莫斯科市，是所辖联邦主体最多的联邦区。

中央联邦区是俄罗斯国家历史中心，在俄罗斯经济社会发展中起到举足轻重的作用。俄罗斯的首都雄踞于此，这里交通干线汇集，科学和高等教育中心云集，人口众多，劳动力素质普遍较高。作为国家主要的行政、政治、科技、经济、教育、医疗中心，中央联邦区不仅具有较强的投资环境吸引力，固定资产投资水平高，而且在金融、科学、文化、中高等专业教育等方面也取得了长足发展，具备了工业和服务业发展的良好条件。不足之处是缺乏出海口；自然资源较为贫瘠；企业机械设备老化。

一　经济实力雄厚

2009 年，中央联邦区在全俄 GDP 中占 35.7%。2010 年，农业产值占全俄的 22.4%，加工工业产值占 30.23%，建筑业产值占 27.1%。种植全国 22% 的粮食、52.6% 的甜菜、26.8% 的土豆、21.2% 的蔬菜；生产 26.4% 的肉类及其制品、19% 的牛奶、21% 的鸡蛋、29.1% 的面包、37.9% 的伏特加和含酒精饮料；电力生产占 22.1%，黑色金属生产占 19.2%，钢材生产占 17%，各类织物生产占 30%。中央联邦区的劳动生产率是全俄平均水平的 1.4 倍，是世界平均水平的两倍多，其中莫斯科市的劳动生产率是全俄平均水平的 2.9 倍。但整体而言，中央联邦区的劳动生产率与欧盟相比仍然存在一定的差距，仅是欧盟平均水平的 80%。此外，中央联邦区创造了 33% 的俄联邦预算收入，出口占全俄出口量的 43.4%，进口占 60.7%，固定资产投资占全俄的 20.7%；人均货币收入为 24525 卢布，在各联邦区中排名第一，人均住房面积 24 平方米，排名第二（见表 1-2）。

表1-2　2010年中央联邦区各项经济社会指标在全俄所占比重

指　　标	占比(%)	指　　标	占比(%)
面积	3.8	养殖业	22.2
人口	26.9	建筑	27.1
地区生产总值(2009年数据)	35.7	零售贸易	34.12
采矿业	9.99	税费收入(其中纳入联邦预算	33.15
加工业	30.23	的税费收入)	(27.73)
水、电、天然气的生产与配给	31.58	固定资产投资	20.7
农业生产	22.4	出口	43.4
其中　种植业	22.6	进口	60.7

资料来源：Регионы России，социально-экономические показатели，Росстат，2011.

二　自然资源潜力不足

中央联邦区虽然拥有1.05万个矿产资源储地，38种矿产资源，但仅有几种矿产资源储量在全俄占有一定的地位。工业用铁矿石占俄罗斯总储量的59%。铁矿石主要产地位于别尔哥罗德州和库尔斯克州的库尔斯克地磁异常区。别尔哥罗德州的列别金煤炭开采和洗选厂是全俄最大、世界前十名铁矿石开采洗选企业。白垩储量占全俄储量64%，石膏占57%，白云石占45%，难溶黏土占41%，水泥原料占27%，耐火黏土占18%，玻璃原料占26%。除此之外，这一地区还可以称道的是水资源优势，联邦区北部有伏尔加河及其支流，南部有顿河流过，西部有第聂伯河。

三　人口密度大，人口发展指标不甚理想，但移民吸引力较强

截至2010年10月，中央联邦区拥有人口3843.86万，占俄罗斯总人口的26.9%，人口密度为57.1人/平方公里，在所有联邦区中排名第一。其中城市人口占80.9%。从出生率和死亡率指标看，近十年来，中央联邦区的情况有较大改善，但是与全俄平均指标相比，依旧呈现出生率低和死亡率高的特点。从2000年和2009年的数据看，中央联邦区的出生率分别为7.7‰和10.8‰，低于全俄8.7‰和12.4‰的水平；死亡率为17.5‰和15.5‰，高于全俄

15.4‰和14.2‰的水平。出生率低和死亡率高的双向作用，导致2000~2009年，十个人口在123万以上的联邦主体的人口减少了7%~15%，而五个人口在61万以下的联邦主体的人口减少了17%~18%。当然，较强的移民吸引力在一定程度上弥补了人口的自然减少。2000~2009年，整个中央联邦区的移民净流入为186万人，其中莫斯科市和别尔哥罗德州的移民流入数量是人口自然减少数量的119%和110.3%，莫斯科州为101%。

四 产业结构多样化程度高，工业部门齐全，服务业较为发达

中央联邦区是俄罗斯历史悠久的工业中心，因此工业门类较为齐全，服务业发展水平也较高。从2008年的统计数据来看，中央联邦区的生产总值中，农业占2.3%，工业占22.8%（其中加工工业占18.7%），建筑业占4.8%，交通和通信占8.6%，市场化服务占50.2%，非市场化服务业占11.2%。可以说，中央联邦区的产业结构呈现多元化态势。

在工业部门中，航天航空、飞机制造、电子、无线电、精密机器制造、数字程控机床、铁路机器制造、机器人制造等产业较为发达；国防工业、化学、轻工和建筑材料加工业在全俄占有举足轻重的地位。中央联邦区军工产品和科技产品生产在全俄所有联邦区中居第一位。中央联邦区拥有100多个中型和大型化工企业，其中40%的化工产品用于出口。2009年，中央联邦区生产了全俄18%的聚丙烯（11万吨）、30%的可发性聚苯乙烯（8700吨）、64%的聚酯（17万吨）、100%的丙烯腈（6900吨）和约20%的橡胶。中央联邦区的轻工业产品生产也在俄罗斯独占鳌头。全俄2/3的纺织业产能集中于此，有55家大型纺织企业，生产全俄90%的棉织品、86%的亚麻织物、73%的毛纺织品、60%的丝织品和75%的无纺布。建筑材料生产具有较强的实力，生产全俄24.8%的水泥、34.5%的钢筋混凝土构件、53.5%的平板玻璃、57.2%的纤维材料和玻璃纤维绝缘材料、38.3%的预制件木结构房屋。

五 交通发达，旅游资源丰富

中央联邦区拥有发达的辐射状交通网络。从莫斯科市延伸出11条铁路和15条公路。拥有三条国际运输走廊：西伯利亚大铁路、南北运输走廊和泛欧

走廊9号，三条运输走廊横贯联邦区全境。截至2010年底，中央联邦区铁路网密度为261公里/千平方公里，硬面公路密度为231公里/千平方公里，在各联邦区位居第一。分布有11个国际机场，包括全国最大的多莫杰多沃机场、谢列梅捷沃机场和伏努科沃机场。此外，这里人文旅游资源丰富，拥有517个博物馆和168家剧院；2009年，共接待游客1040万人次，其中680万为本国公民，360万为外国游客。

六 创新能力强，高等教育发达

中央联邦区集中了全俄约80%的科技潜力。2008年，研发投入占全俄一半以上，其中莫斯科市的研发投入占全俄总投入的1/3。2000~2010年，高等教育机构数量增加了33.3%，其中国立大学和市立大学数量增加了14.2%，非国立大学数量增加了58.4%，与此同时，国立大学和市立大学学生数量增加了29.7%，非国立大学的学生数量增加了159.4%。截至目前，中央联邦区共有高等教育机构428个，在校大学生221.59万，分别占俄罗斯总量的38.3%和31.4%。拥有国立研究型大学14所，其中八所位于莫斯科市。

七 对外贸易地位突出，中小企业发展状况较好

2010年，中央联邦区的对外贸易额约占全俄的47%。出口商品中占比最高的是能源资源产品（因石油和天然气公司的总部均设在莫斯科市）和金属及其制品。进口产品主要是机器、设备、运输工具以及化工产品。中央联邦区集中了全俄1/3的中小企业，其中一半以上集中在莫斯科市。联邦区小企业创造的产值有60%出自莫斯科市。联邦区2/3的小企业从事批发和零售贸易。联邦区小企业产值的82.5%由贸易行业的小企业创造。

八 初级能源消费以天然气为主，电力整体过剩，电耗水平较高

初级能源产品消费中，天然气占64%（世界平均水平为24%，欧洲平均水平为26%，俄罗斯平均水平为55%）；石油产品消费占18%（相应为35%、41%和19%）；煤炭消费占4%（相应为29%、17%和15%）。发电量中，热电占61.2%、核电占34.9%，水电仅占微不足道的份额。2009年数据显示，

中央联邦区共发电2181亿千瓦，消费1988亿千瓦。可以说，近年来中央联邦区整体电力过剩，但是在其18个联邦主体中又有11个存在电力短缺问题。中央联邦区的电力消耗水平为每创造1000美元的产值需要消耗507.8千瓦电力（不包括莫斯科市，包括莫斯科市为456千瓦），低于全俄平均水平的584.6千瓦。虽然中央联邦区的电力消耗水平低于全俄平均水平，但远远高于世界平均水平（288千瓦）和欧洲平均水平（226千瓦）。

九 莫斯科市的城市集聚效应明显，但发展遭遇到瓶颈制约

莫斯科市占地1100平方公里，人口1155.19万。人口积聚效应明显，仅在1990~2008年，因移民的大量流入，人口数量就增加了18.5%。莫斯科市是全俄和中央联邦区主要的商业中心和最大的服务业中心，创造了中央联邦区76.3%和全俄45.1%的批发贸易额。除了作为纳米和生物技术中心、军事工业综合体科技生产中心以及精密仪器制造中心之外，莫斯科市还将发展成为国际金融中心、文化和旅游中心。莫斯科市居民生活水平高于中央联邦区平均水平，预算保障能力是中央联邦区平均水平的两倍，平均工资是最低生活保障水平的1.5~1.6倍。莫斯科的城市发展已经越来越受到面积、劳动力和基础设施的制约。目前，莫斯科市的街道网密度是欧洲大城市的1/4~1/5，干线道路缺口达350~400公里，80的干线道路经常拥堵，需要新建100公里以上的地铁线路，停车场也严重不足。近年来，围绕是应侧重把莫斯科发展成世界级大都市抑或是应该更注重其履行首都职能建设问题的争论不断，严重影响市民生活舒适性的交通拥堵饱受诟病。

十 经济社会发展受诸多内外部因素制约

制约中央联邦区经济发展的主要外部因素包括：加工工业产品在国际市场上的竞争力较弱，除了军工产品之外，参与国际分工的程度较低；对食品、原料、机器设备、日用品和耐用消费品的进口依赖程度较强（如肉类及其制品的自给率为36%，牛奶和奶制品为43%，鸡蛋为72%，面包为52%，蔬菜为77%，仅糖、植物油和土豆自给率达100%）；能源产品和原料产品受国际市场价格波动的影响较大；电力企业所需燃料多从俄罗斯其他地区运

入。内部因素主要包括：人口、经济运行体系、服务业体系、物流和商业都过度集中于联邦区的中心城市，地区间发展差距日益扩大；人口数量长期处于自然减少状态，高技术人才不足；工业产能增长速度落后于需求（电力基础设施的固定资产损耗率高达44.4%）；生态环境恶化，中央联邦区污染物排放占全俄的8.3%，莫斯科市的废水排放量在全俄所有联邦主体中排名第一，淡水水质差，生活生产垃圾处理系统不发达；各类宾馆和旅游休闲设施不足，截至2010年9月，拥有各类宾馆2830家，客房总量为18.4万间，床位39.5万个。

第二节 西北联邦区

西北联邦区占地面积168.7万平方公里，为俄罗斯国土总面积的9.87%。包括阿尔汉戈尔斯克州、涅涅茨自治区、圣彼得堡市、加里宁格勒州、卡累利阿共和国、科米共和国、列宁格勒州、摩尔曼斯克州、诺夫哥罗德州、普斯科夫州、沃洛格达州，共11个联邦主体。联邦区中心设在圣彼得堡市。截至2011年1月，共有人口1358.38万，约占全俄总人口的9.5%，人口数量在全俄各联邦区中排名第五。2009年，西北联邦区创造全俄10.5%的GDP。2010年，加工工业产值、建筑业产值、税费收入、固定资产投资分别为全俄的14.2%、14.5%、10%和11.5%（见表1-3）。

表1-3 2010年西北联邦区各项经济社会指标在全俄所占比重

指　　标	占比(%)	指　　标	占比(%)
面积	9.87	养殖业	6.1
人口	9.5	建筑	14.5
地区生产总值(2009年数据)	10.5	零售贸易	9.43
采矿业	7.18	税费收入（纳入联邦预算的税费收入）	10.0 (8.06)
加工业	14.2
水、电、天然气的生产与配给	10.76	固定资产投资	11.5
农业生产	5.3	出口	9.9
其中　种植业	4.4	进口	18.3

资料来源：Регионы России，социально-экономические показатели，Росстат，2011.

一 矿产资源丰富

矿产品出口在西北联邦区出口中占近60%的份额。其中主要是原料能源类产品。西北联邦区有六个主要矿业基地，分别是科拉矿区、卡累利阿矿区、阿尔汉格尔斯克矿区、西北矿区、加里宁格勒矿区和季曼中部中心矿区；还有三个原料能源中心，分别为季曼－伯朝拉能源中心、沃尔库塔能源中心和波罗的海能源中心。科拉矿业中心生产全俄100%的磷灰石精矿、7%的精制铜、约10%的镍和约11%的铁矿石。科拉矿业中心创造了摩尔曼斯克州约11%的地区生产总值，就业人口达2.64万，占摩尔曼斯克州工业部门就业人口的11%。卡累利阿矿业中心生产全俄约8%的铁矿石，是俄罗斯白云母、钾长石原料和建筑石料的主要开采地，创造了卡累利阿共和国33%的地区生产总值，就业人口达1.1万。阿尔汉格尔斯克矿业中心具有良好的开采前景，投入运营后，俄罗斯的金刚石生产和加工产值至少增加25%。季曼中部中心矿区也具有良好的发展前景，未来可以提供氧化铝生产所需矾土的60%。加里宁格勒矿区集中了世界琥珀已探明储量的90%（约11万吨），近五年来的年开采量为180~250吨，琥珀开采和制品加工从业人员达2000人。季曼—伯朝拉能源中心的煤炭储量在全俄占第二位，开采量占全俄产量的近5%。此外，西北联邦区集中了全俄61%的钛储量，五个主要矿区集中在科米共和国和摩尔曼斯克州。石油可采储量占全俄8.6%，天然气储量占10%，在各联邦区中位居第二。石油开采量占全俄7%（约3360万吨），天然气开采量占0.7%（42亿立方米）。采矿业在一些联邦主体的经济发展中具有举足轻重的地位，如在摩尔曼斯克州和涅涅茨自治区，采矿业分别占地区工业产值的34%和13.6%，就业人员分别占地区工业从业人员的5%和1%强。

二 机械制造、冶金、无线电、化工、森工和渔业具有发展优势

西北联邦区具有发展机械制造业的良好条件：一是地缘经济地位突出，与西方主要机械制造业企业之间的经济联系较为紧密，机械制造业产品既方便在俄罗斯国内销售，也具有销往独联体国家的便利条件；二是交通物流基础设施较为发达；三是联邦区主要经济部门，如石油天然气工业、电力工业、冶金、

交通、农业加工、林业和渔业等对机械制造业产品的需求不断增加；四是圣彼得堡市及联邦区内其他联邦主体的科研教育机构具有较强的实力，企业人才储备和生产潜力较强。2010年，机械制造业在加工工业产值中约占16%的比重。机械制造业地区间合作程度较高，优先发展方向是造船业、船舶维修、港口和物流中心起重设备和重型机器制造。冶金业产出在加工工业中约占15%的比重。其中黑色和有色冶金是西北联邦区主要的产业部门。无线电企业和研究机构在全俄占有重要地位。拥有59个无线电企业和科研机构，从业人员达3.2万，占全俄无线电业从业人员的12.5%。无线电企业和科研机构主要分布在三个地区：圣彼得堡市45家，从业人员2.6万；诺夫哥罗德州八家，员工4300人；普斯科夫州六家，员工1400人。无线电企业生产各种军用和民用无线电设备，无线电设备生产约占全俄总量的17%，科技产品生产占全俄的13%。化工企业生产全俄11%的化工产品、100%的磷灰石精矿石和霞石精矿石、19.2%的化肥、约17%的氨、17%的绘画原料。化工行业创造了联邦区10%的产值，提供了8%的就业岗位。森工行业出口导向特征明显，在联邦区出口中，木材、纸张及其制品约占8%，位居原料能源产品、金属及其制品之后。森工行业产值在联邦区工业产值中约占13%。其中卡累利阿共和国、阿尔汉格尔斯克州和诺夫哥罗德州在联邦区森工行业产值中分别占33.7%、16.2%和16%。渔业企业在全俄海产品捕捞和鱼类食品生产中占30%的份额。

三 科技创新实力较强，投资吸引力强，小企业发展状况良好

西北联邦区加工业产品中，约60%是技术密集型产品和高技术产品，研发投入占地区生产总值中的比重是全俄平均水平的1.4倍。科研经费投入中，18.6%用于基础研究，13.5%用于应用研究，另有67.9%用于开发型研究。共有科技创新机构500家，其中圣彼得堡市拥有46家隶属于俄罗斯科学院和其他科学院的科研机构。截至2011年初，拥有131家高等教育机构，占全俄的11.8%，在校学生数量约75万，占10.1%。西北联邦区的高等教育机构主要都集中在圣彼得堡市，圣彼得堡市拥有的大学生数量仅次于莫斯科市。

西北联邦区具有较强的投资吸引力，2006~2010年，联邦区固定资产投资额年均增幅为9%，高于全俄平均水平两个百分点；人均固定资产投资额是

全俄平均水平的1.2倍。

截至2009年,西北联邦区总共有26.1万家小企业,从业人员120.48万。其中贸易领域小企业占41.2%,建筑领域占11.6%,工业加工领域占9.8%。小企业从业人员占联邦区就业总人口的9.8%,其中一半从事贸易和餐饮业,约1/3从事工业和建筑业。圣彼得堡市小企业数量在全俄独占鳌头,2009年每千人拥有的小企业数量为36.6家。

四 对外贸易结构多元化程度高,边境贸易发展状况良好

西北联邦区与世界155个国家有贸易往来。对外贸易主要面向邻近国家,特别是欧盟及其邻近国家。2010年,与邻近国家的贸易额占到了其对外贸易总额的95.8%。其所属各联邦主体对外贸易额排名前三位的分别是圣彼得堡市、加里宁格勒州和列宁格勒州。出口商品中,能源和原材料类产品最多,第二是金属及其制品,第三是木材、纸张及其制品。进口商品中,所占比重最多的是机器设备和运输工具,第二是食品及其原料,第三是化工产品。边境贸易发展势头良好,2010年边境贸易额占联邦区贸易总额的11%。自1990年以来,人口数量达484.92万、面积占1400平方公里的圣彼得堡市在国家经济社会发展中的作用和功能有所改变,已成为俄罗斯最大的对外经济中心。

五 交通网密集,银行体系发达,文化旅游实力强

西北联邦区的海港、铁路和公路网相对密集,航空运输体系发达,北方海运航线、伏尔加-波罗的海水路以及保障地区天然气供应乃至石油出口的管道运输线齐备。2010年,俄罗斯对外贸易货运量的30%经西北联邦区运出。截至目前,西北联邦区银行体系共有约70家信贷机构,此外还有316家其他地区银行的分行。联邦区的金融中心是圣彼得堡市。该市拥有38家信贷机构和151家其他地区银行的分行。从银行服务保障水平来看,西北联邦区仅次于中央联邦区,圣彼得堡市也仅居于莫斯科市之后,在各联邦主体中排名第二位。俄罗斯有24处古迹被联合国教科文组织列入世界级名胜古迹名录,西北联邦区占八处。图书馆、剧院等文化设施人均拥有量在各联邦区中也高居榜首。圣彼得堡市作为俄罗斯的文化中心,其独特的宫殿、公园群,世界级的历史和文

化遗产吸引着来自各国的大量游客,每年到此的观光客达800万。随着旅游业的发展,今后的游客数量还将大增。

六 经济社会发展面临诸多问题困扰

一是农牧业发展受农业用地制约。西北联邦区农牧业发展状况堪忧,近20年来,农业播种面积减少了56.6%,大牲畜存栏数减少了77.3%,北方驯鹿数量减少了20%。主要原因是农业用地严重不足,俄罗斯人均农业用地面积为1.36公顷,其中耕地0.83公顷,而西北联邦区上述两个指标分别为0.385公顷和0.226公顷,仅相当于全俄平均水平的1/4。二是西北联邦区的天然气供给与消费之间存在着巨大缺口。天然气开采量仅占消费量的10%,其余的90%需要从西伯利亚输入。三是联邦区内部各地区间经济发展水平存在较大差距。普斯科夫州的平均工资仅是圣彼得堡市的一半,人均新建住房面积是圣彼得堡市的1/4。经济发展水平参差不齐使地区投资吸引力差别较大,对地区间的合作产生了一定的阻碍作用。四是运输业固定资产损耗率较高。目前,西北联邦区内河运输行业固定资产损耗率为70%,海运和空运是40%,铁路运输为20%以上,管道运输的固定资产损耗率也较高。五是人口状况堪忧。因农区和林区中小型居民点人口大量流失,近15年来500个居民点失去了医疗服务机构,2000个居民点的学校被迫关闭。自1990年以来,西北联邦区人口减少了两百万,降幅达12%(全俄为3.6%),人口减少幅度仅次于远东联邦区。人口减少最多的联邦主体是摩尔曼斯克州,20年间人口下降了33.2%,科米共和国则减少了18.6%,圣彼得堡市减少了2.8%。此外,加里宁格勒州和列宁格勒州的出生率状况堪忧。人口减少主要靠圣彼得堡市、列宁格勒州和加里宁格勒州吸纳的移民弥补。未来发展中,劳动力资源不足,特别是高素质人才不足的问题将会进一步显现。六是医疗保障不足。西北联邦区医护人员的保障水平低于全俄平均水平,加里宁格勒州、普斯科夫州和伏尔加格勒州仅为全俄平均水平的66.6%~71.4%。七是存量住房陈旧不堪。2010年,存量住房的损耗率高达62.2%,需要进行维修和现代化改造的存量住房占37%。新建住房的15%~20%需要提供给拆迁户。住房公用设施的损耗率高达60%以上。八是存在生态安全隐患。西北联邦区有大量核设施,此外还有核武器试验场,有可能对生态安全构成威胁。

第三节　南方联邦区

南方联邦区位于俄罗斯欧洲部分最南端，将东欧平原南部、里海低地和大高加索山脊西部尽收囊中，占地面积42.09万平方公里，包括六个联邦主体：阿迪格共和国、卡尔梅克共和国、克拉斯诺达尔边疆区、阿斯特拉罕州、伏尔加格勒州和罗斯托夫州。人口1385.67万，占全俄人口的9.7%。2009年地区生产总值占全俄GDP的6.2%，工业产值约占6%，农业产值占16.2%（见表1-4）。南方联邦区在欧亚大陆的交通地理位置突出，伏尔加-里海航线连接北欧、中欧和中亚、西南亚和南亚，西伯利亚大铁路-黑海航线连接亚太地区（中国、朝鲜和日本）与地中海周边国家。联邦区具有适合人居、休闲和农业生产的自然气候条件和自然资源潜力。联邦区中心为顿河畔罗斯托夫市。

表1-4　2010年南方联邦区各项经济社会指标在全俄所占比重

指　标	占比(%)	指　标	占比(%)
面积	2.46	养殖业	11.6
人口(2010年初)	9.7	建筑	10.36
地区生产总值(2009年数据)	6.2	零售贸易	9.03
固定资产	6.1	固定资产投资	8.7
采矿业	1.35	税费收入(纳入联邦预算的税费收入)	4.58
加工业	5.93		(2.75)
水、电、天然气的生产与配给	5.95	出口	2.8
农业生产	16.2	进口	4.6
其中　种植业	21.9		

资料来源：Регионы России，социально-экономические показатели，Росстат，2011.

一　农牧业发达

因自然气候条件良好，南方联邦区在保障俄罗斯粮食安全方面起着重要的作用。这里集中了全俄15.2%的农业用地、14.3%的耕地；2009年生产全俄44%的葵花籽、21%的粮食、1/5的蔬菜、13%的牲畜和家禽、10%的牛奶、

11%的鸡蛋和乳品、约12%的动物油、46%的植物油、33%的砂糖。2001~2009年，农业产值大幅增长，卡尔梅克共和国、阿斯特拉罕州、罗斯托夫州、阿迪格共和国、克拉斯诺达尔边疆区和伏尔加格勒州的农业产值分别增加127%、116%、78%、72%、54%和50%。克拉斯诺达尔边疆区和罗斯托夫州是主要的农作物产区，粮食产量占联邦区总产量的79%，葵花籽产量占78%。粮食和豆类作物的单产较高，为48.7公担/公顷，2009年与2000年相比，畜禽肉产量增加了55.6%，达130万吨。联邦区畜禽肉类产量在全俄排名第四位，牛奶、鸡蛋和蜂蜜产量排名第三位，羊毛产量排名第二位。食品和农业原料出口占全俄的28%。

二 疗养和旅游业作为传统产业具有良好的发展前景

气候条件优势、休闲资源多样性和独有的社会文化，使得疗养和休闲产业一直是南方联邦区的传统产业。虽然目前旅游休闲业在南方联邦区经济中的贡献率不超过1.2%，但其发展前景巨大。当前存在的主要问题是旅游服务设施空间分布不均衡，克拉斯诺达尔边疆区集中了50%的宾馆和疗养院房间；旅游休闲项目之间的结构性不平衡加剧；旅游休闲业从业人员占地区就业人口的2.2%~2.5%，但是收入水平低于其他行业，而且因工作条件缺乏稳定性，很多专业水平较高的人才流失到其他地区或者国外；大公司和中小公司之间存在结构性不平衡，仍然以大公司为主导。为促进旅游休闲业的稳定发展，南方联邦区正在积极发展五种旅游集群：沙滩游集群（高加索黑海沙滩、亚速海沙滩和里海沙滩），高山旅游集群（卡拉斯拉雅波利亚纳、拉戈纳吉），康体游集群（戈里亚奇克里奇、埃尔顿），生态游集群（伏尔加河三角洲、迈科普市），文化观光游集群（克拉斯诺达尔市、顿河畔罗斯托夫、伏尔加格勒、索契等）。

三 轻工业发达，但仍需克服制约发展的一些障碍

因南方联邦区人口数量在全俄各联邦区中排名第三，具有发展轻工业的良好条件，轻工业产值在工业总产值中占4%，在各大联邦区中居最高水平。2008年，南方联邦区共生产布匹1.5亿平方米、针织品2000万件（约占全俄10%），两项产量合计居全俄第三位；此外还生产600多万双袜子、1600多万双鞋子，鞋子产量占全俄产量的30%，居第二位。轻工业作为南方联邦区优

先发展产业之一，需要克服如下障碍：固定资产损耗程度高达40%，接近全俄加工业固定资产损耗率的平均水平；流动资金不足；缺少原料基地，97%的棉花、95%的生丝、65%的化纤和染色剂、40%的羊毛、25%的皮革都需要进口；创新水平和投资水平低；灰色经营仍然严重；工资收入较低，存在一定程度的不完全就业；高技能人才和管理人才不足等。

四 机械制造业、冶金工业、化学工业、建筑和建材产业在全俄占有一定地位

虽然南方联邦区的机械制造业产品仅占全俄的5%，在各个联邦区中排名处于最后几位，但却生产了全俄13%的金属切削机床、19%的拖拉机、9%的挖掘机以及7%的轻型汽车，机械制造业产品出口占全俄总出口量的近7%。冶金工业产值占全俄的5%，主要是黑色冶金，生产全俄21%的钢管，冶金制品出口占全俄的4%。约有20家大型化工企业，生产全俄约4%的化学和石化工业产品，占联邦区工业总产值的7.2%，就业人口占联邦区的1.2%。建筑业占联邦区生产总值的16%，创造了10%的税收，生产了全俄18%的水泥、15%的建筑用砖、约10%的钢筋混凝土建筑构件。

五 能源产业规模较小，服务业欠发达，吸引外资乏力

南方联邦区天然气储量仅占全俄总储量的5.8%，煤炭占3.4%，石油，包括凝析气，占0.24%。联邦区96%的石油天然气集中在阿斯特拉罕州和里海北部大陆架。能源储量少导致能源产业规模较小，石油开采量约占全俄开采量的1%（510万吨），天然气开采量占2.6%（170亿立方米）；石油加工业产值占全俄的7.6%。仅有凝析气和无烟煤产量在全俄占有重要地位。位于阿斯特拉罕州的凝析气田是欧洲最大的凝析气田，气态硫产量占全俄的81%，占世界的10%。联邦区凝析气产量为330万吨，占全俄总产量的22.4%。煤炭资源主要集中在罗斯托夫州，无烟煤储量占全俄总储量的86.3%，现有煤矿矿井的总生产能力为810万吨/年。罗斯托夫州的煤炭开采量在全俄各联邦主体中排名第九。尽管社会服务在南方联邦区占有较高的比例，但是商业服务业在联邦区所占的比重低于全俄平均水平，特别是高端商业服务在地区附加值

生产中所占比重较低，克拉斯诺达尔边疆区除外。当然，按零售商数量计算，南方联邦区在各联邦区中排名第三。2008年，餐饮业营业额为540亿卢布，人均消费3988卢布。从银行数量来看，南方联邦区在全俄排名第三，仅次于中央联邦区和伏尔加沿岸联邦区，但从自然人存款数量和消费信贷数量来看，则在全俄排名第六位。南方联邦区吸引外资乏力，仅占全俄吸纳外资总量的不足2.5%。

六 中小企业和对外贸易发展不均衡

克拉斯诺达尔边疆区和罗斯托夫州中小企业发展超过全俄平均水平，可以与莫斯科州相媲美。2008年，克拉斯诺达尔边疆区和罗斯托夫州的中型企业在企业总量中分别占4%和3.2%，小企业分别占3.1%和2.5%，微型企业分别占3.3%和2.5%。阿斯特拉罕州、阿迪格共和国、卡尔梅克共和国合法经营的中小企业占比较低，伏尔加格勒州处于中等水平。在南方联邦区对外贸易中，发挥积极作用的是罗斯托夫州、克拉斯诺达尔边疆区和伏尔加格勒州，三个地区2009年在联邦区对外贸易中的比重高达90%。但整体而言，联邦区人均出口额仅为全俄平均水平的29%。

七 基础设施保障水平尚可

从交通基础设施来看，交通行业是联邦区主要行业之一，创造了10%的地区生产总值。铁路运营里程占全俄的7.6%，货物发运量占6.7%，载客量占3.5%。联邦区集中了欧洲部分主要的海港和河港。通过南方联邦区海港转运的货物占全俄所有海港转运货物量的36%。硬面公路占全俄的6.6%，联邦区大中型汽车车队运输的货物占全俄公路货物运量的3.1%。拥有十个联邦级机场，其中六个是国际机场。2008年，航空运输旅客达290万人次，占全俄空运客流量的4.3%。

从能源基础设施来看，联邦区共有32个发电站，截至2010年初，电站装机容量为9927兆瓦，其中热电占60%，水电占29.6%，核电占10.4%。2009年的发电量中，热电占53.3%，水电占28.3%，核电占18.4%。在电站所用的燃料中，天然气占了75.7%。联邦区生产的电力仅能保障本地区79%的电力消耗，缺口达111亿千瓦。

从信息基础设施来看，2009年固定电话拥有量为25.7部/百人（全俄平均为32部/百人），其中伏尔加格勒州、罗斯托夫州接近全俄平均水平，阿迪格共和国和卡尔梅克共和国则低于全俄平均水平。同期移动电话拥有率为159部/百人（全俄平均为162.4部/百人）。通信服务收入达820亿卢布，占全俄通信服务总收入的6.4%，其中通信服务收入最高的联邦主体是克拉斯诺达尔边疆区和罗斯托夫州，分别占2.7%和2.1%，最少的是阿迪格和卡尔梅克共和国。电视节目接收率在93%（卡尔梅克共和国）至100%（伏尔加格勒州）之间，基本与全俄平均水平（98.7%）相当。2008年，电脑拥有量和上网率略低于全俄平均水平（32台/百人，其中13台电脑上网）。

从仓储设施来看，14个港口终端可同时储存粮食80万吨。从事采购、仓储和装船的公司达61家，可以同时储存440万吨粮食和葵花籽。升降梯的输运能力完全可以满足联邦区的需要。

八 科技创新能力有待提高

南方联邦区科研投入占地区生产总值的比重为2.6%，虽然略高于北高加索联邦区和远东联邦区，但仅为中央联邦区的1/22。共有科研机构226家，占全俄总数的6.2%；科研人员2.75万，占全俄的3.6%，其中664人拥有博士学位（占全俄2.6%）。联邦区就业人口中，从事科研工作的仅占0.4%（全俄平均水平为1.2%）。进行技术创新的机构有244家，比2000年增加了11%。2008年，共有1431项发明专利（占全俄6%）、484项实用设计专利（占全俄5.2%）、22项先进生产技术（占全俄2.6%）。2008年的技术创新投入为138亿卢布，占全俄的4.5%，创新产品和服务占全俄的3.5%，先进生产技术的利用量占全俄的5%。南方联邦区大学在地区科技创新中发挥着重要的作用。从2002年开始，俄罗斯科学院南方科技中心各研究机构开始运作，南方联邦区从事科研工作的博士有11%集中在这里。但从创新积极性指数看，南方联邦区仅为全俄平均水平的60%。

九 亟待解决的社会问题较多

南方联邦区的人口发展和移民状况良好，在八大联邦区中人口密度排名第三（居于北高加索联邦区和中央联邦区之后），人口增速排名第二（居北高加索联邦区之后)。因为人口数量多,所以亟待解决以下三个方面的社会问题。一是失业率较高。低于全俄失业率平均水平的仅有克拉斯诺达尔边疆区和阿迪格共和国,卡尔梅克共和国的失业率是全俄平均水平的两倍。二是住房问题。联邦区人均住房面积为21.6平方米/人,低于全俄22.4平方米/人的平均水平。危旧房占比较高,达4.6%(全俄为3.2%)。住房配套设施较差,配备上下水设施的住房仅占68.4%,低于全俄73.3%的水平。三是青少年问题。南方联邦区有100多个民族,其中俄罗斯族约占85%,亚美尼亚族占3%强,乌克兰族占2.5%,哈萨克族占1.4%,卡尔梅克族占1.2%,鞑靼族占1.1%,阿迪格族占1%。因民族成分复杂,青年人之间缺少族际交流的氛围,同时因失业率较高,吸毒、酗酒等较为盛行,犯罪率较高。此外,因制度等原因,青年人对参与社会政策制定的积极性不高。

十 经济发展水平与全俄平均水平存在一定差距

2000~2009年,南方联邦区的经济增长速度超过全俄平均增速。2009年的地区生产总值是2000年的165.7%,工业产值为153.4%,同期全俄的平均值分别为159.2%和135%。尽管如此,南方联邦区的经济发展水平与全俄平均水平相比仍存在一定差距。一是人均附加值生产水平低,仅为全俄平均水平的65%,如果考虑到地区之间的价格差异,则高达70%,其中结构性因素的影响占25%,其余的75%则是劳动生产率差异所致,南方联邦区的劳动生产率仅为全俄平均水平的65%。二是收入水平低导致消费水平低。2008年,南方联邦区平均工资是全俄平均水平的73%,80%的原因在于个别行业的工资差异,20%的原因是生产结构特点所致。对于收入来源主要是工资收入的南方联邦区居民来说,工资收入水平低于全俄平均水平,意味着居民名义人均收入低于全俄平均水平。南方联邦区居民货币收入为全俄平均水平的79%,由于家庭最终需求的规模归根结底取决于居民收入水平,因此,家庭最终消费人均指标也低于全俄平均水平。三是预算收入水平低,对转移支付的依赖性较强。2009年,地区预算收入人均值为全俄平均水平的65%,联邦区联合预算收入中,转移支付占33%(北高加索联邦区最高,为69%;乌拉尔联邦区和中央联邦区最低,分别为16%和17%)。预算支出的57%用于社会和文化领域,在各联邦区中占比最高,全俄平均水平为52%。工资支付占33%,也高于全俄30%的平均水平。四是固定资产人均私人投资额为全俄平均水平的87%,大多数企业的盈利水平较低,企业员工人均利润仅为2.17万卢布/年,远远低于全俄6.21万卢布/年的平均水平。五是经济竞争力指数较低,2009年联邦区的经济竞争力指数为0.365,低于全俄0.375的平均水平。但各联邦主体之间存在一定差异,其中克拉斯诺达尔边疆区最高,为0.410,高于全俄平均水平的还有伏尔加格勒州,为0.379,罗斯托夫州、阿斯特拉罕州、阿迪格共和国、卡尔梅克共和国分别为0.333、0.327、0.342和0.336,均远低于全俄平均水平。

第四节 北高加索联邦区

2010年1月19日,北高加索联邦区设立,包括达吉斯坦共和国、印古什共和国、卡巴尔达-巴尔卡尔共和国、卡拉恰耶夫-切尔克斯共和国、北奥塞梯-阿兰共和国、车臣共和国和斯塔夫罗波尔边疆区。北高加索联邦区中心设在皮亚季戈尔斯克市。北高加索联邦区面积17.04万平方公里,占俄罗斯国土面积的1%,人口949.68万,占俄罗斯总人口的6.6%。农业产值占全俄的7.9%,采矿业、出口和进口在全俄所占的比重不足1%(见表1-5)。

北高加索联邦区的发展主要依托如下几个方面的潜力。

表1-5 2010年北高加索联邦区各项经济社会指标在全俄所占比重

指标	占比(%)	指标	占比(%)
面积	1.00	其中 种植业	9.3
人口	6.6	养殖业	6.6
地区生产总值(2009年数据)	2.5	建筑	3.2
固定资产投资	2.5	零售贸易	4.86
采矿业	0.25	税费收入(纳入联邦预算的税费收入)	1.26
加工业	1.18		(0.66)
水、电、天然气的生产与配给	2.43	出口	0.3
农业生产	7.9	进口	0.6

资料来源:Регионы России, социально-экономические показатели, Росстат, 2011.

一　资源潜力

北高加索联邦区具有一定的矿产储量。各种矿藏的探明储量如下：钨矿探明储量占俄罗斯总量的41%，钼矿占11%，铜、铅、锌约占2%，石油占4.8%，天然气占2.1%。钨矿石储量较多的地区是卡拉恰耶夫-切尔克斯共和国和卡巴尔达-巴尔卡尔共和国，钼矿储量较多的是卡巴尔达-巴尔卡尔共和国。最大的铜矿位于达吉斯坦共和国的克孜勒-杰列，占俄罗斯总储量的1.4%。最大的锌矿产地集中在北奥塞梯-阿兰共和国、卡拉恰耶夫-切尔克斯共和国和达吉斯坦共和国，但大部分已被开采，所剩储量不足。铅矿则集中在北奥塞梯-阿兰共和国的吉米顿矿带。最具前景的钛矿和锆矿位于斯塔夫罗波尔边疆区，占地面积1700平方公里。钛和锆是稀缺战略资源，因俄罗斯不加工钛铁、金红石和锆精矿石，因此全部当做原料出口。同时，北高加索联邦区还拥有矿泉水、地热和治疗泥等资源，集中了全俄70%的地热资源，30%的矿泉水资源，其中矿泉水资源储量与俄罗斯欧洲部分中心区域相当。北高加索地区的水资源完全能够满足当地居民用水和工业用水的需求。地表水不仅可以发展多种形式的旅游项目，同时还可以用于发电和交通运输。

二　工农业潜力

北高加索联邦区较有潜力的工业部门包括：石油产品生产（在加工业和采掘业收入中占29%）、食品工业、化工、机械制造、冶金业和建筑材料生产等部门。其中化工产品生产创造了14%的加工工业产值。北高加索联邦区的轻工业具有较大的发展潜力。因投资规模小、投资回收快、投资回报率较高（1卢布的投入能创造6~8卢布的产出）、资金周转快等特点，北高加索联邦区有许多从事轻工业生产的中小企业。发展轻工业不仅能解决就业问题，而且能保障居民对必需品的需求。北高加索联邦区的采矿业规模较小，而且区域较为集中。矿产资源开采在加工业和采掘业收入中的比重仅为6%，在全俄占比更小，该领域的收入在全俄占比不足1%。北高加索联邦区能源资源开采量的97%集中在斯塔夫罗波尔边疆区、车臣共和国和达吉斯坦共和国。2009年，北高加索联邦区的石油开采量和天然气开采量分别占全俄总量的0.6%和0.2%。因大部分探明储量已被开采，加上近年来勘探量的不足，造成石油和天然气开采量下降。

北高加索联邦区内部各联邦主体在工业发展中存在不平衡现象。斯塔夫罗波尔边疆区从事多种产业，其中最具优势的是化工、机械制造和建材产业。2008年，其采掘业和加工业产出占整个联邦区的42%，此外，还生产北高加索联邦区70%的化肥、14%的合成树脂、5%的药剂。达吉斯坦共和国的优势产业为建材、食品工业、采矿、能源和轻工业，生产全俄15%的民族工艺和手工业品；印古什共和国的优势产业是轻工业、能源、建材业；卡巴尔达—巴尔卡尔共和国主要从事轻工业、采矿、冶金业；卡拉恰耶夫-切尔克斯共和国较具优势的产业为轻工、采矿、建材和冶金；北奥塞梯-阿兰共和国从事建材、工业、冶金、采矿和化工业；车臣共和国发展建材、能源业、食品业和轻工业。

农工综合体，包括农业和食品工业也是北高加索联邦区重要的产业部门。2008年，该地区生产总值的18%是由农工综合体创造的，其中农业占15%，食品加工业占3%。卡巴尔达-巴尔卡尔共和国和卡拉恰耶夫-切尔克斯共和国的农工综合体创造的产值占两个共和国地区生产总值的26%，提供了24%的就业机会。在其他联邦主体中，农工综合体创造的税收是地区财政收入的重要基础。2010年上半年数据显示，卡巴尔达-巴尔卡尔共和国农工综合体创造的税收占税收总收入的37.4%，卡拉恰耶夫-切尔克斯共和国和斯塔夫罗波尔边疆区约占1/3。北高加索联邦区的农工综合体为俄罗斯国家食品安全做出了较大的贡献，收获了全俄45%的葡萄，10%的谷物、水果、浆果和蔬菜，5%的甜菜。食品工业主要生产酒精饮品和矿泉水。达吉斯坦共和国的白兰地和香槟酒产量分居全俄第一位和第四位；卡巴尔达-巴尔卡尔共和国的伏特加和酒精类产品产量居全俄第四位，葡萄酒产量占第三位；北奥塞梯-阿兰共和国的香槟酒产量居全俄第三位，斯塔夫罗波尔边疆区的白兰地和葡萄酒产量居全俄第二位。但是农工综合体的发展依旧不足以满足当地的需要，最明显的表现是各地区食品自给率参差不齐。如各联邦主体的畜肉和禽肉的自给率从16%到110%不等，蔬菜的自给率从4%至209%，牛奶从86%到147%，乳制品从0%到80%，鸡蛋从10%到112%，相差甚巨。目前制约农工综合体发展的主要因素有七个：一是参差不齐的小农生产所占比例较高；二是销售市场狭窄；三是技术落后；四是土壤存在问题，目前31%~83%的水浇地都需要进行土壤改良；五是物流基础设施不发达，仓储不足；六是食品加工工业缺乏投资吸引力；七是劳动生产率低，个别联邦主体的农业劳动生产率和食品工业生产率仅为全俄平均水平的13%和7%。

三　旅游业潜力

北高加索联邦区具有发展旅游业的良好自然条件。首先是气候条件。北高加索联邦区冬夏气候皆较为舒适。1月份的平均气温为-3.2℃（山区达-10℃），7月份的平均气温为+20.4℃（山区+14℃）；平原地带年降水量为300~500毫米，丘陵地带达600毫米以上。其次是区位地理条件。北高加索联邦区一半地区属于山地，最高峰海拔高度5642米，具有发展高山旅游的优势。此外，里海490公里的海岸线位于北高加索联邦区境内，使其具有发展海滨旅游的优势。最后是生态条件。北高加索联邦区是俄罗斯生态环境最好的地区之一，拥有六个国家级自然保护区，两个国家公园，七个国家级生态区，具有生物多样性特点。世界旅游组织对达吉斯坦共和国的旅游潜力给予了较高的评价，并把该地区列为俄罗斯南方最具旅游业发展潜力的地区。

尽管北高加索联邦区旅游业颇具发展潜力，但当前其发展水平仍然较低。在全俄旅游业中仅占约6%的份额，创造的产值在地区生产总值中所占的比重不足2%。制约北高加索旅游业发展的主要问题有五个：一是客源不足，游客多为国内旅游者，外国游客所占比例低于全俄平均水平；二是旅游业经营不规范，服务水平不高；三是旅游基础设施质量较差、交通不便利，宾馆等住宿条件不足，地区机场较少，游客需要把大量的时间和金钱花费在路途上；四是地区形象不佳，风险程度高，游客人身安全不能得到有效保障；五是存在外国人禁入的区域，如边境地区等。

目前北高加索联邦区旅游业发展的优先方向是保健医疗型旅游、高山旅游。北高加索有两个规模较大的高山滑雪度假村，分别位于厄尔布鲁士和栋巴伊。宾馆的容量从十年前仅能容纳2500位客人发展到现在能接纳一万位客人。

其中近十年开办的宾馆中，私营宾馆占 2/3，还有 1/3 属于已被私有化或者未被私有化的国有资产，另外还有约能容纳 5000 名客人的宾馆现正处于兴建过程之中。高山旅游业目前多为家族式经营，更多依赖行政资源的"庇护"，但已开始从全球市场购置商品、服务甚至雇用员工，并带动了当地交通、食品供应、手工织物出售、高山滑雪装备出租、建筑和信息等相关产业的发展。可以说，高山旅游业已成为北高加索的经济增长点。厄尔布鲁士和栋巴伊的高山旅游业在每个旅游季能获得 35 亿卢布的收益。在不对周边生态环境造成不良影响的前提下，厄尔布鲁士和栋巴伊两个高山旅游度假村的最大接待能力是 2.5 万名游客。目前需要进一步解决的问题有四个：一是清晰完善的产权制度；二是鼓励对高山旅游专业基础设施的投资；三是国家和地方政府需要加大公共基础设施建设的投资力度，如新建机场、道路、公共服务设施等；四是地方政府与经营团体需要协商规范度假村区域内的设施建设。

四 交通潜力

交通业是北高加索联邦区的主要产业之一，创造 10% 的地区生产总值。由于北高加索联邦区临近俄罗斯和国外的大型市场，从而使其成为大宗货物运输枢纽。主要公路枢纽包括斯塔夫罗波尔、矿水城、纳尔奇克、马哈奇卡拉、格洛兹尼，公路总里程 24788 公里。马哈奇卡拉商务港是里海交通枢纽之一。然而，当前交通和物流基础设施不足的问题在一定程度上制约了经济增长和人员流动，更抑制了北高加索地区交通潜力的发挥。在航空运输方面，地区间航空网缺失，航空基础设施需要综合改造。在公路运输方面，由于输入北高加索各联邦主体的货物数量不断增加，联邦级公路的负荷大增，大部分公路的通行能力已到极限，不仅影响运行速度，还造成交通事故频发。此外，联邦级公路网的营运技术水平低，公路网发展不平衡，较密集的公路网多集中在行政中心、休闲区，有些甚至沿铁路线分布，而大量的农村居民点与硬面公路干线不能全年通车。与阿塞拜疆和格鲁吉亚连接的边境公路过境点的设施欠佳。城郊交通运输方面，城市和郊区公共汽车严重老化，现代化的公交自动管理系统配备不足，连接城市和郊区的现代化公共交通发展不足。海运方面，马哈奇卡拉海港的基础设施不完备，可抵达海港的船只单一，通行能力差，影响了海洋运输的发展。此外,还需要设立船只运输管理系统,建立救险全球海洋通讯设施,改建里海国际卫星搜寻系统信号接收和处理站。在铁路运输方面,主要铁路干线通行能力差,缺少现代化的交通物流中心和仓储系统,固定资产损耗严重。目前设想发展国际联运,包括货运和客运,把北高加索联邦区纳入三条主要国际运输走廊:一是莫斯科-顿河畔罗斯托夫(阿斯特拉罕)-马哈奇卡拉-杰尔宾特,之后通往伊朗和波斯湾国家方向上的"南北"公路和铁路国际运输走廊;二是别斯兰到格鲁吉亚的"南北"国际运输走廊(从 M-29 线开始);三是从马哈奇卡拉到阿克套(哈萨克斯坦)、图耳克缅巴什(土库曼斯坦)和阿米尔-阿巴德(伊朗)的跨里海航线。

五 电力和通信潜力

2008 年,北高加索联邦区电力结余一万多亿千瓦,特别是与伏尔加、乌拉尔和南部联邦区电网的联网保障了电力的稳定供应。但是,必须看到,其电力结余从 2005 年的 31890 亿千瓦已经大幅下降到 2008 年的 10290 亿千瓦。究其原因,一是无计量用电和偷电问题使网损率高达 22.8%,而全俄平均网损率为 10.7%,各联邦主体在网损率上也存在较大差异,斯塔夫罗波尔边疆区为 15.3%,车臣共和国高达 56.8%;二是电力批发商大量拖欠电费,2010 年初,电力批发商的欠款达 33 亿卢布,占北高加索联邦区电力销售公司应收账款的 51% 以上;三是电费结构不合理,交叉补贴使北高加索地区的工业用电价格较高,而且为了降低居民用电价格,把部分电费转嫁到工业企业头上;四是电网和直接面向消费者的电力销售公司的所有权和经营权严重分离;五是电网和电站的技术设备老化,电网老化率达 90%,电站技术设备的平均有形损耗率达 69%(全俄平均水平为 40%),在一些联邦主体,有形损耗率超过 70%;六是电站固定资产投资不足,2009 年,北高加索联邦区电站的固定资产投资为 831.1 卢布/千瓦,而全俄的平均水平是 2974.8 卢布/千瓦。预计未来北高加索联邦区可能会产生电力不足问题(电力需求将增加 1.5~2 倍),从而将会对优先领域的发展产生抑制作用。

电信业在北高加索地区生产总值中占比较低,2008 年仅占 0.2%,其中斯塔夫罗波尔边疆区的地区生产总值中,电信业创造的产值占 0.32%。电信服务量不足，是全俄平均水平的0.2%，其中斯塔夫罗波尔边疆区和达吉斯坦共和国是该联邦区最大的电信服务市场，产值分别为44亿卢布和19亿卢布，占地区电信业产值的90%。通信服务市场发展规模也低于全俄平均水平。按人均通信服务量计算，北高加索联邦区仅相当于中央联邦区的1/3，全俄平均水平的1/2。固定电话服务不足，低于全俄水平。2009年，每1000人仅拥有135.4部固定电话。移动通信发展水平也较低，每千人拥有987个用户号码，而且移动通信服务在各联邦主体之间也存在较大差异。有线电视网覆盖程度不一，最高的是印古什共和国和卡拉恰耶夫－切尔克斯共和国，95%的居民能收看到中央频道的节目（全俄平均水平为97%），地区电视频道的用户覆盖率达90.2%~97.8%（俄罗斯的平均水平为90.6%），但印古什共和国、车臣共和国和斯塔夫罗波尔边疆区的电视网覆盖率仅达50%。

六　融资和私人投资潜力

2010年，北高加索联邦区共有58家信贷机构，其中52家是在北高加索各联邦主体注册的。当前，北高加索联邦区信贷机构发展水平较低，其资产在地区生产总值中所占比重不足10%。北高加索联邦区的存款额度低于全俄平均水平。信贷机构的存款总额为1198亿卢布，占全俄总量的1.5%。个人存款市场最发达的地区是斯塔夫罗波尔边疆区和北奥塞梯－阿兰共和国。截至2010年5月，拥有信贷机构最多的是达吉斯坦共和国，有32家，而且大部分集中在马哈奇卡拉。截至2010年6月1日，北高加索联邦区信贷机构总资产为2660亿卢布，不足全俄信贷机构总资产的1%。

北高加索联邦区人均私人投资额水平较低。2005~2008年，北高加索联邦区人均私人累积投资额仅为全俄平均水平的21.3%。2008年吸引外资额不足10亿美元，仅相当于全俄吸引外资总额的0.5%。而且外资青睐的地区仅有斯塔夫罗波尔边疆区和达吉斯坦共和国。主要原因是北高加索联邦区风险程度高，基础设施不足，投资激励差，缺乏有合作实力的国内投资者。

七　对外经济发展潜力

北高加索联邦区的产品竞争力不足。2008年，北高加索联邦区对外贸易额在全俄占 0.4%。2005~2008 年，出口额年均增幅为 7.7%。2005 年出口额中，原料能源产品占 33%，化工产品占 33%，工业品占 17%。2008 年，农工综合体产品出口占比增加到 29%，化工产品出口占比 44%，原料能源类产品占比下降。斯塔夫罗波尔边疆区在北高加索联邦区出口总额中占 72%，达吉斯坦共和国占 17.1%，北奥塞梯-阿兰共和国占 5.9%，其他地区占比不足 5%。斯塔夫罗波尔边疆区出口额占地区生产总值的比重为 10.7%，北高加索联邦区的平均值是 5.7%，斯塔夫罗波尔边疆区之外的地区不足 5%。卡巴尔达-巴尔卡尔共和国和车臣共和国的出口额在地区生产总值中占比较低。斯塔夫罗波尔边疆区出口化工产品和农工综合体产品，达吉斯坦共和国出口机械和冶金产品；北奥塞梯-阿兰共和国出口金属和金属制品；印古什共和国和卡拉恰耶夫-切尔克斯共和国出口农产品，卡巴尔达-巴尔卡尔共和国出口化工产品，车臣共和国则主要出口木材和纸浆制品。北高加索联邦区 70% 的出口产品面向远邻国家，向远邻国家出口的主要是印古什共和国、达吉斯坦共和国、斯塔夫罗波尔边疆区和北奥塞梯-阿兰共和国，而车臣共和国和卡拉恰耶夫-切尔克斯共和国的出口主要面向独联体市场。

八　中小企业发展潜力

截至 2008 年，北高加索联邦区有 316698 家中小企业，大部分集中在优先发展行业，如建筑、农工综合体和旅游业。从事个体经营的人员较多。个体经营人员数量与俄罗斯平均水平相当，每万人中有 280 人为个体经营者。但是中小企业数量仅为全俄平均水平的 1/7。制约中小企业发展的因素是生产场地和办公场地不足，交通和物流基础设施欠佳，电力保障不足，高技能工程技术人员不足，行政障碍较大，非法经营占比也较高。

第五节　伏尔加沿岸联邦区

伏尔加沿岸联邦区占地 103.7 万平方公里，为俄罗斯国土面积的 6.06%，位于俄罗斯联邦欧洲部分的东南方。截至 2011 年初，人口数量为 2990.04 万，占俄罗斯总人口的 20.9%。2009 年，地区生产总值在全俄占 15.4%（见表

1-6)。联邦区中心设在下诺夫哥罗德市，包括14个联邦主体：巴什科尔托斯坦共和国、楚瓦什共和国、基洛夫州、马里-埃尔共和国、摩尔多瓦共和国、下诺夫哥罗德州、奥伦堡州、奔萨州、彼尔姆边疆区、萨马拉州、萨拉托夫州、鞑靼斯坦共和国、乌德穆尔特共和国、乌里扬诺夫斯克州。

表1-6 2010年伏尔加沿岸联邦区各项经济社会指标在全俄所占比重

指标	占比(%)	指标	占比(%)
面积	6.06	养殖业	27.4
人口	20.9	建筑	15.1
地区生产总值(2009年数据)	15.4	零售贸易	18.19
固定资产	15.9	税费收入(纳入联邦预算的税费收入)	15.46 (15.86)
采矿业	15.15		
加工业	22.23	固定资产投资	14.5
水、电、天然气的生产与配给	19.17	出口	12.5
农业生产	22.7	进口	4.9
其中 种植业	17.1		

资料来源：Регионы России，социально-экономические показатели，Росстат，2011.

一 经济结构多元化程度高

采矿、机械制造、石化齐头并进，农工综合体、生物技术、制药、建筑、建材、交通和能源等行业在联邦区经济发展中起着重要作用。其中机械制造和石化工业属于传统工业，专业化程度较高。石油和天然气开采量在各联邦区中居第二位。石油和天然气不仅是当地石化工业发展的重要原料，还用于出口。

汽车制造业是联邦区重要的工业部门之一。从业人员占全俄工业部门就业人员的4.6%，占机械制造业就业人口的13%；创造的产值占全俄工业产值的3.8%，占机械制造业产值的23%；联邦区生产俄罗斯89.3%的货车、91.8%的公交车、59%的轻型汽车、81.7%的汽车发动机。汽车企业分布在陶里亚蒂、萨马拉、下诺夫哥罗德、伊热夫斯克、乌利亚诺夫斯克等城市，汽车制造业从业人员达100万。俄罗斯最大的轻型汽车制造企业位于萨马拉州。

飞机制造业"产学研"一体化程度高。伏尔加沿岸联邦区有64家飞机制造企业，从业人员达到八万人。拥有六所高等和中等航空学校，从基础和实用研究，到飞机的研制，再到航空器生产、模拟飞行、飞行和使用支持，直至教学过程，飞机制造的全过程均在此完成。2001～2009年，伏尔加沿岸联邦区的飞机制造企业生产了49架客机、78架民用直升机，分别占全俄产量的55.7%和57.3%。位于彼尔姆市、乌法、乌里扬诺夫斯克、切伯克萨瑞和恩格斯市的企业，为巴什科尔托斯坦共和国、鞑靼斯坦共和国和奥伦堡州生产的"卡"和"米"系列直升机提供构件和部件。下诺夫哥罗德州拥有九家飞机制造企业，科研和生产潜力巨大，这些企业研制的军用和民用航空技术被用于新型军用教练机雅克-130的生产当中（米格系列），此外还研制和生产供各类飞行器使用的液压缸、机壳和机壳构件。位于乌里扬诺夫斯克市的企业主要生产大型客机图-204，并为各种航空器提供电子仪器。

联邦区内共有212家军工企业。其中，根据2009年8月20日第1226号政府令被列入战略企业名录的有169家，而根据2004年8月4日第1009号总统令被列入战略企业和战略股份公司的有17家。军工产业在工业生产中占20%的份额。目前，军工企业正在积极发展民用创新产品，联邦区军工企业生产的产品中约47%是民用产品。

一直以来，伏尔加沿岸联邦区都是俄罗斯的快艇设计和建造中心。这里集中了几个大型的船舶设计机构，设计海船、河船和快艇。大型船舶建造企业建造排水量达1.3万吨的海河两用船舶，其中包括轻合金船舶。主要的船舶制造企业位于鞑靼斯坦共和国、下诺夫哥罗德州和乌里扬诺夫斯克州。

黑色冶金和有色冶金工业较为发达。联邦区冶金工业原料丰富，集中了全俄19%的锌、16%的铜、14%的银、7%的黄金储量。冶金产品和金属制成品占联邦区加工工业产值的11.2%。其中奥伦堡州占48.8%，下诺夫哥罗德州占18.2%，基洛夫州占16.8%，乌德穆尔特共和国占16.8%。联邦区冶金工业从业人员达16万。

石化工业出口导向型特征明显。联邦区的石油储量占全俄总量的13%，天然气占2%，其中奥伦堡的凝析气田是俄罗斯欧洲部分最大的凝析气田。石油和天然气开采量在各联邦区中处于第二位。钾盐、钾镁盐和磷探明储量分别占全俄的 82.6%、77.6% 和 60%，是俄罗斯化肥、合成树脂、塑料、轮胎、苛性钠等的主要产地之一。近年来，联邦区石化工业产品的 60% 在国内市场销售，未来可能达到 80%。

生物技术、制药和医疗产业主要集中在下诺夫哥罗德州、奔萨州、基洛夫州、巴什科尔托斯坦共和国、鞑靼斯坦共和国和摩尔多瓦共和国。制药和医疗行业从业人员达七万人。联邦区医药市场是俄罗斯发展较快的市场之一，进口药物（价值量）占 70%。

建筑、建材和轻工业比较发达。联邦区森林资源丰富，水泥原料储备占到全俄 15% 的份额；乌里扬诺夫斯克州有 14 个玻璃用砂、造型用砂和建筑用砂矿，具有发展建筑和建材行业的良好条件，建筑行业从业人员达 100 万。此外，因联邦区人口占全俄人口的 1/5，轻工业较为发达。2009 年，联邦区生产全俄 12.3% 的鞋、73.6% 的多脂软皮制品、37.9% 的硬革制品、82% 的人造软皮、89.55% 的薄膜材料、65% 的单股毛纱、16% 的羊毛织物、65% 的化纤细纱、28.9% 的丝绸、93% 的化纤织物、78% 的针织布匹、31% 的针织物、30% 的袜子、18% 的服装。

农工综合体发展状况良好。伏尔加沿岸联邦区大部分地区具有发展农牧业的良好气候条件，2010 年，农业产值在全俄占 1/5 以上的份额，养殖业占 1/4 强。联邦区是俄罗斯主要的肉类、牛奶、鸡蛋、蜂蜜和春油菜产地。粮食、葵花籽、土豆、蔬菜、水果和浆果、羊毛的产量在全俄各联邦区中占第二位，甜菜、亚麻产量排第三。农业生产集约化程度高，食品加工行业较为发达。很多联邦主体是国家主要的农产品生产基地。巴什科尔托斯坦共和国、鞑靼斯坦共和国的土豆、蔬菜、牛奶、肉类和蜂蜜产量在俄罗斯所有联邦主体中排名前五强。鞑靼斯坦共和国、奥伦堡州、萨拉托夫州、奔萨州、萨马拉州、下诺夫哥罗德州和乌里扬诺夫斯克州每年生产 100 多万吨粮食。

联邦区内共有六个民族地区，民族、宗教和语言文化呈现多元化态势，约有 170 个民族和 6000 多个宗教组织，各种文化传统和谐共存。独特的历史文化和民族传统以及数量众多的旅游休闲区吸引了大量的国内外游客。联邦区接待的国内游客在各联邦区中排名第三，每年光顾的游客达 250 万人次，占俄罗斯国内游市场的 10%。此外，旅游行业的投资者也较多。

二 交通较为发达

伏尔加沿岸联邦区不临海，距离海港较远，但是地理位置并没有成为其发展国内贸易和国际贸易的障碍。制成品不仅运往中央联邦区和南方联邦区，而且出口到欧盟和近东。联邦区是国际运输走廊的汇集之地，不仅连接西伯利亚和远东，而且把东亚国家和俄罗斯欧洲部分以及欧洲国家连接起来。始于西伯利亚的输油管道均从此经过，不仅促进了联邦区石化工业的发展，而且降低了原料成本。联邦区公路交通发达，联邦级公路连接中央联邦区、西北联邦区、乌拉尔联邦区、西伯利亚联邦区和远东联邦区，此外，还连接哈萨克斯坦。拥有20个机场（国际机场10个），其中17个为国家主要机场。内河运输横贯联邦区内的11个联邦主体。铁路交通连接中央联邦区、西北联邦区、乌拉尔联邦区、西伯利亚联邦区、远东联邦区和哈萨克斯坦。铁路网密度在各联邦区中居第二位。

三 电力消费和供给地区脱节，发电量分布不均衡

电力消费从地域结构看，65%集中在五个联邦主体：彼尔姆边疆区、鞑靼斯坦共和国、巴什科尔托斯坦共和国、萨马拉州和下诺夫哥罗德州；从行业结构看，加工工业消耗36%，交通和信息行业消耗12%，居民消耗11%。联邦区的发电量分布不均衡，20%以上集中在萨拉托夫州，而巴什科尔托斯坦共和国、鞑靼斯坦共和国、彼尔姆边疆区、萨马拉州各占10%，其他联邦主体的电力生产则微不足道。电力结构中，热电所占比重较高，占70%，水电占14%，萨拉托夫州的巴拉科沃核电站的发电量占联邦区发电总量的16%。

四 联邦区发展主要依托大城市集聚区

伏尔加联邦区拥有六座百万人口以上的大型城市集聚区，分别是喀山、下诺夫哥罗德、萨马拉-陶里亚蒂、彼尔姆、萨拉托夫和乌法集聚区。由此，联邦区分成了六个大型发展区域：下诺夫哥罗德发展区域，以下诺夫哥罗德市为中心，集创新、工业和交通物流中心功能于一身；卡马-维亚茨科发展区域，以彼尔姆市为中心，主要产业为工业、石油加工和森林工业；喀山发展区，以

喀山市为中心，是创新、工业、农工和交通物流区；乌法发展区，以乌法为中心，集中了工业、农工和交通物流功能；伏尔加中游发展区，以萨马拉市为中心，创新产业、工业、农工、旅游休闲和交通物流功能齐备；奥伦堡发展区，以奥伦堡市为中心，为工业、农工和交通物流业超前发展区域。

五 经济社会发展中遇到的主要问题

伏尔加沿岸联邦区在发展过程中遭遇了以下问题。一是人口问题。联邦区虽然是俄罗斯人口较为稠密的地区，具有人力资本竞争优势，但是人口老龄化和人口流失问题不容忽视。目前，联邦区内一些联邦主体的人口平均年龄已超过全俄平均水平，如摩尔多瓦共和国、基洛夫州、下诺夫哥罗德州、奔萨州、萨马拉州、萨拉托夫州和乌里扬诺夫斯克州等。2000年之后，出现了移民的净流出，人口多流向莫斯科市、圣彼得堡和乌拉尔地区的工业发达地区。二是交通和能源基础设施不能满足现阶段的需求，缺乏现代化的物流体系。特别是热电厂的燃料94%为天然气，严重依赖天然气基础设施和天然气供给，可再生能源未得到充分利用。三是各联邦主体中，除了鞑靼斯坦共和国之外，经济增长速度均低于全俄平均水平。主要原因是加工工业下滑的状况未得到遏制，大型城市集聚区引资乏力，居民收入水平低于全俄平均水平，对居民的消费需求产生了一定的影响。四是制造业技术水平低，设备陈旧。机械制造、石化和冶金行业的技术装备水平低，劳动生产率仅为发达国家的1/3~1/4，产品的竞争力较差。其中汽车制造业发展中面临的主要问题是生产技术装备陈旧、投资不足、现代化技术不足、能耗大、劳动生产率低、规模效应不足、产量不稳定、职业管理人员队伍不稳定、销售体系缺乏效率等。因质量依旧处于较低的水平，而价格与国外同类汽车接近，俄产汽车的竞争力下降。最明显的是萨马拉州的汽车制造企业，产能为每年100万辆，但是下线的汽车不符合现代技术标准。冶金行业发展中遇到的问题首先是固定资产损耗率高，其次是产品在世界市场竞争力弱，最后是高技术设备依赖进口。造船技术装备的损耗率高达65%~80%，已近临界值，整体技术水平落后于国外先进造船企业，劳动密集程度是国外先进造船企业的3~5倍，船舶建造工期也是国外先进企业的2~2.5倍，技术人才流失严重。

第六节 乌拉尔联邦区

乌拉尔联邦区东西跨度1350公里，南北2450公里，面积为181.85万平方公里，占俄罗斯国土面积的10.64%。截至2011年初，人口达到1208.27万，占全俄总人口的8.5%，人口密度约为七人/平方公里。联邦区包括六个联邦主体：库尔干州、斯维尔德洛夫斯克州、秋明州、车里雅宾斯克州、汉特-曼西自治区、亚马尔-涅涅茨自治区。联邦区中心是叶卡捷琳堡市。

乌拉尔联邦区在俄罗斯经济中占有重要地位，就业人口约占俄罗斯就业总人口的8.5%，地区生产总值约占全俄总产值的13.7%，创造了全俄1/5的工业产值和约6.7%的农业产值，贸易额占全俄的9.7%，建筑业产值约占13.1%，固定资产投资占15.6%，税费收入占22.59%，其中37.52%纳入联邦预算（见表1-7）。

表1-7 2010年乌拉尔联邦区各项经济社会指标在全俄所占比重

指　　标	占比(%)	指　　标	占比(%)
面积	10.64	养殖业	7.4
人口	8.5	建筑	13.1
地区生产总值(2009年数据)	13.7	零售贸易	9.7
固定资产	18.1	税费收入(纳入联邦预算的税费收入)	22.59 (37.52)
采矿业	40.59		
加工业	13.17	固定资产投资	15.6
水、电、天然气的生产与配给	12.69	出口	16.0
农业生产	6.7	进口	4.0
其中　种植业	5.9		

资料来源：Регионы России, социально-экономические показатели, Росстат, 2011.

一 矿产、森林、水资源和野生动物资源丰富，但铁矿石、煤炭等自给率不足

乌拉尔联邦区是俄罗斯最大的石油、凝析油和天然气产地，在俄罗斯能源

安全中发挥着重要作用。石油和天然气预测储量占全俄的70%~80%。矿产资源储量占全俄的55%~60%。俄罗斯几乎全部的钒（斯维尔德洛夫斯克州）、菱镁矿（车里雅宾斯克州）、滑石粉（车里雅宾斯克州）、高岭土（车里雅宾斯克州），42%的石墨，46%的温石棉，1/3的石英岩，60%的镉和锌，约13%的铁矿石，约20%的膨润土、黄铁矿硫，5%的铜、沸石，3.1%的黄金，6%的镍都产自乌拉尔联邦区。林地面积1亿公顷，占全俄林地面积的9.6%，森林储量80亿立方米，占全俄森林储量的9.7%。针叶林中，38.4%是松树，16.6%为雪松，云杉占10.8%，落叶松占7.1%，0.8%是冷杉。阔叶林中，22.2%为白桦树，3.9%是白杨。按河流径流量，乌拉尔联邦区在各联邦区中排第三位，居西伯利亚联邦区和远东联邦区之后。地下水预测量占全俄总量的16.4%，拥有70万个湖泊，占全俄湖泊总量的26%，湿地面积40.2万平方公里，占全俄湿地面积的28%。野生动物资源丰富，集中了全俄22.6%的狍子、17.7%的黑色雄松鸡、11.8%的松鸡、7.4%的海狸、7%的黑貂、6.6%的野猪、5.4%的棕熊。与此同时，所需65%的铁矿石、30%的矾土、90%的煤炭、100%的锰矿石、60%的铬矿石、60%的铜精矿则需要从联邦区之外输入。

二 工业较为发达，农业发展不足，产业地域分工明显

2008年，联邦区工业产值占地区生产总值的一半以上，农业产值占2.5%，建筑业占7%，交通和通信业约占8%，贸易占15%。其中采矿业最为发达。2010年，采矿业产值占全俄采矿业产值的40.59%。石油开采量在全俄占63%，天然气开采量占87%，凝析气占66%。近年来，天然气年开采量为5700亿~5900亿立方米（占世界产量的21%），石油和凝析油年开采量为3亿~3.25亿吨（占世界开采量的6%），能满足西欧和东欧45%的天然气需求。

冶金工业综合体产值在乌拉尔工业产值中占25%，冶金工业产品占俄罗斯产量的40%。其中钢产量占全俄40%，钢管产量占45%。机械制造业在联邦区工业中的比重为5.5%，在加工工业产值中的比重达13.5%，机械制造业产品占全俄的10%。农业在各联邦区中处于相对落后的地位。2009年，联邦区农作物播种面积为543.95万公顷，占全俄农作物播种面积的7%；谷物和

豆类作物面积387.5万公顷，在全俄占6.5%；饲料作物播种面积143.78万公顷，在全俄占7.8%。2009年，土豆产量占全俄产量的8.9%，在各联邦区中排名第四；谷物产量占5.5%，排名第五；水果和浆果占6.7%，居第五名，蔬菜产量占19.3%，排第六；畜禽产量占7.1%，排名第五；牛奶和鸡蛋产量分别占6.4%和10.3%，均位居第五。作为俄罗斯乃至世界的驯鹿中心，联邦区的驯鹿养殖在全俄排名第一，占47%。其中亚马尔－涅涅茨自治区集中了俄罗斯44%、世界1/3的家养驯鹿。采矿业主要集中在汉特－曼西自治区和亚马尔－涅涅茨自治区。斯维尔德洛夫斯克州和车里雅宾斯克州以机械制造和黑色冶金工业见长。农业较为发达的地区是车里雅宾斯克州和库尔干州。

三　交通、能源和通信基础设施较为发达

乌拉尔联邦区有28个机场，其中国际机场七个。联邦区最大的机场科利佐沃按运量在全俄排名第五六位。截至2010年底，铁路网密度为48公里/万平方公里，略低于全俄50.85公里/万平方公里的水平；硬面公路网密度为23公里/千平方公里，远低于全俄39公里/千平方公里的水平；内河航道13007公里，每昼夜运送旅客20万人次、货物200万吨。地区间交通基础设施保障水平存在较大差异。斯维尔德洛夫斯克州的铁路密度是183公里/万人，而亚马尔－涅涅茨自治区仅为6公里/万人。交通行业产值在地区生产总值中的比重为5%~14%。截至2010年初，联邦区的电厂装机容量为29054.6兆瓦，占全俄统一电力系统总装机容量的20%，输电线路长67112公里。热电厂发电量占90.5%，企业和机构的火力发电机组发电量占比为6.9%，核电站发电量占比为2.6%（别洛亚尔斯克核电站）。2009年，每百人拥有33.2部固定电话（全俄平均为32部），拥有161.2部移动电话（全俄平均为161.4部）。2009年，信息服务业收入达1033亿卢布，在全俄排名第五，占全俄信息服务业总产值的8.1%。

四　区际贸易发达

中央联邦区是乌拉尔联邦区的第一大贸易伙伴，占乌拉尔联邦区地区间贸易额的30%以上，伏尔加沿岸联邦区居第二位，约占20%，西伯利亚联邦区

约占 10%。远东联邦区排最后，占不足 1%。乌拉尔联邦区生产的产品 45% 销往中央联邦区，15% 销往伏尔加沿岸联邦区，西伯利亚联邦区和西北联邦区也是乌拉尔产品的主要销售地。进入乌拉尔联邦区的商品主要来自伏尔加沿岸联邦区、中央联邦区和西北联邦区，其中来自伏尔加沿岸联邦区的商品占比达 28.8%。

在区际贸易中，乌拉尔联邦区输出的商品具有较强的地域性。斯维尔德洛夫斯克州和车里雅宾斯克州主要输出黑色和有色冶金产品、重型机械、交通工具、能源设备和化工产品；库尔干州则主要输出农业产品、农业机械、运输工具、化工机械设备、印刷机器和消防车；秋明州、汉特－曼西自治区、亚马尔－涅涅茨自治区主要输出石油天然气产品；其他联邦主体则主要输出柴油、燃油、电池、锯材和食品。

输入乌拉尔联邦区的主要是食品、日用品、石油产品、化工产品、建材、石油天然气田所需装备。农产品主要来自南方联邦区和伏尔加沿岸联邦区，机械产品主要来自中央联邦区、伏尔加沿岸联邦区和西北联邦区，化工产品则主要来自伏尔加沿岸联邦区。

五 联邦区各联邦主体之间经济社会发展水平存在较大差异

2010 年，亚马尔－涅涅茨自治区的地区生产总值是库尔干州的六倍，人均货币收入是库尔干州的 3.08 倍。人口自然增长率较高的是汉特－曼西自治区和亚马尔－涅涅茨自治区，分别达 9.1‰和 9.7‰，而库尔干州的人口自然损失率是全俄平均水平的 1.7 倍，达 3.2‰。医疗保障的地区差异较大，从医生的拥有量来看，汉特－曼西自治区为 51.6 名/万人，亚马尔－涅涅茨自治区为 43.2 名/万人，库尔干州和斯维尔德洛夫斯克州分别为 25 名/万人和 34.6 名/万人；从中级医护人员保障水平来看，汉特－曼西自治区为 138.2 名/万人，亚马尔－涅涅茨自治区为 120 名/万人，秋明州为 115.9 名/万人，最低的是库尔干州和车里雅宾斯克州，仅为 89.4 名/万人。

六 发展潜力较大

首先是劳动力素质较高，创新潜力巨大。就业人口中，55% 受过高等和中等教育，在各个联邦区中排名第三，位居中央联邦区和西北联邦区之后。拥有先进的科研机构和学科齐全的高等学校，有 200 多家从事科研工作的大型机构，还有约 2000 家从事科学和科教服务的小企业。科研工作人员 4.23 万，其中 3500 人为博士和副博士。88 家科研机构培养研究生，35 家培养博士生。2009 年，申请发明专利 1460 项，实用新型设计专利 956 项。俄罗斯科学院乌拉尔分院有 40 家研究所和 30 家分支机构，共有科技人员 3000 名，其中院士 29 名，通讯院士 56 名，博士 600 多名，副博士 1700 名。其次是预算收入和居民收入水平较高。2009 年，就业人口人均地区生产总值是全俄平均水平的 1.59 倍；人均私人固定资产投资（预算外资金投资）是全俄平均水平的 2.1 倍；按购买力水平计算的人均货币收入是全俄平均水平的 1.31 倍，仅次于中央联邦区，在各联邦区中排名第二；人均出口额是全俄平均水平的 1.79 倍；地区联合预算中自有收入人均水平是全俄平均水平的 1.41 倍。居民较高的收入水平支撑了潜力巨大的地区消费市场，联邦区大多数联邦主体预算收入丰厚，可以实施有效的地区政策，拥有稳定的投资吸引力。

七　发展障碍也较为突出

一是传统工业发展所依托的矿产原料基地面临枯竭，现有油气田开采量进入下行阶段；二是冶金工业发展受制于诸多因素：劳动生产率是欧美日等发达国家的 1/4~1/3，炼钢的能耗比上述国家高 20%~30%，冷轧钢生产中产生的废物量是上述国家的两倍，环境污染指数是上述国家的两倍，黑色冶金企业的大气污染物排放量占乌拉尔联邦区总排放量的 44%，废水排放占 32%，有毒物质排放占 72%，固定资产损耗率达 50%，冶金设备 50% 以上需要进口；三是机械制造业问题较多，30% 的机械制造企业亏损，无力进行现代化改造和生产新的具有竞争力的产品，60% 的固定资产使用期限将近峰值，技术水平与发达国家同类产业相差至少 30 年；四是小企业发展水平较低，2009 年，乌拉尔联邦区平均每千人拥有中小企业 11.3 个，小企业产值在地区生产总值中的比重为 11.8%，在中小企业就业的人口占 22.8%，而全俄相应数值分别为 11.4 个、14.4% 和 25.3%；五是农业投资不足，农业投资在固定资产总投资中占 6%~7%，从每千公顷农业用地投入量上看，乌拉尔联邦区比全俄平均水平低30%~40%，农业用地面积减少，土壤肥力下降；六是环境指标较差，乌拉尔联邦区固定污染源污染物排放量在各个联邦区中位居第二位，垃圾堆积量在各联邦区中排名第一，工业中心和石油开采区环境污染程度堪忧。

第七节　西伯利亚联邦区

西伯利亚联邦区面积515.5万平方公里，占全俄面积的30.09%，包括四个共和国、三个边疆区、五个州：阿尔泰共和国、布里亚特共和国、图瓦共和国、哈卡斯共和国、阿尔泰边疆区、克拉斯诺亚尔斯克边疆区［2007年1月1日，由泰梅尔（多尔干－涅涅茨）自治区、埃文基自治区、克拉斯诺亚尔斯克边疆区合并而成］、外贝加尔边疆区（2008年3月1日，赤塔州和阿加布里亚特自治区合并而成）、克麦罗沃州、新西伯利亚州、鄂木斯克州、托木斯克州、伊尔库茨克州（2008年1月1日，伊尔库茨克州和乌斯季奥尔登斯基布里亚特自治区合并形成新的伊尔库茨克州），共计12个联邦主体。西伯利亚联邦区总统代表处设在新西伯利亚市。

西伯利亚联邦区在俄罗斯经济社会发展中的潜力没有得到有效发挥，创造的地区生产总值仅占全俄的10.6%，除了采矿业产值和农业产值在全俄占比分别为14.18%和15.1%之外，其他指标均不足10%或者仅略高于10%（见表1-8），是发展较为滞后的地区。

表1-8　2010年西伯利亚联邦区各项经济社会指标在全俄所占比重

指　　标	占比(%)	指　　标	占比(%)
面积	30.09	其中　种植业	14.3
人口（2010年初）	13.5	养殖业	15.7
地区生产总值（2009年数据）	10.6	建筑	8.9
固定资产投资	9.7	零售贸易	10.67
采矿业	14.18	税费收入（纳入联邦预算的税费收入）	8.84 (5.07)
加工业	11.53		
水、电、天然气的生产与配给	12.04	出口	10.1
农业生产	15.1	进口	3.4

资料来源：Регионы России социально-экономические показатели, Росстат, 2011.

一 地理位置优越，自然资源丰富

西伯利亚联邦区位于俄罗斯亚洲部分中部，北临北冰洋的拉普捷夫海、喀拉海，东邻远东联邦区，西接乌拉尔联邦区，南与哈萨克斯坦、蒙古人民共和国和中国接壤，是连接西欧、北美和东亚地区的天然桥梁。西伯利亚大铁路横贯东西，在俄罗斯北部欧亚大铁路建成后，西伯利亚大铁路的过境运输能力将得到进一步增强。

西伯利亚是俄罗斯乃至世界的资源产地，拥有丰富的石油天然气、煤炭、铀、黑色金属、有色金属和贵金属、木材、水资源和水电资源。煤炭储量占俄罗斯的80%，铜储量占70%，锡储量占68%，铅储量占86%，锌储量占77%，钼储量占82%，黄金储量占41%，铂族金属储量占99%，水电资源和木材储量占50%以上。淡水资源丰富，大型河流和贝加尔湖正在成为西伯利亚重要的战略资源。早在1763年，俄国科学院院士罗蒙诺索夫就曾断言，俄国的强大有赖于西伯利亚。

二 工业、科教和创新潜力巨大

西伯利亚在黑色冶金、有色冶金、能源原料和食品工业领域具有较大的发展潜力。近年来，化工、林业和木材加工业取得了一定的发展。20世纪90年代丧失的机械制造业发展潜力也有可能恢复并进而成为经济增长的基础。建筑业和农工综合体也具有一定的发展基础。支撑西伯利亚地区长期稳定发展的是科技和科教优势。截至2008年，西伯利亚联邦区有5.44万人从事研究工作，大部分科技人员集中在新西伯利亚州和托木斯克州，平均每千人中就有七人从事科研工作。科技潜力主要集中在科学院的各研究所，主要研究领域包括物理学、数学、技术科学、化学、生命科学、地球科学、人文学科和经济学。目前100家研究所和研究中心在许多前瞻性科研领域占据主导地位。在研的科研项目达300多项。研究项目进入实施阶段后将会大幅降低资源和能源消耗水平，切实提高劳动生产率。教育行业在物质基础稳固和重组后将完全有能力为经济发展培养高素质人才。当然，从当前的创新体系发展指标看，仍有待大幅提高：具有国际地位的科研机构数量占全俄的12%，具有国际地位的科研杂志占全俄的2%，技术商品和服务贸易占全俄的5.7%，科研机构和大学的上网率为58%，技术创新企业占比为7.7%，创新产品和服务占比为2.1%，研发投入在工业产出中占比为1%，高科技部门产出在地区生产总值中占2%～5%。目前科研领域存在的主要问题与俄罗斯科研领域的整体情况类似，不仅人员素质和年龄结构与世界发达国家有较大差距（2008年研究人员中39岁以下人员占比仅为12%），同时科研项目的拨款和实施效果均不太理想。按大学数量和大学生人数，西伯利亚在俄罗斯各个联邦区中占第四位（2008年为488名/万人）。进入世界大学排名前500名的大学有八所，但均处于第300～400名。依托俄罗斯科学院、俄罗斯医学科学院、俄罗斯农业科学院西伯利亚分院，在伊尔库茨克、克麦罗沃、克拉斯诺亚尔斯克、新西伯利亚、鄂木斯克、托木斯克高等学校基础上建立国立研究型大学，研制世界水平的先进技术并进行工业应用，从而实现产学研一体化，使得创新成为经济增长的主导因素，逐渐形成新经济部门，并对经济和社会传统服务部门进行现代化改造，这些举措将有助于增强西伯利亚联邦区的工业、科教和创新竞争力。

三 具有独特的旅游休闲潜力

西伯利亚拥有潜力巨大的休闲资源：贝加尔湖、捷列茨科耶湖自然风光独特；阿尔泰共和国、布里亚特共和国、图瓦共和国和哈克斯共和国、阿尔泰边疆区、外贝加尔边疆区拥有丰富而迥异的矿泉和温泉及富含人体所需矿物质的治疗泥；拥有茂密的森林、密布的河流、数量众多的历史古迹及考古遗迹和物质文化遗产、如画的风光以及种类繁多的动物和鱼类资源等，这些都是发展旅游业的良好条件。休闲旅游业的发展能够打造西伯利亚地区的经济增长点，特别是对于经济发展较为萧条的地区（阿尔泰共和国、布里亚特共和国、图瓦共和国、哈克斯共和国、外贝加尔边疆区），具有重要的社会意义。

四 对外贸易商品结构单一，出口商品原料化趋势明显

2011年，西伯利亚联邦区同近110多个国家和地区有贸易往来，主要是欧盟国家、亚太地区国家和独联体国家。对外贸易总额为379.66亿美元，其中出口额308.84亿美元，进口额70.82亿美元。出口商品中，金属及其制品

占 35.7%，矿产品占 32.7%，燃料能源产品占 31.4%，木材及纸浆造纸制品占 12.2%，机械设备占 8.2%。进口商品中，机械设备和交通工具占 43.9%，化工产品占 24.9%，金属及其制品占 7.3%，纺织品占 6.6%。当前，中国是西伯利亚联邦区最大的贸易伙伴，双边贸易额 74.82 亿美元，占联邦区对外贸易总额的 19%。

五 受气候条件限制，经济活动主要集中在南部地区

西伯利亚联邦区大多数地区纬度较高，冬季漫长而严寒，夏季转瞬即逝，冬季月平均气温在 0℃ 以下，夏季月平均气温在 10℃ 左右，年降水量为 300～600 毫米，由于蒸发弱，相对湿度较高。受气候条件限制，西伯利亚大多数经济活动主要集中在相对温暖的南部地区，即鄂木斯克州、伊尔库茨克州和布里亚特共和国中部和南部区域，托木斯克州、外贝加尔边疆区、克拉斯诺亚尔斯克边疆区南部区域；以及阿尔泰边疆区、新西伯利亚州、克麦罗沃州、阿尔泰共和国、图瓦共和国和哈卡斯共和国全境。西伯利亚联邦区的 400 家大型企业中，有 370 个集中在南部地区，这里工业企业的营业额是西伯利亚所有工业企业营业额的一半。联邦区生产全俄 20% 的生铁和轧板、15% 的钢材、80% 的原铝、40% 的铜、90% 的铅，采煤量和煤炭出口量均占全俄的 80%，化工和石化工业产值超过 1000 亿卢布，农工综合体生产全俄 13% 的农产品。西伯利亚所有的机械制造企业均集中在南部地区，在西伯利亚工业产值中所占比重达 9.3%。

六 北极地区的战略地位和北部地区的投资价值凸显

位于西伯利亚联邦区的极地主要包括克拉斯诺亚尔斯克边疆区北部地区及其邻近岛屿和水域。北极地带在保障俄罗斯国家安全和资源安全、支撑俄罗斯在国际市场上的竞争力以及积蓄国家总体经济潜力等方面具有重要地位。仅诺里尔斯克工业区所属的有色金属矿藏就能为世界市场提供 20% 的镍、40% 的铂族金属、10% 的钴。进入 21 世纪，北极地区正在逐渐成为主要国家、大型跨国公司和新生力量为争夺矿产资源而进行鏖战的地区，俄罗斯极地地区的战略重要性进一步彰显。中部地区，包括中额尔齐斯（鄂木斯克州北部地区）、

鄂毕河沿岸中部地区（托木斯克州北部）、克拉斯诺亚尔斯克边疆区中央地区（安加拉河和下通古尔恰坎河之间）、伊尔库茨克州北部地区、外贝加尔边疆区内贝阿铁路周边区域、布里亚特共和国北部地区，在新建能源项目、建设俄罗斯北方运输走廊、开采自然资源并进行初加工、建设通往资源初加工和深加工产地的管道和交通基础设施等方面的作用也会越来越突出。

七 面临的挑战和威胁

西伯利亚联邦区经济社会发展中面临的挑战来自如下方面。一是世界原料市场价格剧烈波动，预估经济发展前景较为困难，因而可能影响私人资本对西伯利亚地区的投资积极性，欲消除该因素的影响程度，必须提高西伯利亚经济结构的多元化水平。二是相比俄罗斯欧洲部分中心地区，西伯利亚恶劣的自然气候条件使人居成本和从事经济活动的成本增加25%~40%，这将仍是制约西伯利亚经济发展的主要因素之一。三是历史上不甚成功的经济开发使西伯利亚经济过度依赖外部市场，对国内经济的依赖程度低，而且地区间发展差异巨大、地区交通不发达、经济体系不完整以及整体经济空间不发达等状况可能短期内难以得到根本改变。四是制度环境较差，大量资本流入俄罗斯欧洲部分或者流向国外，资本的流失规模与地区生产总值相当，资金不足问题仍将是阻碍西伯利亚地区经济增长的主要因素。五是企业经营环境不佳，制约西伯利亚地区小企业发展的主要障碍是金融信贷支持体系不发达、小企业经营风险缺少保险机制、原料渠道和营销渠道不畅、高素质人才不足等。六是社会服务设施改善问题。远离国家休闲区域和文化中心、社会补贴和优惠不足等因素使西伯利亚地区社会服务水平较低，地区形象不佳。如果在十年内能够解决西伯利亚社会基础设施落后的问题，则对社会服务设施的投资年均增速需要比全俄平均水平高出40~50个百分点。七是劳动力市场失衡，特别是农村地区劳动力短缺，高技能人才缺乏。八是生态问题。多年前的破坏性开发对环境的影响以及个别地区的潜在生态风险（核燃料、废物铀浓缩、核武器和化学武器、军工企业、管道、储气、水电站、化工生产）继续存在，特别是2009年萨扬－舒申斯克水电站（是俄罗斯第一大水电站和世界第六大水电站）重大事故的影响需要多年才能消除。此外，西伯利亚地区的生态多样性正在缩减。

第八节 远东联邦区

远东联邦区幅员辽阔，南北长3900公里，东西宽2500～3000公里。北依拉普捷夫海、东西伯利亚海和楚科奇海，南隔额尔古纳河、黑龙江和乌苏里江与中国相邻，东邻太平洋的白令海、鄂霍次克海与美国、加拿大遥遥相望，东南方与日本、韩国和朝鲜共同环抱日本海。面积616.93万平方公里，占俄罗斯总面积的36.08%，是俄罗斯面积最大的联邦区，人口629.19万（2011年初），占全俄人口的4.4%，又是俄罗斯人口最少的联邦区。包括九个联邦主体：哈巴罗夫斯克边疆区、滨海边疆区、堪察加边疆区（2007年7月1日根据全民公决结果由原堪察加州和科里亚特自治区合并而成）、阿穆尔州、萨哈林州、犹太自治州、马加丹州、萨哈共和国、楚科奇自治区。联邦区中心是哈巴罗夫斯克市。

联邦区的北部地区深入北极圈，属于寒带气候。冬季严寒漫长，1月份的气温达零下38～50℃，夏季凉爽短促，7月气温只有11～15℃，植被生长期仅为50～100天。南部地区气候相对温和，雨量充沛，冬季气温零下10～21℃，夏季为15～21℃，植物生长期为125～200天，适合种植水稻、大豆、小麦、大麦、黑麦、燕麦和各种蔬菜。

远东联邦区经济社会发展状况如下。

一 自然资源极为丰富

远东联邦区堪称"世界上唯一尚未得到很好开发的自然资源宝库"。截至2011年，森林覆盖率达70%，森林面积2.96亿公顷，占全俄的37.1%，木材储量为207.3亿立方米，占全俄木材总储量的24.8%。树种繁多，以松柏类、阔叶类、针叶类为主，有珍贵的硬叶树种，如橡树、水曲柳、榆树、槭树等。业已发现的矿物原料有70多种，主要是黄金、白银、铅、锌、铝、钨、萤石与铁矿等，其中铝、萤石和钨矿石已探明储量分别占独联体国家总探明储量的86%、80%和34%。萨哈共和国（雅库特）西部是世界最大的金刚石产地。2010年，远东联邦区采煤3167.3万吨，占全俄的9.8%，在各联邦区中居第二位；石油开采量（包括凝析气）1828.3 万吨，占全俄的 3.6%，居第五位；天然气开采量 265.05 亿立方米，在全俄占 4%，居第二位。内海生物资源储量巨大，是俄联邦重要的捕鱼区，2010 年捕鱼量 89.3 万吨，占全俄的 70.6%，品种达 200 多种。

二 经济结构单一，发展落后

苏联时期，远东地区作为全苏的原材料供应地，经济结构相对单一，主要产业部门是能源、森工、渔业和军事工业部门。苏联解体之初，俄罗斯激进的经济体制改革使国防订货骤减，军工生产急剧萎缩，远东地区的工业发展受到极大影响。目前主要产业部门是燃料动力、有色金属开采与加工、机械制造、木材采伐与加工、渔业等。农业受气候条件和劳动力不足的影响，较为落后。种植业主要集中在南部地区，90%的农产品产自滨海边疆区中部和南部地区、阿穆尔州、犹太自治州以及哈巴罗夫斯克边疆区南部，畜牧业分布相对均衡。

远东联邦区是俄罗斯最为落后的联邦区。2010 年，远东地区采矿业产值在全俄占 11.32%，加工工业占 1.54%，电力、天然气和水的生产及配给占 5.38%，农业产值占 3.7%，出口占 5%，进口占 3.5%，零售贸易额占 4%，固定资产投资占 5%（见表 1-9）。

表 1-9 2010 年远东联邦区各项经济社会指标在全俄所占比重

指 标	占比(%)	指 标	占比(%)
面积	36.08	其中 种植业	4.5
人口	4.4	养殖业	3.1
地区生产总值(2009 年数据)	5.4	建筑	7.73
固定资产投资	5.0	零售贸易	4.0
采矿业	11.32	税费收入(纳入联邦预算的税费收入)	4.11 (2.35)
加工业	1.54		
水、电、天然气的生产与配给	5.38	出口	5.0
农业生产	3.7	进口	3.5

资料来源：Регионы России социально-экономические показатели, Росстат, 2011.

三 交通欠发达

远东联邦区有两条铁路干线,一是西伯利亚铁路,通过阿穆尔州、哈巴罗夫斯克边疆区和滨海边疆区,直抵俄罗斯远东第一大港符拉迪沃斯托克(海参崴)港和第二大港东方港;二是贝阿干线,通过阿穆尔州和哈巴罗夫斯克边疆区,直抵瓦尼诺港。远东联邦区铁路网密度为各联邦区最低,仅为13公里/万平方公里,其中马加丹州、堪察加边疆区和楚科奇自治区不通铁路,萨哈共和国的铁路网密度仅为两公里/万平方公里。硬面公路网密度也为各联邦区中最低,仅为6.1公里/千平方公里,其中楚科奇自治区仅为0.8公里/千平方公里。主要港口有海参崴港、纳霍德卡港、东方港、瓦尼诺港、苏维埃港、堪察加彼得罗巴甫洛夫斯克港等。有400多个飞机场和降落场地,等级机场有27个。其中,哈巴罗夫斯克机场是远东联邦区的空中交通枢纽。

四 人力资源、技术资源和自然资源分布不均衡

远东联邦区面积相当于美国面积的2/3,是俄罗斯欧洲部分联邦区平均面积的6.3倍,是俄罗斯亚洲部分联邦区平均面积的两倍,也是南方联邦区的10.5倍及中央联邦区的9.6倍。远东联邦区内各联邦主体的平均面积为69.07万平方公里,是欧洲部分联邦主体平均面积的9.6倍,是中央联邦区联邦主体平均面积的19倍及南方联邦区联邦主体平均面积的15倍。虽然土地广袤,但自然气候条件十分恶劣,只有滨海边疆区南部地区年平均气温超过零度。气候条件较好的滨海边疆区集中了远东30.9%的人口。气候条件欠佳的萨哈共和国(雅库特)、楚科奇自治区、马加丹州、哈巴罗夫斯克边疆区、阿穆尔州和萨哈林州北部地区人口数量仅占远东联邦区总人口的17.7%。气候条件较好的滨海边疆区和哈巴罗夫斯克边疆区经济相对发达,加工工业发展状况较好,两个地区的加工工业产值分别占远东加工工业产值的27.49%和40.47%。采矿业则主要集中在气候条件较差的萨哈林州和萨哈共和国(雅库特),两个地区的采矿业产值分别占远东联邦区采矿业总产值的53.87%和31.67%。

五 垄断造成远东地区创新动力和创新潜力不足

人口密度不足极易产生垄断,任何一个小企业都可能变成垄断企业。对远东地区的生产型企业而言,相对薄弱的市场竞争成为实现高度垄断的天堂。企业缺乏吸引和留住高素质人才的动力,政府层面也缺少吸引高素质经理人、工程师和学者留在远东或者来远东工作的政策措施。尽管从20世纪90年代起,远东各大学的毕业生人数增加,但是在远东地区掌握现代职业技能的专家不足10%。而且一旦出现有才能的年轻高级经理人,很快就会被俄罗斯中部地区企业挖走。如上原因导致远东联邦区城市的创新潜力不足。从每千人发明数量指标看,远东地区城市仅是圣彼得堡的1/3,莫斯科的1/15;从科技支出看,在远东地区企业的支出中,科技支出仅占8%,而全俄平均水平是49%;从创新企业比例看,远东地区进行创新活动的机构仅占7.5%,工业企业进行创新的占7.1%;从企业"孵化"时间看,远东地区的17个科技园中,企业的平均"孵化"时间为十年左右,而国际上企业一般的"孵化"时间是两三年;创新产品所占比重低,远东联邦区的创新产品所占比重为2.5%,全俄平均为5.5%;创新投资分布不均衡,投入资金回报率低;创新水平与企业规模呈负相关关系,即企业规模越大,创新水平越低。[1]

六 投资吸引力差,金融体系不发达,对联邦预算资金依赖程度较高

远东地区经济发展缺乏高效的投资,主要原因是贷款利率高且投资的商业风险较大。最近三年,远东地区吸纳的外资平均每年减少6%~8%,并且吸纳的外资90%集中在采矿部门,80%集中在萨哈林的油气项目上。远东地区的银行系统在全俄银行体系中所占地位无足轻重,银行多为莫斯

---

[1] Н. Кузнецова, Условия и перспективы стратегии социально-экономического развития Дальнего Востока, Стратегическое планирование на межрегиональном, региональном и городском уровнях: каким будет Дальний Восток после кризиса. Серия «Научные доклады: независимый экономический анализ», № 207., Московский общественный научный фонд; Дальневосточный центр экономического развития; Дальневосточный государственный университет, 2010.

科和圣彼得堡银行的分支机构，且数量不多。从信贷机构的数量来看，远东地区在俄罗斯排名最后。此外，远东地区证券市场规模也较小。远东地区的资金充裕度较低，仅为东北亚国家的 1/40。因此，远东联邦区对俄联邦预算资金的依赖程度高于全俄平均水平。其中堪察加边疆区、阿穆尔州对俄联邦预算拉平预算保障水平的补贴依赖程度较高，补贴占到其预算收入的 30%，其他地区占 12%～18%，只有在萨哈林州的预算收入中，上述补贴占不足 10%。

七 生活成本高，贫困问题严重

2009 年 7 月，远东联邦区基本食品价格比全俄平均水平高 40%，而且各个联邦主体之间存在较大差异：楚科奇自治区的基本食品价格是全俄平均水平的 3.05 倍，阿穆尔州则是全俄平均水平的 1.14 倍（见表 1 - 10）。此外，远东地区基本消费品和服务的价格也比全俄平均水平高 31%。远东地区生活成本较高的原因是"消费篮子"中的热电、住房公用服务和交通费所占比例较高，其中交通费占 55%～70%，而全俄平均水平仅为 25%。在金融危机之前的 2007 年，远东联邦区居民实际可支配收入高于全俄平均水平的仅有堪察加边疆区和阿穆尔州。远东联邦区贫困人口所占比重也超过全俄平均水平，不仅就业人员贫困问题较为严重，而且几乎所有联邦主体退休人员的平均劳动退休金都低于最低生活保障线。

表 1 - 10 2009 年 7 月远东联邦区各联邦主体基本食品价格比较

单位：%

联邦主体	食品价格与全俄平均水平之比	联邦主体	食品价格与全俄平均水平之比
楚科奇自治区	305	滨海边疆区	132
犹太人自治州	126	堪察加边疆区	169
萨哈林州	163	萨哈共和国	159
马加丹州	167	远东联邦区	140
阿穆尔州	114	全俄平均	100
哈巴罗夫斯克边疆区	129		

资料来源：根据俄罗斯国家统计局数据计算。

八 住房问题较为严峻

2000~2008年,远东地区新建住房面积在全俄新建住房面积中所占比重呈逐年下降趋势。1995年,远东地区新建住房面积在全俄所占比重为4.62%,2000年降至2.63%,2008年则仅占2.15%。远东联邦区住房价格较高,2011年第四季度一级市场住房价格为4.49万卢布/平方米,二级市场住房价格为5.80万卢布/平方米,一级市场住房价格在各联邦区中居第三位,仅比中央联邦区和西北联邦区略低(分别为5.31万卢和5.21万卢布),二级市场住房价格则位居第二位,仅低于中央联邦区(7.1万卢布)。

第二章
中央与地区关系

中央与地区关系是指一定国家政权组织形式下中央政府与地方政府之间的权力分配及统属联系。从苏联时期到叶利钦时期，再到普京及梅德韦杰夫时期，虽然历经了不同的历史阶段，中央与地方在政治、经济，甚至法律上的博弈关系却始终存在。

第一节 苏联时期的中央与地区关系

从宪法名义看，苏联实行的是以民族自治为基础的联邦制，此种国家结构形式下，中央与地方的关系在某种程度上就是联盟中央与各个加盟共和国之间的关系，即联盟中央与各民族的关系。苏联时期中央与地区关系呈现如下特点。

一 中央与地区关系的宪法基础是建立在民族政治自治基础上的联邦制

苏联时期中央与地区关系的法理基础是 1924 年的《苏维埃联盟宪法》。依据该宪法，苏联是建立在民族政治自治基础之上的联邦制国家，各个加盟共和国都保有自由退出联盟的权力。这种以民族自治为特征的联邦制具有四个特点：一是联邦主体，即各加盟共和国除外交和国防外，拥有作为独立国家所必需的所有管理机构，如议会、部长会议和各级政府机构；二是各加盟共和国形成了以当地主体民族为核心的领导班子，这不仅是惯例，并且具有法律依据；三是各加盟共和国内的主体民族把用本民族命名的民族自治实体视为"自己的"国家，把生活在这里的其他民族视为"外来民族"，并采用各种手段强化主体民族的地位；四是受示范效应的影响，联邦主体内的一些"次主体民族"也谋求享有同等的特殊地位，力图建立"自己的国家"，民族矛盾和民族冲突时有发生，甚至不时会出现谋求分立的现象。1924年宪法虽然规定各个加盟共和国都保有自由退出联盟的权力，但没有规定各加盟共和国退出联盟的程序和批准机关，也没有授权立法机关立法或对此作出相应的解释。对当时苏联的这种做法，有关专家的解释是现实主义与革命乐观主义的交融：一方面是对暂时无法解决的民族问题采取的无奈之举，把选择建立在民族政治自治基础之上的联邦制作为权宜之计；另一方面，与革命乐观主义情绪有关，认为这种以退为进的政治策略并不会影响苏联及俄罗斯社会主义的实现，联邦制仅仅是分裂走向统一的中间步骤而已，苏维埃最终应当而且必将走向单一制。

1925年，为了与苏联宪法相适应，俄罗斯修改了自己的宪法。该宪法规定，俄罗斯在苏联联邦制下保留自己的联邦制形式。俄罗斯联邦制建立的基础是由自治州改变为自治共和国、自治州和民族专区。至此，苏联形成了世界历史上独一无二的奇特的联邦制，该联邦制以民族政治自治为基础，在大联邦中有小联邦，即在作为联邦主体的加盟共和国内部又有民族自治共和国、民族自治州和民族自治专区等不同层次的民族自治实体①。

1936年，新修订的苏联宪法再次在法律上对这种联邦制予以确认，而且规定了联盟与加盟共和国之间的职权划分以及加盟共和国的主权保障。这种体制一直为斯大林之后历任领导者所承继，直到1991年苏联解体。

可以说，苏联时期中央与地区关系一直深受这种奇特联邦制的困扰，纠结于联邦制与单一制的名实之惑，陷入中央与地方双重主权的泥沼，并在一定程度上加剧了俄罗斯民族主义与非俄罗斯民族主义的对立。后来的事实证明，正

---

① 程雪阳：《联邦制应否基于民族政治自治？——从俄罗斯联邦制与民族主义的关系谈起》，《清华法治论衡》第12辑，清华大学出版社，2009。

是这种建立在民族政治自治基础之上的联邦制，进一步加剧了民族主义意识和情绪：一方面，使特定民族的人们开始急速向本民族共和国以及本民族专区集中①；另一方面，各民族地区实行的本土化政策鼓励各民族使用本民族语言，各民族的民族认同和领土归属感越来越强，并最终成为背离直至肢解苏联的原因之一。

二 斯大林时期中央与地区关系处于集权制的高压之下

在苏联存续的70年间，中央与地区关系受制于集权式的政党体制、政治组织形式以及计划经济体制，民族政治自治变得徒有虚名，斯大林时期尤其明显。在政治组织上，联盟中央与各加盟共和国之间不但通过党的纽带建立了高度集中的"政治－人事"系统，即联盟中央在加盟共和国最高负责人和党的领导人的任命和撤换上具有绝对的权力，而且通过克格勃等秘密警察组织对加盟共和国、自治共和国的政治运行进行有效监控。在经济上，高度统一的中央计划使各加盟共和国在经济上形成分工合作的经济体系，在客观上把各个加盟共和国变成苏联这架大机器上面的齿轮。生产计划的安排、产品的销售完全由中央一手控制，共和国无权过问。联盟中央通过由它直接管理的联盟部和联盟－共和国部控制了共和国的绝大多数企业和资产。从工业产值上看，联盟部所属企业的产值占全苏工业总产值的90%左右，共和国部所属企业仅占约10%的份额。从中央与地方的财政关系上看，自1938年起，建立起了全国统一的高度集中的财政体系，中央财政对国家预算具有绝对控制权和调节权，地方财政权限很小，财力甚微。直至20世纪50年代中期，中央预算收入占国家预算收入的比重一般都在3/4以上，1946～1955年，中央预算支出占全国预算支出的77.3%。此外，斯大林时期还残酷镇压反对强制农业集体化运动的少数民族，借口反对资产阶级民族主义，迫害大批少数民族干部和知识分子，强制迁移个别少数民族人口，迫使他们过集中营式的生活（详见第三章第二节），并迫使波罗的海三个共和国加入苏

---

① Robert G. Kaiser, The Geography of Nationalism in Russia and the USSR. Princeton University Press, July 5, 1994, p.116.

联。这种实质上是与联邦制的分权相背离的集权统治,使民族政治自治徒有虚名,各联盟主体不仅感觉不到宪法赋予的权利,而且产生了深深的民族积怨。

三 赫鲁晓夫和勃列日涅夫时期的中央与地区关系——"弹簧"状态

如果说斯大林时期各联盟主体更多被高压政策所震慑,民族分立要求大多数时期处于"潜流"状态,那么到了赫鲁晓夫及以后时期,各加盟共和国已经不甘于自己的处境,开始不时引用列宁的话去追求"民族平等",向联盟中央索权。联盟中央领导人在无法从宪法中找到法理依据的情况下,不得不依靠手中的权力对共和国领导人施压,甚至严厉镇压反对者,从而使加盟共和国与中央的关系始终处于"弹簧"状态:联盟中央强硬,加盟共和国就放低姿态;联盟中央一放松,加盟共和国就谋求分立。这种集权和分权的斗争,或者说,控制与反控制的斗争在赫鲁晓夫及以后时期日益凸显。

赫鲁晓夫执政前期,为在卫国战争期间被强迫迁移的几个少数民族平反,并恢复了他们的民族自治实体。而且,为了适应社会经济改革的需要,于1957年对工业和建筑业进行改组,废弃了部门管理体制,改为经济行政区管理体制。由于绝大多数全联盟部和所有联盟兼共和国部都被撤销,所属企业全部转归加盟共和国管理,结果中央直属工业所占比重急剧缩小,加盟共和国工业所占比重急剧增大。1959年,各加盟共和国的经济行政区国民经济委员会管辖的工业占全苏工业总产值的72%,地方工业占22%,而中央工业只占6%。加盟共和国的自主权在一定程度上得到提高,地方预算的权力也相应扩大。集中表现为联盟预算和加盟共和国预算在预算总额中所占比重的剧变,到1960年,联盟预算占预算支出总额的比重已下降到41.2%,而加盟共和国预算和地方预算上升到58.8%。与此同时,加盟共和国预算的支出结构也发生了变化,从主要用于社会文化方面支出,转为主要用于发展国民经济。1960年,在加盟共和国预算中,用于发展国民经济的支出占支出总额的55.3%,用于社会文化方面的支出占40.4%。这种改变对发挥地方积极性、促进地区经济综合发展、加强企业之间的横向经济联系发挥了积极作用。但是由于过度削弱联盟中央的集中统一领导，而宏观调控的其他机制又没有根本确立，因而产生了严重的"地方主义""分散主义"，引起了经济的混乱。到1959年，当经济改革遇到困难和阻力时，苏联决定把下放给加盟共和国的部分权力收归联盟中央。针对一些非俄罗斯民族地区出现的以要求扩大民族自主权为名，实际上力图摆脱联盟中央控制的思潮和行动，赫鲁晓夫采取了断然措施。如以拉脱维亚共和国部长会议副主席别尔克拉夫为首的一批领导干部抵制联盟中央的决定，主张共和国自主发展和管理经济。赫鲁晓夫对此要求大为恼火，下令对拉脱维亚共和国中央和首都里加市的党政机关进行清洗，不到半年时间就解除了24名主要领导人的职务。

勃列日涅夫时期，主要实行部门原则与地区原则相结合而以部门原则为主的管理体制。在工业管理上，为了保证加盟共和国参加对更多工业部门的管理，1965年改革时，除了需要实行全国统一技术领导的机器制造业各部门建立全联盟部之外，其他工业部门都建立了联盟兼共和国部。属加盟共和国的联盟兼共和国部、共和国部管理的企业的产值约占苏联工业总产值的50%。后来由于认为需要加强集中，又把黑色冶金、煤炭、化学和石油等工业部改为全联盟部。尽管如此，归加盟共和国管理的工业比重仍占45%左右。在财政制度上，实行中央财政为主、兼顾地方财政的原则，以保证中央对财政的集中管理，同时发挥加盟共和国和地方苏维埃在财政管理上的积极性和自主性。在预算收入所占比重上，联盟预算约占一半以上，加盟共和国和地方预算占不到一半。在预算收入来源上，明确划分联盟预算和加盟共和国预算的固定收入。在预算支出权限上，联盟预算负责联盟所属企业和经济单位的拨款，以及全联盟所属的教育、卫生、社会保险的预算拨款；加盟共和国预算则负责共和国所属企业和经济单位的拨款，以及当地的社会基础设施拨款。加盟共和国预算支出中，用于发展国民经济的支出比重高于斯大林时期，低于赫鲁晓夫时期。但是进入20世纪70年代之后，苏联经济出现停滞现象，科技发展水平、各民族人民的物质文化生活水平与西方发达国家的差距越来越大，许多地区居民的实际生活水平处于相对贫困状态，联盟国家对各民族人民的凝聚力明显下降。但是此时联盟中央对财政的掌控权却越发集中。如1966～1970年中央预算在预算总支出的比重为51.5%，1976～1980年为52.3%，1983年达61%。此外，联盟中央每年还对各共和国收支总额及某些重要支出项目予以严格规定，各加盟共和国预算执行中的额外收入自身无权使用。在这种情况下，苏联的民族矛盾和冲突接连不断。对于少数民族的不满和反抗活动，勃列日涅夫仍旧采用压制和武力的方式来解决。

四 戈尔巴乔夫时期愈演愈烈的地区分立主义最终使苏联倾覆

戈尔巴乔夫时期，随着政治改革的不断深化，改革的矛头直指苏共。在取消宪法第六条规定的苏共法律地位之后，苏共作为政权组织，通过垂直领导掌控国家政治、经济、军事等大权，并通过各级组织行使权力，犹如一条纽带把各加盟共和国牢牢拴在一起的日子成为过往。取消宪法第六条是对苏共的致命一击，等于剪断了维系苏联存在的最后纽带。而且戈尔巴乔夫在政治不稳定的情况下提出改变联盟与加盟共和国之间的关系，在一些关键问题上无限度地承认加盟共和国的经济主权，导致联盟失去赖以存在的经济基础。首先是土地和自然资源所有权从"国家所有"过渡到"联盟和共和国共有"再到"共和国所有"。苏联宪法原先规定土地和自然资源归国家所有，没有在联盟和共和国之间进行划分。1990年初在讨论所有制法时，对这一问题有过激烈的争论。最终于1990年3月6日颁布的《苏联所有制法》对土地和自然资源的所有权归属问题表述得较为含糊，只提到"是生活在该地区人民不可剥夺的财产"，并指出共和国境内的土地和自然资源归共和国占有、使用和支配，而联盟机关、武装力量和企事业单位正在使用的土地和自然资源，归联盟占有和使用，联盟需要占有和使用新的土地和自然资源时，须与共和国协商。这些规定实际上意味着土地和自然资源归共和国和联盟共有。后来，在共和国要求经济主权的浪潮中，戈尔巴乔夫作了原则性让步。在新联盟条约的正式文本中规定："土地、地下矿藏、水域等自然资源、动植物，都归共和国所有，是共和国各族人民不可剥夺的财产。""占有、使用和支配它们的程序由共和国法律确定。对位于几个共和国境内的资源的所有权由联盟法律确定。"这样，土地和自然资源的所有权被明确划归共和国所有。其次是从预算双轨制过渡到预算单轨制。原来联盟预算和加盟共和国预算的收入，主要靠所属企业的利润缴款。1991年苏联实行利改税，即停止现行企业利润上缴制度，改为实行统一利润税。为了扩大企业财权并提高加盟共和国预算所占比重，规定统一利润税的税率为45%，其中22%上缴联盟预算，23%上缴加盟共和国预算。但是叶利钦对此仍不满足，根据俄罗斯的经济主权构想，提出了税收单轨制的主张，即位于共和国境内的所有企业的税收全部上缴共和国预算，然后共和国再根据联盟的需要向联盟预算上缴一定比例的收入。最初戈尔巴乔夫不同意这种主张，但由于实权控制在叶利钦手里，俄罗斯拒绝按规定数额向联盟预算上交收入，并以如不答应要求就将拒绝签署新联盟条约相要挟，结果戈尔巴乔夫又不得不做出原则性让步，允许加盟共和国实行单一渠道征税，之后再由共和国从自己的收入中提取固定的百分比上交中央财政。后来预算单轨制还被正式写入了新联盟条约，从而使中央财政完全依附于共和国财政，中央财政对整个国家财政体系丧失了主动调节权。再次是关于联盟企业的归属问题。过去苏联的国有企业属于整个国家所有，在各级政权机构之间划分的只是对企业的管理权。1990年苏联开始进行所有制改革，明确规定，把原来对企业的分级管理改为分级所有，形成联盟所有的企业、加盟共和国所有的企业和地方苏维埃所有的企业。然而各加盟共和国并不满足于这种划分，他们在主权宣言中声明，位于加盟共和国境内的所有企业（包括联盟所属企业）都归该共和国所有，并将联盟企业的利润税强制截留，禁止联盟企业的产品出境。在此情况下，联盟企业的实际控制权被共和国掌握。新联盟条约也不得不完全承认共和国的要求。最后留给联盟单独管理的经济部门只剩下通信和核动力、与共和国共管的国家动力系统、天然气和石油管道干线、全苏铁路、航空和海上运输这几项了。这样，原联盟所属企业中，除极个别企业之外，全都归共和国所有。上述权限的丧失，使联盟失去了赖以独立存在的物质基础，其命运不再取决于联盟机构本身的意志[1]。1991年下半年，苏联国库已极度空虚，中央政府完全失去了对全国经济、政治的控制力，联盟中央被完全架空。此时大规模的民族分立运动如火如荼，各民族都竭力利用民族自决权、主权共和国联盟原则以及自由退出联盟的宪法权利，为谋求独立寻求法理依据，苏联最终解体。

---

[1] 许新：《从中央与地方的经济关系看苏联的解体》，《世界经济》1992年第6期。

第二节 叶利钦时期的中央与地区关系

叶利钦时期的中央与地方关系可以划分为三个阶段。第一阶段从苏联解体前夕开始到1996年为止。该阶段民族分离主义与地方分立主义同时出击，俄罗斯联邦出现了分裂迹象，中央与地方的斗争在政治、经济、法律等各个领域全面展开，中央勉强维持了国家的统一，但没有彻底解决根本问题。第二阶段是1996~1998年。地区分离主义由明转暗，但是中央与地区之前在财政关系上的矛盾日益加剧。第三阶段是1998~2000年。1998年金融危机与财政危机、经济危机、政治危机交织，俄联邦中央的许多承诺和保证化为泡影，中央政府也陷入了自转轨以来最为严重的分裂之中，叶利钦政府除了在改革中央与地区的财政关系上采取了一些具体措施外，在其他方面别无良策。

一 1992~1996年中央与地方的较量

苏联解体后，非俄罗斯民族主义开始泛滥，少数民族的民族分离主义运动崛起，弱势地区的地方分立主义也开始兴起，中央与地方展开第一轮博弈。1992~1993年，为了拉选票，进而成功竞选总统，叶利钦给各个联邦主体的承诺是"能拿走多少主权就拿走多少"。于是，各个联邦主体开始大胆谋取更多自治权力。首先是车臣共和国和鞑靼斯坦共和国试图独立；其次是一些边疆州区不满于实际上的不平等地位，纷纷提出建立共和国的要求。为了维护国家的统一，联邦政府开始有计划地向民族分离主义严重的地区提供比合作的地区更多的利益与特权。1992年1月，俄罗斯联邦议会通过一项决议，准许俄罗斯境内16个民族自治共和国、五个民族自治州升格为共和国。21个民族自治共和国获得了更多的补贴，并被允许保留更多的税收，同时还可以颁布一些特殊的法令。

经过艰难的讨价还价，1992年3月31日，俄联邦国家权力机关作为一方，组成联邦主体的各共和国、边疆区和州、莫斯科市和圣彼得堡市、自治州和自治区为另一方，就划分管辖对象和职权问题签署了联邦条约。虽然联邦条约最终未在1993年12月修订的宪法中明确规定，但是联邦条约确立的分权制度和由共和国、边疆区、州、联邦直辖市（莫斯科市和圣彼得堡市）、自治州和自治区六种主体形式构成的新型联邦关系在1993年的俄罗斯联邦宪法中得到了体现。如宪法第一条规定："俄罗斯联邦是具有共和制政体的民主的、联邦制的法治国家。"第五条规定："俄罗斯联邦由共和国、边疆区、州、联邦直辖市、自治州、自治区——俄罗斯联邦的平等主体组成；共和国（国家）拥有自己的宪法和法律，边疆区、州、联邦直辖市、自治州、自治区拥有自己的规章和法律；俄罗斯联邦的联邦结构建立在国家完整、国家权力体系统一、在俄罗斯联邦国家权力机关和俄罗斯联邦主体的国家权力机关之间划分管辖对象和职权、俄罗斯联邦各民族平等与自决的基础上；在同联邦国家权力机关的相互关系方面，俄罗斯联邦所有主体平等。"从形式上看，俄罗斯似乎实现了国家政治结构的转换，但离真正意义上的联邦制国家相差甚远。"世界上联邦制国家的形成都是通过这样或那样相对独立国家的联合而成，而不是将国家分成几个部分，并将其叫做联邦主体。"①

在"联邦制"国家确立之后，地方开始与中央争夺财权。转轨之初，俄罗斯地方财政收入的相当一部分要上缴中央财政来支配，从而使85%的地区要靠联邦财政补贴来维持。地方政府用不完成上缴税收任务的办法来与中央抗争。到1993年，俄罗斯89个联邦主体中，已经有30个地区停止向中央财政缴税。针对这种情况，叶利钦总统发布命令授权联邦政府对抗税的地方政府采取严厉制裁措施，如停止提供资金、停止分配出口份额、停止提供进口物资、减少国家贷款、没收其在银行账户的资金等。当然，在采用强硬措施的同时，叶利钦也开始对中央与地方财政关系进行改革。改革以构建"预算联邦制"为主线，采取了四个方面的措施。一是明确中央与地方的财权和事权，实行分税制财政体制。1993年4月通过的《俄罗斯联邦地方预算基础法》规定，适当扩大地方财权，对某些重要税种，如增值税与利润税，由联邦税改为联邦地方共享税。增值税收入的20%～50%留归地方；在32%的利润税中，22%留归地方，10%上缴联邦中央预算。此外还规定，个人所得税全部划归地方预算

---

① *Ю. Михайлов*, Административно-территориальная система России: проблемы устойчивого развития. Изд. РГО, 1999.

收入。二是以调节收入的方式适时调整并保障地区预算平衡。在每年编制预算前，先确定地方预算的最低需求额度，如果地方收入低于支出，中央财政使用调节税给予补贴，以保证地方预算收支之间的平衡。三是收回并不断强化中央的税收立法权，只留给地方一定的税收管理权限，如联邦主体的执法机关和代表机关有权规定纳入地方财政的那部分税收的税率，有权新增税种等。四是通过转移支付和财政援助来平衡地方预算。自1994年起，俄罗斯对财政援助制度不断进行调整，以"拉平各地区的财政保障水平"。为此，把接受财政援助的地区划分为"一般援助"地区和"特别援助"地区，并为这两类地区确定规模不同的财政援助额度，以使各受援地区的财政收入水平与全俄的平均水平接近。由于预算收入分配缺乏客观的标准，地方对增加自身预算收入和缩减开支缺乏兴趣；联邦政府向地方提供转移支付时没有考虑到它们得到的其他方面的国家补贴和资助；地区政府的结构和职能缺乏透明度，联邦政府又对其缺乏了解等诸多原因，该时期的财政关系改革不仅没有对各级地方政府的经济行为产生应有的激励作用，反而导致了各级政府在财政关系上的冲突，财政分权并没有产生预期的效果。1994年，89个联邦主体中，接受转移支付资金的有66个，1995年增加到78个，1997年多达85个。转移支付资金在各种财政援助总额中所占的比重也从1994年的21%上升到1996年的42.4%。

此外，为获得政治上的支持，叶利钦在解决中央与地区冲突时，通常给予强硬地区更加优厚的条件，这不仅使财政分权改革的效果大打折扣，而且也激发了各地区背离联邦宪法和法律、以独立为要挟以便享受特殊待遇的诉求。1994年的"鞑靼模式"开此先河。1994年2月15日，俄联邦中央与鞑靼斯坦共和国签订了《关于俄联邦国家权力机关与鞑靼斯坦国家权力机关管辖范围和互派全权代表条约》。该条约规定鞑靼斯坦共和国是与俄联邦联合的国家，可以单独参加国际活动和对外经济活动；可以独立编制共和国预算，制定和征收共和国税收；拥有对其共和国境内所有资源、财产和国有企业与组织的占有、使用和支配权等。这种中央与少数联邦主体之间解决冲突的方法后来被称为"鞑靼模式"，各个联邦主体争相效仿。"各地区首先基于民族要求，而后以威胁和需求为基础，讨价还价并获得了优惠的财政待遇，包括协商性的税收安排、自由贸易区和地区发展计划。同时，较贫困的地区要求增加转移支付资金，而其他地区对联邦政府施压，要求其对以前下放给地方承担的大范围的公共产品和服务义务重新提供资金。"[1] 此时，叶利钦除了推广"鞑靼模式"，并与40多个联邦主体签订双边关系条约以外，别无他法。当然，对待要脱离俄罗斯联邦的车臣，叶利钦则采取了强硬的军事措施，1994年打响了第一次车臣战争，但以失败告终。

如上可见，该阶段叶利钦为维护联邦统一，法律保障、经济措施、政治措施和军事手段并用。中央与地区的多轮较量引致俄罗斯公民在国家认同问题上产生了危机。俄罗斯科学院社会学所进行的抽样调查结果显示，1993～1996年，人们对维护俄罗斯国家完整性的认识发生了令人忧虑的变化：除去民族共和国领土以外的土地才是俄罗斯领土，持有这种观点的人在鞑靼斯坦、巴什科尔托斯坦、图瓦、布里亚特等共和国从22.5%上升到47%；认为凡是居住在俄罗斯联邦境内的每个民族都有权建立自己的民族国家的人从25%上升到48.5%；认为共和国、边疆区、州应当拥有自由退出俄罗斯联邦权利的人从17%上升到35%。而且，居住在这些共和国的俄罗斯人中，持有上述观点的人也从8%上升到16%。[2]

二　1996～1998年中央与地区间财政关系矛盾更加突出

1996～1998年，除车臣之外，其他地区的分裂浪潮由明转暗，由激进转向温和，但是中央与地区在财政关系上的矛盾却日渐突出。主要原因在于各级政府之间的财政支出权限总体缺乏明确划分，这种情况既存在于联邦中央与联邦主体权力机构之间，也存在于联邦主体与地方政府之间。当然，在形式上，联邦中央政府与地方政府之间对教育、卫生、社会政策和经济补贴等共同性支出的拨款责任做了划分；为地区和地方政府确定了财政支出权限和范围，并且把对住房公用事业和运输业的补贴支出，以及维护地区级道路的支出都划归了

---

[1] 世界银行学院：《俄罗斯走向新的财政联邦制》，http://www.worldbank.org.cn/Chinese/Training/russia.htm，2008-10-28。转引自程雪阳：《联邦制应否基于民族政治自治？——从俄罗斯联邦制与民族主义的关系谈起》，《清华法治论衡》第12辑。

[2] 陈联璧：《俄罗斯民族关系问题研究》，中华社科基金项目成果（1998），http://euroasia.cass.cn/Chinese/Production/projects32.html，2008-11-3。

地方。但是实际上,俄罗斯联邦政府在把支出责任及义务划分给各级财政时,并不为其提供自主确定财政规模和财政拨款的实际权利,地区财政大部分支出的规模和结构仍由联邦政府进行硬性调节。而且根据相关的联邦法规,联邦政府通常将没有收入来源做保证的很大一部分支出责任及义务交由地区财政和地方财政承担,这使得地区财政危机加剧,地区和地方财政的债务急剧增加,中央与地方政府间在财政关系上的矛盾越发突出。为解决这些问题,俄联邦政府于1998年7月30日制定并通过了《1999~2001年俄罗斯联邦预算间关系改革构想》。其要旨是改变对联邦主体财政援助资金的分配办法,建立对联邦主体新的财政援助机制。

三 1998~2000年中央与地区财政关系的调整

1998~2000年,俄罗斯在改善中央与地方财政关系方面采取了以下重要举措。一是由俄联邦政府、联邦议会和国家杜马派出代表组成三方委员会,就改革俄罗斯各级财政之间关系提出建议。当时提出的改革建议主要包括:清理规范各级政府财政支出义务和权限的有关法规,提出划分联邦财政、地区财政和地方财政支出权限的基本方案,并通过颁布特别法律,用于解决各级政府之间的法规冲突;划分各级预算收支权能,保证各联邦主体、地方权力机构的财政独立性与责任心,增加它们对公共财政管理的兴趣;实施有效管理,支持地区经济的发展;进行预算结构改革等。二是俄联邦政府于1998年7月30日签署了《1999~2001年俄罗斯联邦预算间关系改革构想》的第860号决议。决议规定,改变对联邦主体财政援助资金的分配方法,拉平各地区的财政资金保障水平,实行联邦财政面前各联邦主体平等的原则,并在各地区实行合理的财政政策。三是1999年通过了地区财政援助基金转移支付的新分配办法。四是在1999年1月1日生效的《俄罗斯联邦税法典》(以下简称《税法典》)中,进一步强化联邦中央在税收方面的权利。要点如下:首先,强化联邦中央政府的税收立法权,强调《税法典》所列税种清单详尽无遗和不可增补;其次,大大收缩地方政府的税收权限,规定除《税法典》规定的税种外,不允许各级地方政府自行新增地区税或地方税;最后,取消13种地方税费,缩小地方政府的税收收入范围。

可以说，该时期调整中央与地区财政关系的举措产生了一些积极作用，特别是在实行财政转移支付的新机制和新方法后，出现了某些积极的变化。但是新方法也存在一些缺陷，如预算调节范围过大；对联邦主体的同一预算需求存在多渠道拨款现象；在中央与地区财政关系上依然存在"个别问题个别处理"的情况；对地区财政支持缺乏明确的目的；财政转移支付确定过程与进行的改革缺乏相互联系等，这些问题使得财政转移支付效果受到了一定影响。而各级政府之间在财政关系方面的冲突依旧存在。冲突是由俄罗斯中央与地方政府间财政关系体系的主要缺陷造成的。主要缺陷在于：由联邦中央政府各类法规严格规定的联邦主体和地方政府的财政权限极其有限；联邦中央政府依旧迫使联邦主体财政和地方财政承担没有拨款来源做保证的各种义务；对联邦主体财政和地方财政基本支出部分的集中性规定过于严格；依靠联邦税收提成而形成的联邦主体财政收入比重过高；联邦主体财政和地方财政过分依赖于每年规定的联邦税收分割比例；联邦主体财政和地方财政的透明度不够；没有从法律上明确规定拉平预算保障水平的方法。这些问题不仅影响了财政资金的使用效率，而且加大了各地区间在财政保障水平上的差异，进而加剧了社会和政治紧张局势。

总之，在叶利钦时代，由于历史和现实的种种原因，中央与地区关系经过多轮博弈后，中央权力弱化、地方政府各行其是的趋势较为明显。

第三节 2000年至今的中央与地区关系

2000年普京执政后，针对联邦中央与联邦主体之间矛盾重重的严峻局势，采取了一系列极为强硬而有效的措施，以加强中央的权力，力图从根本上扭转联邦中央的被动局面，维护俄联邦的统一。2008年梅德韦杰夫当选总统后，在中央与地区关系上，基本秉承了普京执政时期的思路与做法。

一 设立七大联邦区并派驻总统全权代表，加强中央对地方的监督和协调

为强化中央对地区的监督和统一协调，2000年5月，普京总统签发命令，按地域原则在俄罗斯建立由共和国、边疆区和州组成的七大联邦区，并批准

《俄罗斯联邦总统驻联邦区全权代表条例》。该条例规定，在每个联邦区任命一位总统全权代表，并赋予其广泛的对联邦主体执行联邦宪法和法律情况的监督权。总统全权代表有以下主要任务：一是根据总统确定的国家内外政策基本方针，安排联邦区的工作，对联邦国家权力机关的决定在联邦区的执行情况实施监督，以保障总统各项政策的落实；二是定期向总统报告联邦区在保障国家安全方面的情况以及联邦区的政治、社会和经济状况；三是协调联邦区所属各联邦主体、地方自治机构、政党和其他组织的行动；四是参与制定联邦区经济社会发展规划；五是参与联邦区所属联邦主体人事政策执行问题。全权代表接受俄罗斯联邦总统的任命，直接隶属于总统并向总统汇报工作，其任职期限由总统确定，但不超过总统履行职能的期限。此外，从内务部独立出来的武装警察——"内务部队"，在七大联邦区总统代表所在地设立分部，中央还向七大联邦区派驻审计代表，以监督和审查各地执行中央预算的情况。从上述规定和设置可以看出，联邦区设立的目的是强化总统对联邦主体的领导，加强中央对地方的控制。但是，所建立的七个联邦区，实际上只是作为中间环节对各个联邦主体进行协调管理，并没有相应的机制和管理机构，也未能成为一级政权机关。

二 改变联邦委员会组成办法，削弱地区领导人对立法程序的影响

2000年8月，普京签署俄罗斯联邦委员会（议会上院）组成办法的法案。法案规定，联邦主体行政长官和立法会议的最高领导人只能任命自己的代表担任议会上院议员，其本人则不再进入联邦委员会。此法案的目的是改变联邦主体最高行政长官既是执行权力机关的代表，同时又是联邦委员会成员的状况，即地方最高行政长官也就是自己应当执行的法律的起草者的局面，恢复联邦委员会作为专门立法机关的本来面目，维护政治权力分立的原则，以此使联邦主体最高领导人集中精力解决本地区的具体问题。

三 恢复全俄统一法律空间，俄联邦宪法和联邦法律已经成为至高无上的准则

普京在建立统一法律空间进程中，主要采取了三种方式。一是通过直接颁

布总统令废除了违宪法律。通过发布总统令废除了巴什科尔托斯坦共和国法律中关于共和国总统有权在辖区内实行紧急状态的规定，废除了印古什共和国总统和政府以及阿穆尔州行政长官发布的一系列法律文件，中止了这些与联邦法律相抵触的地方法律的实施。二是依靠总统驻联邦区全权代表审查相关法律。2001年，驻各联邦区全权代表开始对各联邦主体的地方权力机关进行有效的监督，规定地方政府限期改正或取消不符合联邦宪法或法律的地方性法律法规。三是责令检察机关监督和调查地方领导人。责成俄罗斯副总检察长负责对个别地方领导人的腐败及违法行为进行调查，并根据调查结果向相应法院提起诉讼。到2000年底，过去各联邦主体通过的不符合联邦宪法的法律中，有4/5已按照联邦宪法和法律的原则进行了修正。到2002年，叶利钦时代签署的42个划分中央和联邦主体之间管理对象和职权范围的协议在28个联邦主体被废除。到2003年，俄罗斯已经从法律上和事实上恢复了国家的统一，巩固了国家权力。对所有地区来说，俄罗斯宪法和联邦法律已经成为至高无上的准则[①]。

四 通过建设法律制度和改变地方行政长官产生方式，逐步强化总统对地方行政长官的任免权

普京分两个阶段强化总统对地方行政长官的任免权。首先，在一定范围内确立总统对联邦主体领导人的免职权。2000年8月普京签署两个文件。一是《关于联邦主体国家权力机关组织的普遍原则》，其中规定，俄罗斯联邦中央权力机构和总统有权整顿国家法律秩序，联邦主体领导人和立法机构如果违反联邦宪法和法律，总统有权解除其职务并解散地方立法机构。二是《俄联邦地方自治法》，该法律规定，地方自治立法机构如制定违背联邦主体法规和联邦法律的法规和条例，应予解散；联邦主体行政首脑有权解除所属市政机关领导人的职务，但只有联邦总统有权解除联邦主体首脑及其他行政中心领导人的职务。

其次是改变地方行政长官的产生方式，确立总统对地方行政长官的任免权。2004年9月，在联邦政府扩大会议上，普京总统提出修改俄罗斯89个联邦主体最高行政长官的产生办法，由原来的选举产生改为总统提名候选人，再

---

① 2003年俄罗斯总统国情咨文。

由地区议会选举通过。普京提出如下理由：第一，选举产生的地方行政长官往往专业能力不足；第二，选举常使民族成分复杂地区的形势更加复杂，加剧民族矛盾；第三，从1996年起没有一个改革家或有自由主义思想的人士当选为地方行政长官；第四，太多的地方行政长官代表的是某个金融集团的利益；第五，许多地方第一把手的家族势力控制当地经济命脉；第六，由于地方行政长官素质不高，迫使中央重复建立执行权力体系①。当年12月，国家杜马通过了修改俄罗斯联邦主体行政长官选举程序的法案。法案涉及四项内容。一是地方行政长官的提名方式。在各联邦主体地方行政长官任期届满前90天内，各联邦区总统代表以及该地方议会中占多数议席的政党，有权分别提出该联邦主体地方行政长官候选人的名单，候选人名单经由总统办公厅转交俄罗斯总统，总统可以从中挑选一位候选人，也可以责成总统办公厅主任重新提出地方长官候选人名单。二是地方议会批准地方行政长官的程序。地方议会应在总统提出候选人后的14天内，对该候选人进行讨论，如果该候选人获得地方议会法定多数的赞同，即被认为获得任命，任期为五年，如果该候选人先后三次被地方议会拒绝，则总统有权解散该地方议会，并在规定期限内举行新的地方议会选举。三是现任地方行政长官申请留任或提前辞职程序。现任地方行政长官在任期结束前，可以提出继续留任或提前辞职的请求，由俄罗斯联邦总统作出决定。如果俄罗斯联邦总统提名现任地方行政长官为新一届行政长官候选人，经地方议会通过，该行政长官可继续留任，任期为五年。四是地方行政长官职务的解除方式。如果地方行政长官失去总统信任或出现工作不当及受到司法机关起诉，俄罗斯联邦总统有权提前解除其职务，并提出新的地方长官人选。地方议会也有权对地方长官提出不信任案，但俄罗斯联邦总统可以解除该地方行政长官的职务并提出新的候选人，也可以驳回地方议会提出的不信任案。②

五 推进联邦主体合并，进一步改革联邦政权体系

俄罗斯从立法实践上推动联邦主体合并的步骤开始于2001年。2001年12

---

① 陆南泉：《普京的治国理念与俄罗斯的未来》，《当代世界与社会主义》2005年第2期。
② 李雅君：《俄罗斯的联邦制改革》，载邢广程：《2005：应对挑战》，社会科学文献出版社，2006，第109页。

月，普京签署了《有关接纳新主体加入俄罗斯联邦和在俄罗斯联邦成立新的主体程序法》。2005年10月，俄罗斯政府又出台了《程序法的补充修改法》。联邦主体合并的法定程序由此确定为四个阶段：第一阶段为《关于在俄罗斯联邦成立新主体动议》的提出阶段；第二阶段是议案提交相关联邦主体进行全民公决阶段；第三阶段是新联邦主体联邦宪法性法律草案的制定阶段；第四阶段为宪法性法律的通过阶段。[①] 也就是说，决定进行合并的联邦主体须向俄罗斯联邦总统提出合并请求，然后在相关联邦主体内就合并问题举行全民公决，全民公决获得通过后，经由俄罗斯联邦议会上下两院批准，并制定新联邦主体联邦宪法性法律，相关联邦主体即可合并为新的联邦主体。俄罗斯力推联邦主体合并的原因主要有三个：一是联邦主体形式多样，数量过多，不利于维护联邦统一；二是联邦主体规模大小不等，联邦主体之间经济差距扩大，不利于俄罗斯经济的整体发展；三是联邦主体之间居民生活水平差距拉大，不利于政治稳定[②]。自此，联邦主体合并拉开序幕。2005年12月1日，彼尔姆州和科米－彼尔米亚克自治区合并成立彼尔姆边疆区；2007年1月1日，克拉斯诺亚尔斯克边疆区、泰梅尔自治州及埃文基自治州合并为克拉斯诺亚尔斯克边疆区；2007年7月1日，堪察加州与科里亚克自治区合并成立堪察加边疆区；2008年1月1日，伊尔库茨克州和乌斯季－奥尔登斯基布里亚特自治区合并成立伊尔库茨克州；2008年3月1日，赤塔州和阿加布里亚特自治区合并为外贝加尔边疆区[③]。此外，五个联邦主体也有合并的动议：亚马尔－涅涅茨自治区与秋明州已经签订地区合作一体化协议；乌里扬诺夫斯克州、伏尔加格勒州和哈卡斯共和国也就合并问题举行了全民公决。还有很多地区的合并计划也正在处于讨论阶段。联邦主体合并的意义不仅在于可以优化管理，有效地执行社会经济政策，提高民众生活水平，更重要的是为了加强对地方权限的控制，巩固联邦制。

---

① 刘向文：《俄罗斯联邦主体的合并及其对我国的启示》，载《社会转型时期宪政建设问题国际研讨会论文集》2007年5月。
② 2005年俄罗斯总统国情咨文。
③ С. Артоболевский， О. Вендина， Е. Гонтмахер， Н. Зубаревич， А. Кынев， Объединение субъектов Российской федерации: за и против，стр.7，Москва 2010.

六 打击车臣分裂势力，实施地区综合治理

车臣问题一直是普京在处理中央与地方关系时面临的突出难题。这首先因为有叶利钦时期发动第一次车臣战争失败的前车之鉴。其次是因车臣问题本身的复杂性所致。车臣问题是历史恩怨、民族矛盾、宗教隔阂、反恐斗争、中央与地方关系、美国因素等诸多方面交织在一起的棘手难题。普京解决车臣问题的步骤主要有：军事打击、实行俄罗斯总统直接治理、用车臣总统选举与议会选举方式政治解决车臣问题等。

1999年8月到2000年5月，俄罗斯成功实施了对车臣恐怖分子的军事打击。俄罗斯政府首先将这次车臣战争定性为打击恐怖主义分子，并且在政治上成功地把握住三个界限：一是把车臣非法武装与车臣民族独立运动区分开；二是把恐怖分子与车臣民众区分开；三是将伊斯兰极端原教旨主义与正常的伊斯兰宗教信仰区分开，从而彰显了俄罗斯政府打击车臣非法武装的正义性。其次，十分果断地宣布1996年俄罗斯政府与车臣当局签订的和平协议是错误的，宣示绝不与非法武装分子谈判，明确昭示车臣马斯哈多夫政权是非法政权，与此同时，恢复了被车臣当局解散的原车臣国民议会的权力和地位。再次，军事决策与行动果断而坚决。俄罗斯各军兵种统一协调，发挥高科技优势，实施精确打击、稳扎稳打、步步为营，既避免大规模军人伤亡和平民伤亡，又能集中力量歼灭非法武装的有生力量。最后，采取多种相关措施配合军事作战。如加强舆论引导与控制；打击车臣非法武装赖以生存的经济基础，设立安全区，切实安排好难民生活；在车臣北部地区建立经济示范区，组织车臣居民恢复生产、重建家园；推行务实、有效的外交政策，挫败西方插手车臣战争的图谋等。

军事打击结束后，在三年的过渡期内，俄罗斯实行了总统直接治理措施。2000年6月，普京总统签署关于在车臣共和国建立临时行政权力机关的法令，任命卡德罗夫为车臣临时政府领导人。车臣局势由单纯军事状态转入政权和经济建设同武装剿匪并重的新阶段。

2002年之后，俄罗斯力图通过立宪、全民公决、总统选举等政治解决方式来解决车臣问题。2002年12月11日，车臣举行人民代表大会，讨论车臣

议会提出的新宪法和选举法草案。12月12日,普京发布关于车臣全民公决的总统令。2003年3月23日,车臣举行全民公决,就是否赞成新的共和国宪法草案、总统选举法草案、议会选举法草案进行投票。三部法律通过后,车臣作为俄罗斯联邦中一个联邦主体的地位从法律上得到了确认。车臣的全民公决为车臣的总统选举铺平了道路。2003年10月5日,卡德罗夫顺利当选为车臣总统。

与此同时,俄罗斯还通过财政拨款来帮助车臣重建。2000~2006年,俄罗斯政府对车臣的援助高达300亿美元,用于向战争中失去房屋的车臣居民提供补偿,并重点扶持车臣的农业、石油等产业。2007年,俄联邦政府批准了《2008~2012年车臣共和国经济社会发展联邦目标纲要》。纲要拨款总金额达1064.3亿卢布,其中联邦预算出资983.3亿卢布,车臣共和国预算出资43.9亿卢布,吸纳预算外资金36.1亿卢布[①]。

归结起来,普京对车臣实施的综合治理举措,首先是在军事上加大剿灭非法武装的力度,其次是在财政上加强对车臣的扶持力度,同时继续谋求通过政治方式解决车臣问题。普京政府所采取的解决车臣问题的政治方案,主要是在放弃与车臣非法武装谈判的同时,争取主动,利用法律手段,明确车臣对俄罗斯的从属地位,在车臣建立一个与联邦政府合作的民选政府,逐步推进车臣问题的政治解决[②]。

七 建立地方领导人业绩评价指标体系,更换"失去总统信任"的地方领导人,废除自治共和国总统称谓

2005年,时任南方联邦区总统全权代表的德米特里·科扎克领导的工作组制定了联邦主体领导人工作业绩评价指标体系,当时设定的指标有30项。2007年,普京总统将评价指标增加至47项。2009年,俄联邦政府又把评价指标增至300项。2011年11月,时任俄联邦经济发展部副部长的安德烈·克列帕奇提出应缩减评价指标体系。

[①] 俄罗斯联邦目标纲要官方网站,http://fcp.vpk.ru/cgi-bin/cis/fcp.cgi/Fcp/Passport/View/2012/249/。

[②] 邢广程、张建国主编《梅德韦杰夫和普京——最高权力的组合》,长春出版社,2008年7月版。

2008年10月，由于印古什共和国总统贾济科夫没有处理好印古什人和车臣人、奥塞梯人的关系和有效恢复共和国境内的秩序，俄罗斯总统梅德韦杰夫签署总统令，提前解除其职务，并任命伏尔加河沿岸－乌拉尔军区司令部副长官叶夫库罗夫临时代行其总统职务。至此，俄罗斯拉开了地区领导人更新的序幕。2010年9月，任职18年的莫斯科市市长卢日科夫因失去总统信任被免除了莫斯科市市长职务。

此外，俄罗斯对自治共和国的总统称谓予以废除。截至2010年，俄联邦83个联邦主体中共有21个共和国，其中12个共和国保留着总统职位或称谓。2010年8月，俄联邦总统梅德韦杰夫提出，一个国家有多位"总统"的现象不正常，容易在对外交往中造成混乱。9月，车臣共和国议会率先通过取消"总统"称谓的决议，卡德罗夫的"总统"称谓改为车臣行政"首脑"，其他一些共和国也开始效仿。2010年底，俄罗斯国家杜马三读通过了旨在废除俄联邦地区领导人"总统"称谓的修正案。根据该修正案，自2015年1月1日起，俄联邦各行政主体领导人不能再用总统称谓，只有俄联邦总统才能使用这一头衔。

八　设立北高加索联邦区

针对北高加索地方政府官员行政效率低下、裙带关系严重、腐败现象突出、政府威信下降、地方对中央政令阳奉阴违等弊端，俄罗斯联邦政府决定成立北高加索联邦区，实现总统对该地区的垂直领导，再次降低了地方势力坐大的可能性。2010年1月，俄罗斯总统梅德韦杰夫签署命令，从南部联邦区划分出北高加索地区，设立北高加索联邦区，使其成为俄罗斯联邦的第八大联邦区。亚历山大·赫洛波宁被任命为总统驻北高加索联邦区全权代表并兼俄联邦政府副总理。赫洛波宁不仅被赋予经济权限，而且作为总统全权代表，拥有在人事和强力部门上的管理权限。北高加索地区经济发展缓慢、失业率高、生活水平低下、腐败盛行、民族和宗教冲突不断、恐怖犯罪频发，不仅需要用执法手段解决当地的民族宗教问题，更需要用经济手段来铲除顽疾。设立北高加索联邦区，实质上是俄罗斯政府旨在通过提高北高加索经济发展水平来解决该地区社会问题的一种探索。

2010年1月，时任俄罗斯总理的普京在皮亚季戈尔斯克举行的北高加索联邦区发展问题会议上强调，北高加索联邦区社会经济发展有五项重要任务：第一，应当拟定联邦区综合发展战略，每个地区根据综合战略拟定具体计划；第二，必须改善投资环境，在每个联邦主体建立经济特区，联邦政府下属有关部门拟定该地区发展工业的建议；第三，联邦相关部门和行业垄断部门拟定发展北高加索联邦区专项投资计划；第四，提高人民生活质量，拟定和落实城市基础建设措施；第五，从联邦部门的地方机构开始，着手整顿权力机构秩序。

九 推进预算联邦制改革，力图理顺中央和地方的财政关系

在推进预算联邦制改革方面，有如下几个具有里程碑式意义的重要文件：一是2001年8月俄联邦政府第584号决议批准的《2005年前预算联邦制发展纲要》；二是俄罗斯于2003年重新修订的《俄罗斯联邦地方自治机构基本原则法》；三是自2005年起重新修订的《税法典》和《预算法典》；四是2006年俄联邦政府批准的《2006~2008年俄罗斯联邦增强预算关系成效和提高国家财政与市镇财政管理质量的构想》。具体来说，《2005年前预算联邦制发展纲要》的主旨是保证地区财政和地方财政收入来源的稳定性；明确划分各级财政的收入和支出权限；对拨给各地区的财政援助资金实行新的分配办法；保证地区和地方政府的财政独立性并明确相关责任；支持地区经济发展。其中确定了有关划分中央与地方预算支出的五项原则：从属原则、区域一致原则、外部效用原则、区域差别原则和规模效用原则。《俄罗斯联邦地方自治机构基本原则法》进一步明确了各级政府的管辖范围和权限以及各级政府的具体财政支出权限和责任，从而使俄罗斯向真正的财政联邦主义迈出了关键性的一步。2005年起重新修订的《税法典》和《预算法典》使各级预算之间税收收入的分配由联邦预算法一年一确定，逐步改为由《税法典》和《预算法典》予以相对的长期固定，这对提高地区级预算收入的稳定性和可预见性，从而更好地制定中长期预算发展计划，尤其是对巩固和发展预算联邦制，具有重要的现实意义。《2006~2008年俄罗斯联邦增强预算关系成效和提高国家财政与市镇财政管理质量的构想》则提出了俄罗斯在发展预算联邦制和加强预算间关系、处理中央与地方政府间财政关系等五个方面的主要任务：巩固和加强联邦主体

的财政独立性；增加联邦主体预算和地方预算收入，提高支出效率；完善各类基金的使用；提高地区财政和市镇财政的透明度，制定和完善相关法规；提高国家财政和市镇财政的管理效能①。

俄罗斯在具体推进预算联邦制改革上，主要着力于以下三个方面。一是进一步界定并划分税收权限和收入来源，保证地方财政收入来源的稳定性。增值税自2001年起完全划入联邦预算；自然人所得税则从2002年起100%划归联邦主体联合预算②。二是合理界定事权。在各级预算支出范围的划分上，与国家整体利益相关的、具有较强外部性特征的全国性公共产品和服务支出划为联邦支出，包括外交、国防、安全、立法、司法、基础研究以及能源、交通运输、宇航等联邦主要经济部门；与区域或地区关系密切的基础设施建设、执行地区专项纲要、社会保障、社会服务、社会文化领域等的支出，划归联邦主体支出范围。三是拉平预算保障水平。根据《俄罗斯联邦预算法典》（2000年1月1日生效）第16章第133条的规定，联邦预算对联邦主体预算财政援助的四种形式是：补贴（用以拉平联邦主体的最低预算保障水平）、津贴和补助金（用于某些专项支出的拨款）、预算贷款、预算借款（弥补联邦主体预算执行中出现的临时性现金缺口）。俄罗斯通过建立援助基金的方式来提供如上几种形式的财政援助。基金分五种：一是地区财政援助基金，作为联邦预算提供财政援助的主要形式，用以拉平各联邦主体的最低预算保障水平；二是补贴基金，主要是向联邦主体提供津贴和补助金等专项财政援助，用于某些专项支出的拨款；三是社会支出共同拨款基金，主要用于加强联邦主体对教育、卫生等公共服务的投入；四是地区发展基金，用于支持地区基础设施建设投资和基本建设支出；五是地区和市政财政改革基金，主要是用以支持和加强各地区的预算改革③。

预算联邦制改革在调整中央与地方财政关系方面取得了一定的效果，但仍然存在下列突出问题：留给联邦主体权力机构支配的预算收入与其事权不相称；

---

① 郭连成、车丽娟：《俄罗斯预算联邦制的改革与发展》，《俄罗斯中亚东欧研究》2009年第3期。
② 行政关系隶属于联邦主体的地区预算、地方预算和各地区强制医疗保险基金的总和。
③ В. Идрисова, Л. Фрейкман, Влияние федеральных трансфертов и фискальное поведение региональных властей, Научные труды № 137Р, ИЭПП, 2010.

联邦主体和地方预算的事权增加，特别是无上级预算拨款的支出义务增多；接受津贴的地区占比在 2010 年达到 85%，100% 的地区接受来自联邦预算的财政援助；预算间转移支付的透明度下降，转移支付额度分配中的主观因素增加；联邦预算的家长式管理助长了地区对中央的依赖；联邦对地区财政支持额度的不可预见性，使得地区和地方预算在规划和完成上有一定的难度；执行预算政策的支出与实施效果不匹配，效率欠佳[①]。如 2008～2010 年，联邦预算对地区转移支付的名义值已分别占到 GDP 的 3.3%、3.6% 和 3.1%。其中，拉平地区间预算保障水平的转移支付在转移支付总额的比重分别为 30.0%、25.4% 和 28.8%，但是其促进地区提高预算收入水平的目标并没有实现（见表 2-1）。

表 2-1 2008～2010 年联邦预算对地区转移支付的名义值

年度 项目	2008 亿卢布	占比(%)	2009 亿卢布	占比(%)	2010 亿卢布	占比(%)
转移支付总额	10946.8	100.0	14803.85	100.0	13783.37	100.0
补贴	3903.98	35.7	5782.77	39.1	5226.85	37.9
拉平预算保障水平的补贴	3286.48	30.0	3754.85	25.4	3969.96	28.8
保障预算平衡的补贴	460.35	4.2	1918.86	13.0	1059.55	7.7
津贴	4358.67	39.8	5300.73	35.8	4114.39	29.9
道路津贴	1017.99	9.3	1043.04	7.0	614.37	4.5
农业津贴	735.93	6.7	906.41	6.1	879.30	6.4
特殊援助	1531.70	14.0	2844.40	19.2	3786.50	27.5
就业援助	374.13	3.4	774.14	5.2	870.90	6.3
保障卫国战争老战士住房援助	0	0	458.25	3.1	1168.51	8.5
其他预算间转移支付	1152.45	10.5	875.95	5.9	655.62	4.8

资料来源：Федеральное казначейство，盖达尔经济政策研究所计算。转引自 Российская экономика в 2010 году: тенденции и перспективы（Выпуск 32），Издательство Института Гайдара，Москва，2011.

因此，俄罗斯建立在预算联邦主义原则基础之上的预算间关系还需要在如下几个方向上进行改革：提高预算间关系体系的可预见性和稳定性；提高地区

---

① Реальный федерализм, местное самоуправление, межбюджетная политика /http://2020strategy.ru/g12/documents/32581809.html, 18-10-2011.

和地方权力机构的税收自主权，完善各级预算之间财权的分割；完善预算间转移支付结构；激发地方和地区权力机构对所实施的财政政策的责任心，联邦权力中心对次级权力机构应实行严格的预算约束；根据经济运行周期对预算间关系的调控工具进行适当调整；合理划分各级预算的事权；实现地区预算平衡。

根据俄罗斯财政部制定的《2012~2014年财政政策主要方向》，未来三年中央与地区财政关系调整的重点是：修正对联邦主体的财政援助机制，提高财政援助效率；刺激地区和地方增加预算收入；完善各级预算间的分权机制。在财权和事权划分上的调整是：根据修订后的俄罗斯法律，对警察部门的预算支出今后由联邦预算承担，与此对应，交通工具登记费和违反交通规则的罚款和酒精类产品的常规消费税将纳入联邦预算。预算间转移支付政策也将进行调整：联邦预算对联邦主体的转移支付首先要保障完成宪法义务，即保障公民在享受社会服务、医疗救助、国家和地方自治机构服务方面的均等化①，此外，通过补贴拉平各地区的预算保障水平，力图使联邦主体中预算保障水平最后十名与前十名的差距缩小，从之前的十倍下降到三倍。鉴于转移支付政策的调整，2012~2014年联邦预算对联邦主体预算的转移支付额度将大幅下降（见表2-2）。

表2-2 2012~2014年联邦预算对联邦主体预算的转移支付

单位：亿卢布

年度	2011	2012		2013		2014	
	（预算法）	草案	同比(%)	草案	同比(%)	草案	同比(%)
预算间转移支付 其中	13433	11349	84.5	10165	89.6	9647	95.0
补贴	5425	4933	90.9	4711	95.5	4618	98.0
津贴	4717	3777	80.1	2718	72.0	2271	83.6
特殊援助	2811	2295	81.7	2375	103.5	2423	102.0
其他预算间转移支付	481	344	71.5	361	104.9	334	92.5

资料来源：Основные направления бюджетной политики на 2012 год и плановый период 2013 и 2014 годов, http://www.minfin.ru/ru/08-08-2011.

---

① 如果没有拉平地区预算保障水平的联邦预算补贴，则有15%的地区不能靠税收和非税收入全额完成首要支付义务，诸如工资给付、社会保障等。

目前，俄罗斯联邦中央与地区关系改革尚在推进过程中。截至 2011 年 10 月，联邦委员会（上院）收到了来自地区的有关联邦中央与地区事权分割的建议共 931 项，现正在陆续开会讨论。因 2011 年底莫斯科市、圣彼得堡市等许多城市出现多起中产阶级和新生代代表反对普京再任总统的示威游行，2012 年 1 月，有关联邦主体行政长官直选的法案被紧急提交国家杜马，目前正在二读审议之中。

总之，中央与地区利益的平衡是个永恒的问题。俄罗斯尚未形成利益平衡制度，因而中央与地区关系体系处于不稳定的状态。追根溯源，主要是由俄罗斯联邦制的特点决定的。首先，俄罗斯现行的联邦制是民族区域与行政区域结合的混合型联邦制，联邦主体形式多样化。根据 1993 年的俄罗斯联邦宪法，俄罗斯各联邦主体具有不同的国家法律地位，分为共和国、边疆区、州、联邦直辖市、自治州和自治区六种，民族共和国是民族区域实体，边疆区和州是行政区域实体，自治州和自治区则为自治实体。其次，联邦主体的设立存在结构性问题。几个独立的联邦主体归属另外的联邦主体，两个联邦主体的行政中心位于其他联邦主体境内（如涅涅茨自治区属阿尔汉格尔斯克州、汉特－曼西自治区和亚马尔－涅涅茨自治区属秋明州，而且后两个自治区的行政中心汉特－曼西斯克和萨列哈尔德位于秋明州境内）。再次，联邦主体权力机构实施应有权利的需求和自身资源不匹配。联邦预算体系的制度设计中，纳入联邦预算的税种是最容易征收的税种，如增值税、资源开采税和出口关税，留给地区预算的税种是利润税的大部分和个人所得税，而利润税在经济危机年份会大幅缩水，地区税基缺乏稳定性。此外，预算体系的制度设计还造成地区税基不平衡，加剧了地区差异。如 2008 年联邦预算税收收入中，29% 来自秋明州的自治区，29% 来自莫斯科。最后，中央与联邦主体之间关系的个性化色彩较浓，地区领导人的个性及其与中央的私人关系起主要作用[1]。联邦中央掌控"财政王牌"，与地区的关系带有"施与"色彩，地方领导人根据自己的偏好、地区资源和内外部约束条件在

---

[1] A. Малчинова, Региональное измерение государственной экономической политики, Центр проблемного анализа и государственно-управленческого проектирования, М.: Научный эксперт, 2007.

经济发展和社会保障之间寻求平衡,喜欢推行立竿见影的项目,急功近利心理较强[1],并且地方领导人和地区精英都力争与莫斯科保持良好的关系,以图获取补贴和吸引预算投资[2]。各地区为争夺来自联邦预算转移支付的暗中较劲和贿赂导致国家的空间管理缺乏效率,对超级集权化更是起到了推波助澜的作用[3]。

---

[1] И. Соболева, Т. Ремингтон, А. Соболев, М. Урнов, Дилеммы губернатора: экономические и социальные компромиссы в ходе перераспределительной политики, М.: Изд. дом Высшей школы экономики, 2012.

[2] А. Чирикова, Региональные элиты России, М.: Аспект Пресс, 2010. с. 118.

[3] Н. Зубаревич, Региональное развитие и институты: российская специфика, Региональные исследования, №2 (28). 2010.

第三章
地区人口与人口跨区域流动

俄罗斯地区间人口分布极度不均衡，并且受诸多因素制约，跨区域的内部人口流动规模与发达国家相比存在较大差距。为增强人口的地区间流动，更好地促进各地区经济社会的协调和均衡发展，俄罗斯政府出台了一系列政策措施和专项计划，但大部分并没有产生应有的效果。

第一节 地区人口状况

基于历史和地理环境因素的影响以及经济社会发展水平的不同，俄罗斯各地区在人口分布、人口密度、人口数量、人口结构、人口生育率、人口死亡率、人口平均寿命、农村人口分布、吸纳移民情况等方面都存在较大差异。

一 地区人口分布

俄罗斯各地区的人口分布并不均衡。总体看，大约有90%的人口居住在自然气候条件相对舒适的区域，该区域涵盖俄罗斯欧洲板块的中部和南部地区以及绵延至西伯利亚和远东的南部狭长地带。从欧亚大陆分野看，俄罗斯80%的人口生活在欧洲地区，而占俄罗斯国土面积75%的亚洲地区仅居住着20%的人口[①]。

[①] Т. Малева, О. Синявская, Социальное и демографическое развитие России: Каирская программа действий: 15 лет спустя, М., ЮНФПА, 2010.

从城乡结构看，截至 2010 年初，俄罗斯共有城市人口 1.037 亿，农村人口 3820 万，分别占人口总量的 73.7% 和 26.3%。从各联邦区拥有的人口来看，截至 2010 年初，人口最多的是中央联邦区、伏尔加沿岸联邦区和西伯利亚联邦区，这里居住着全俄 61.3% 的人口（见表 3-1）。此外，截至 2010 年，两个联邦直辖市——莫斯科市和圣彼得堡市集中了全俄 11.3% 的人口，其中莫斯科市常住人口达到 1151.4 万，占全俄人口的 8%；圣彼得堡市人口达到 484.8 万，占全俄人口的 3.4%。

表 3-1 截至 2010 年初各联邦区人口数量

地区	总人口（万人）	在全俄总人口中占比（%）
俄联邦	14290.52	100.0
中央联邦区	3843.86	26.9
西北联邦区	1358.38	9.5
南方联邦区	1385.67	9.7
北高加索联邦区	949.68	6.6
伏尔加沿岸联邦区	2990.04	20.9
乌拉尔联邦区	1208.27	8.5
西伯利亚联邦区	1925.43	13.5
远东联邦区	629.19	4.4

数据来源：根据俄罗斯国家统计局数据。

二 地区人口密度

俄罗斯地区人口密度呈现两个鲜明特征。首先，整体人口密度低，人口密集地区极少。全俄平均人口密度仅为 8.3 人/平方公里。历史上俄罗斯的核心地带——中央地区、伏尔加地区和北高加索地区的人口相对密集，但是人口密度也仅是欧盟国家的一半，与北欧国家相当，约为 55 人/平方公里。其次，俄罗斯地区人口密度差异较大。主要体现在三个方面：一是东部和西部地区的人口密度差异较大，欧洲部分的人口密度为 31 人/平方公里，亚洲部分仅为 3 人/平方公里；二是南方与北方的人口密度差异较大，北方有很多无人区，而南方地区的人口较为密集；三是人口密度呈现中心—外围特点，各个地区的人口多集中在为数不多的中心城市、大城市及其城郊，外围地区的人口相对较少。

从联邦区视角看，中央联邦区的人口密度最高，为57人/平方公里，其次是北高加索联邦区，人口密度为54人/平方公里，人口密度最低的是远东联邦区，其面积占全俄国土面积的36.1%，而人口仅占全俄的4.4%（见表3-2），其中，人口最为稀少的是萨哈共和国（雅库特）、堪察加边疆区、马加丹州、涅涅茨自治区、楚科奇自治区和亚马尔－涅涅茨自治区，截至2010年初，这些地区的人口密度为1人/平方公里。

表3-2　截至2010年初各联邦区人口和面积在全俄占比

联邦区	人口在全俄占比（%）	土地面积在全俄占比（%）
中央联邦区	26.9	3.8
西北联邦区	9.5	9.87
南方联邦区	9.7	2.46
北高加索联邦区	6.6	1.0
伏尔加沿岸联邦区	20.9	6.06
乌拉尔联邦区	8.5	10.64
西伯利亚联邦区	13.5	30.09
远东联邦区	4.4	36.08

资料来源：根据俄罗斯国家统计局数据。

三　地区人口变化趋势

总体看，俄罗斯大多数地区人口呈逐渐减少趋势。2010年的人口统计数据显示，2002~2010年，俄罗斯八大联邦区中，人口增加的仅有中央联邦区和北高加索联邦区。其中，中央联邦区人口增加了1.2%，主要源于莫斯科市、莫斯科州和别尔哥罗德州的人口净流入超过人口自然损失量。北高加索联邦区人口增加幅度最大，达6.3%。该联邦区除了卡巴尔达－巴尔卡尔共和国和印古什共和国，其他联邦主体的人口均增加，卡巴尔达－巴尔卡尔共和国人口减少是因为人口净流出超过了人口的自然增长。其他六个联邦区均出现不同程度的人口减少。其中，西北联邦区人口减少2.8%，在该联邦区各联邦主体中，仅有圣彼得堡市、列宁格勒州和涅涅茨自治区人口增长，圣彼得堡市和列宁格勒州人口增长源于其人口净流入超过人口自然损失量，而涅涅茨自治区人口增加是其人口净流入和人口自然增长双重作用的结果，包括科米共和国、普斯科夫州和摩尔曼斯克州在内的其他西北联邦区的各联邦主体，人口数量均在逐渐减少，主要是因为人口净流出和人口自然损失双重作用的结果。南方联邦区人口减少0.8%，仅有克拉斯诺达尔边疆区和阿斯特拉罕州因人口净流入超过人口的自然损失而使人口总量有小幅增加。乌拉尔联邦区人口减少2.4%，其中仅有秋明州、汉特-曼西自治区和亚马尔-涅涅茨自治区因人口净流入和人口自然增加而出现人口增长。伏尔加沿岸联邦区人口减少4%，该联邦区唯有鞑靼斯坦共和国因人口净流入超过人口自然损失而使人口增长0.2%。西伯利亚联邦区人口减少4%。该联邦区各联邦主体中，仅有阿尔泰共和国和图瓦共和国人口出现增长，其中阿尔泰共和国人口增加是因为人口净流入和人口自然增长的双重作用，而图瓦共和国的人口增长则是因为人口净流入超过了人口的自然减少。远东联邦区人口数量在八年间减少6%，人口总量降至629万人，仅有萨哈共和国（雅库特）因人口净流入超过了人口自然减少而使人口增加。

具体到各联邦主体，则大多数联邦主体的人口均逐渐减少。2002～2010年，有63个联邦主体人口在减少，只有20个联邦主体的人口有所增加。人口减少最多的是马加丹州（降幅达14%），普斯科夫州和科米共和国（降幅均为11.5%），摩尔曼斯克州、基洛夫州、库尔干州（各减少11%）。20个人口增加的联邦主体中，人口增加最多的是达吉斯坦共和国、车臣共和国、莫斯科市、卡拉恰耶夫-切尔克斯共和国、莫斯科州、汉特-曼西自治区，增幅分别为15.6%、15%、11%、8.9%、7.2%和6.9%。地区人口数量变化是人口自然变化与人口流动交互作用的结果。俄罗斯大多数地区的人口减少是由人口自然损失与人口净流出的双重作用所致。

四　地区人口结构

俄罗斯大多数联邦主体人口性别结构和年龄结构失衡。从人口性别结构看，诺夫哥罗德州、伊万诺沃州、图拉州、雅罗斯拉夫尔州、特维尔州、弗拉基米尔州、斯摩棱斯克州、下诺夫哥罗德州、圣彼得堡市的男女比例失衡严重，男女比例为 1000∶1246～1221。只有堪察加边疆区和楚科奇自治区的女性人口较少，男女比例为 1000∶986～949。

从人口年龄结构来看，28 个联邦主体居民平均年龄超过 40 岁，平均年龄最大的是欧洲部分各联邦主体，如图拉州、梁赞州、坦波夫州、沃罗涅什州、普斯科夫州、特维尔州、奔萨州、圣彼得堡市、莫斯科市等，其人口平均年龄为 41.1～42.2 岁。62 个联邦主体的老年人口数量超过 16 岁以下人口数量，其中有些联邦主体的老年人口数量与 16 岁以下人口数量的比例严重失衡，如图拉州和圣彼得堡市为 2∶1，梁赞州和沃罗涅日州为 1.9∶1，坦波夫州、列宁格勒州、伊万诺沃州、奔萨州、普斯科夫州、雅罗斯拉夫尔州、莫斯科市为 1.8∶1。而且莫斯科市和圣彼得堡市 16 岁以下人口在总人口中占比较低，仅为 12.9%～13%，远低于全俄 16.1% 的平均水平。16 岁以下年龄段的人口在总人口中占比较低的主要原因是 1990～2007 年 16 岁以下人口数量连续 18 年减少，直至 2008 年之后，因为生育人口增加，16 岁以下年龄段人口才开始出现小幅增加，如 2008 年增加了 4.4 万人，增幅为 0.2%，2009 年增加 31.3 万人，增幅达 1.4%。

五 地区人口生育率

俄罗斯地区人口生育率呈现三个特点。

首先是从总和生育率[①]动态指标看，各地区生育率差距逐渐缩小。20 世纪 60 年代，莫斯科市的总和生育率是 1.4，莫斯科州和列宁格勒州是 1.5～1.7，北高加索各共和国和西伯利亚南部地区的总和生育率是这些地区的三倍，如图瓦共和国为 4.2，达吉斯坦共和国为 4.9。半个世纪之后，俄罗斯各地区生育率指标之间的差距有所缩小：截至 2010 年，总和生育率最高的是阿尔泰共和国、图瓦共和国和车臣共和国，其总和生育率为 2.3～2.4（维持人口正常增长的总和生育率指标为 2.2）；总和生育率最低的是列宁格勒州，低于 1.2。而且在总和生育率较高的地区中，仅仅是农村总和生育率水平较高，城市的总和生育率水平已与全俄平均水平接近。

---

① 指一国或地区的育龄妇女平均生育子女的数量。

其次是从一般生育率①静态指标看，各地区差距较大。一般生育率较高的多为民族地区，如北高加索各共和国和西伯利亚南部地区。2011年一般生育率最高的地区是车臣共和国（28.9‰）、图瓦共和国（27.1‰）、印古什共和国（25.9‰）、阿尔泰共和国（22.5‰）、达吉斯坦共和国（18.1‰）。排在其后的是萨哈（雅库特）共和国和布里亚特共和国，这里的原住民生育水平较高，这两个地区的一般生育率分别为17.1‰和16.9‰。此外，油气开发区因从其他地区吸纳大量的年轻劳动力，年轻人所占比重较高，因而生育率也较高。如秋明州、汉特-曼西自治区和亚马尔-涅涅茨自治区的生育率分别为16.1‰、16.4‰和15.4‰。生育率最低的是中央联邦区和西北联邦区的一些地区，这些地区因人口大量被其他地区的大城市吸纳，人口流失严重。其中，2011年一般生育率最低的地区是图拉州（9.4‰）、坦波夫州（9.3‰）、沃罗涅日州（10.2‰）和列宁格勒州（8.7‰）。此外，伏尔加沿岸联邦区的一些联邦主体，如奔萨州和摩尔多瓦共和国，因人口老龄化严重和吸引外来人口乏力，出生率也较低，分别为10.1‰和9.5‰。

最后是各地区生育率对人口政策的敏感程度不一。从2006年开始，俄罗斯开始实行鼓励生育的人口政策，但是在各个地区的实施效果有较大差别。从2007年的统计数据看，鼓励生育政策在农村地区的效应较明显，农村地区总和生育率指标从1.6增加到了1.8，而对城市地区的影响相对较小，总和生育率仅从1.2增至1.3。经济发展水平较低的西伯利亚南部地区和北高加索地区受政策的影响最大。如图瓦共和国的总和生育率提高了0.54，车臣共和国和阿尔泰共和国提高了0.36，卡拉恰耶夫-切尔克斯共和国、卡巴尔达-巴尔卡尔共和国增加了0.2~0.3。而城市化水平较高和较发达地区的生育率指标对人口政策的敏感度较低，总和生育率增幅普遍低于全俄总和生育率0.11的平均增幅。

六　地区人口死亡率

俄罗斯核心地区的人口死亡率较高，而边远地区的新生儿死亡率较高。

---

① 指某年每1000名15~49岁妇女的活产婴儿数，通常用千分比表示。

2011年，西北联邦区和中央联邦区一些较早开发的地区，如普斯科夫州、诺夫哥罗德州、特维尔州、图拉州、斯摩棱斯克州、伊万诺沃州、弗拉基米尔州和科斯特罗马州的死亡率较高，均在 16.6‰~20‰，远高于全俄 13.5‰的平均水平。当然，比 2005 年 22‰~24‰的水平还是有较大的改善，但这些地区依然是俄罗斯死亡率最高的地区。人口结构中青年人和儿童所占比例较高的地区，如车臣共和国、达吉斯坦共和国和印古什共和国的死亡率较低，为 4.1‰~5.6‰，另外北方地区老年人占比较低的一些联邦主体，如汉特-曼西自治区、亚马尔-涅涅茨自治区的死亡率也较低，分别为 6.5‰和 5.4‰。

多年来，新生儿死亡率较高的地区是北高加索联邦区和西伯利亚南部欠发达的共和国，如 2006~2008 年，印古什共和国新生儿死亡率平均为 22‰，车臣共和国为 17‰，达吉斯坦共和国、图瓦共和国和阿尔泰共和国为 14‰~15‰。此外，少数民族原住民所占比重较高的地区，如楚科奇自治区和涅涅茨自治区，新生儿死亡率平均为 14‰~17‰。到 2011 年，虽然俄罗斯新生儿死亡率较前些年有了较大幅度的降低，但上述七个地区的指标依旧较高，分别为 13.6‰、17.5‰、15‰、14‰、11‰、12.8‰和 10.7‰。总之，俄罗斯新生儿死亡率较高的地区多是气候条件相对恶劣的边远欠发达和就医困难的地区。

七　地区人口平均寿命

俄罗斯地区人口平均寿命差距较大。2009 年俄罗斯人平均寿命为 68 岁，其中男性 62 岁，女性 74 岁，已恢复到 1990 年的水平。但从地区视角看，地区间平均寿命差距较大。人口平均寿命较长的地区主要包括以下几种：一是气候条件较好且饮酒较少的北高加索地区；二是医疗条件较好且生活方式较为健康的莫斯科市；三是居民收入水平较高的地区，如圣彼得堡市和秋明州；四是气候条件较好且生活成本较低的地区，如鞑靼斯坦共和国、别尔哥罗德州、克拉斯诺达尔边疆区等。预期寿命较短的地区多位于东部和北极地带，如楚科奇自治区、涅涅茨自治区和图瓦共和国。这些地区因经济萧条、社会服务凋敝、酒精消费水平较高，人均寿命较短。涅涅茨自治区 20% 的人口是涅涅茨人，主要生活在农村地区，男性平均寿命仅为 48 岁。东部地区俄罗斯族居民所占比重较高的赤塔州、阿穆尔州、马加丹州及非黑土区各州（诺夫哥罗德州、特维尔州、普斯科夫州）则情况略好。近年来，随着医疗投入的增加，特别是"健康"国家优先项目下的投入增加，经济欠发达地区的人均寿命已有所提高。

八 地区农业人口分布

俄罗斯农村居民点人口锐减，多数地区农业人口分布零落。2002～2010年，农村居民点人口急遽减少，降幅为城市人口的三倍，农村居民点数量随之减少8500个。俄罗斯农业人口多集中在适合农业发展的南方地区和大城市周边地区，南部联邦区和北高加索联邦区聚集了俄罗斯1/4的农业人口。上述地区的村庄规模相对较大，人口年龄结构也较为平衡，具有与大城市连接的稳定交通系统，社会服务体系也较为发达，可以较好地满足农业人口对社会服务的基本需求，并能较好缓解劳动力流动的压力。而在非黑土区，即中央和西北的大部分地区，农业人口分布则较为零落。这里历史上形成的乡村网虽然较为密集，但是各个村庄的人口偏少，特别是随着20世纪农业人口向城市的迁移，很多村庄逐渐萧条。2010年的数据显示，农村衰落比较严重的地区，如伊万诺沃州、特维尔州、普斯科夫州等，人口不足50人的村庄分别占81.2%、86.7%和91.9%，人口不足十人的村庄分别占55.3%、61%和69.5%，无人村分别占21%、23.4%和23%。而在人口稀少的东部和北方地区，农村居民点之间的距离较远，交通不便。为实现社会服务均等化目标，国家不得不在大多数农村居民点保留社会服务机构，如学校、医疗护理站或者小型医院等，地区财政负担较重。2000年之后，随着教育改革和医疗改革的推进，俄罗斯开始对农村的学校和初级医疗机构进行合并，并通过为学校和医疗机构配备现代化装备，来进一步提高社会服务质量，但是偏远地区就学难和就医难的问题却仍旧较为严重。可见，农村地区人口分布的极度不平衡，在一定程度上已经成为制约社会服务均等化目标的主要障碍之一。

九 地区吸纳移民情况

俄罗斯净移民增加的地区不多。2000～2010年，俄罗斯有43个联邦主体出现人口净流出，其中人口净流出最多的地区主要是达吉斯坦共和国、萨哈共和国（雅库特）、布里亚特共和国和卡巴尔达-巴尔卡尔共和国等（见

表3-3)。在人口净流入的联邦主体中，对人口吸附能力较强的莫斯科州，正式登记的迁来人口是常住人口的9.08%，排名第一；列宁格勒州为7.2%，排名第二；别尔哥罗德州为6.7%，排名第三；虽然继莫斯科州之后，莫斯科市在吸纳移民的绝对数量上排名第二，但是按移民在常住人口中的比例计算，为5.37%，排名第四。十年间，在人口数量增加的联邦主体中，仅有为数不多的几个是因人口自然增长和净移民增加双重作用所致，如阿尔泰共和国、印古什共和国、汉特－曼西自治区和秋明州[①]。大多数人口增加地区均是因移民净流入弥补了人口的自然减少。

表3-3 2000~2010年主要人口净流入地区和人口净流出地区

地　区	移民净流入（出），万人	地　区	移民净流入（出），万人
莫斯科州	60.4	图瓦共和国	-1.2
莫斯科市	55.9	亚马尔－涅涅茨自治区	-1.2
克拉斯诺达尔边疆区	22.7	北奥塞梯－阿兰共和国	-1.7
圣彼得堡	18.9	沃洛格达州	-2.2
列宁格勒州	11.9	卡拉恰耶夫－切尔克斯共和国	-2.3
别尔哥罗德州	10.2	彼尔姆边疆区	-2.5
萨马拉州	6.3	卡巴尔达－巴尔卡尔共和国	-2.7
秋明州	6.2	布里亚特共和国	-3.4
斯维尔德洛夫斯克州	5.5	萨哈共和国(雅库特)	-5.9
汉特－曼西自治区	4.5	达吉斯坦共和国	-6.2

资料来源：俄罗斯国家统计局数据，ФинЭкспертиза公司整理。

对外来劳动移民最具吸引力的是俄罗斯中心地区。中心地区吸纳了40%的合法外来劳动移民，其中莫斯科市吸纳了约1/3，莫斯科州吸纳了约6%。莫斯科市劳动力市场规模大，且市场细分状况良好，有关专家估计，非法劳动移民（包括未进行居住地登记的俄罗斯公民，但数量不多）占莫斯科人口的10%~20%，达100万~200万人。对外来移民吸引力位居第二位的是乌拉尔

[①] М. Сергеев, Миграция замаскировала демографические потери: За 10 лет Россия разделилась на две неравные половины, http://www.ng.ru/economics/2011-12-15/1_migraciya.html.

地区，这里集中了 1/6 的外来移民，其中石油产区亚马尔－涅涅茨自治区和汉特－曼西自治区对外来移民具有较强的吸引力。吸纳外来移民数量位居第三的是远东联邦区，这里吸纳了 1/10 的外来移民，其中多数集中在滨海边疆区，而哈巴罗夫斯克边疆区和阿穆尔州的外来移民相对较少。

第二节 人口跨区域流动

从沙俄时期，到苏联时期，再到当今的俄罗斯联邦，在不同的历史发展阶段，地区间人口流动有着不尽相同的趋势和特点。从国际比较看，当前俄罗斯人口跨区域流动规模与发达国家相比有着较大的差距，内部移民作为调节地区间劳动力市场重要工具的作用已经变得越来越弱。

一 沙俄时期人口跨区域流动

1796~1916 年，俄国约有 1260 万人从欧洲部分迁移到乌拉尔、西伯利亚、远东、高加索和中亚等俄罗斯帝国边疆地带。在这场大迁徙的初始阶段，移居人口主要为俄罗斯族，之后乌克兰人、白俄罗斯人也加入其中。这时的移民多属于自愿移民，其中包括逃跑的农奴和哥萨克居民点的人口，当然也有政府组织的强制移民，如沙俄政府曾将大赦的劳改犯、流放的政治犯和旧教徒迁移到西伯利亚和远东地区。19 世纪后半期，沙俄政府以赐予土地、减免税收等优惠政策来吸引农奴迁移垦荒，并鼓励哥萨克拓疆者定居西伯利亚和远东地区。19 世纪末，西伯利亚和远东已经成为主要的人口迁入地。在 1897~1916 年的近 20 年中，西伯利亚和远东地区的人口净流入达到 250 万人。

二 苏联时期的人口跨区域流动

1965 年之前，苏联地区间人口移动呈离心化趋势：居民主要从欧洲地区向北方、西伯利亚和远东流动，从北高加索民族行政区向前高加索地区[①]集

---

① 大高加索山脉以北，至库马－马内奇洼地、萨利斯克－马内奇山脊与埃尔根高地一线，西起亚速海和刻赤海峡，东到里海的区域。

中。该阶段推动人口跨区域流动的主要原因有四个。一是1921年干旱引发的饥荒、乌克兰等地错误的余粮征集制、农业集体化、消灭富农政策等迫使大量农村居民逃离到生活条件比较艰苦的边远北方和东部地区。二是工业化和城市化使几百万过去曾是农村主要劳动力的"富农"和中农进入城市。城市人口在总人口中所占比重从1926年底的18%增加到1939年初的32%，直至1961年的50%。三是通过制造"特殊移民"，推行强制移民政策。20世纪30~50年代，苏联政府实行强制移民政策，把大量人口强制迁往边远地区。"特殊移民"主要有两类：遭到流放的"富农"和被驱逐流放的少数民族人口。1930年2月，苏联农业人民委员部和全苏集体农庄委员会草拟了关于消灭富农阶级的指令，全苏消灭富农运动由此拉开帷幕。1930~1931年，苏联境内共有24万户富农被强制迁徙[①]，西伯利亚和乌拉尔边远地区出现了很多"富农流放区"。20世纪30年代后半期，"富农分子"被强行迁往特殊地区的政策仍在继续，但迁移规模明显缩减。但在同一时期，随着肃反运动的开展，斯大林开始强制迁移一些他认为"不可靠的"人口较少的民族，到了卫国战争期间，又以极少数人"背叛祖国，同德国人合作"的罪名，动用武力把十几个人口较少的民族赶出家园，强行迁至人烟稀少或无人居住的半荒漠地区，并且对其进行严格的管理和监督。诸如，1936年，将居住在苏联西部的三万波兰人迁往哈萨克斯坦的荒漠地区；1937年，居住在远东的十万朝鲜人被迁往哈萨克斯坦、乌兹别克斯坦等中亚地区；1941~1942年初，将100多万德意志族人从伏尔加河流域、莫斯科市、列宁格勒市等大城市迁往哈萨克斯坦和西伯利亚；1943~1944年，北高加索的卡拉恰伊人、卡尔梅克人、车臣人、印古什人、巴尔卡尔人被迁往哈萨克斯坦、乌兹别克斯坦和吉尔吉斯斯坦；1944年5月，克里米亚鞑靼人被从克里米亚半岛迁往乌兹别克斯坦等中亚地区……[②]"特殊移民"多采用"古拉格"[③]集中营体系管理，移民区大多设立在不适合人类正常生活的地

[①] 周尚文、叶书宗、王斯德：《新编苏联史（1917~1985）》，上海人民出版社，1990，第295页。
[②] 许新、陈联璧、潘德礼、姜毅：《解决民族问题的阶级斗争方式与民族关系危机》，《中国民族报》2009年10月16日。
[③] 集中营管理总局，1934年前归国家政治保安总局管辖，1934年从属内务人民委员会，是主管劳动改造营并监督在押犯服刑与运输的行动部门。"古拉格"集中营被苏联作家亚历山大·索尔仁尼琴称作："一个个与当代文明相隔绝的个体，并在苏联的土地上构成了颇具规模的集中营体系。"

区。正如西伯利亚边疆区国家政治保安总局全权代表在一份文件中提到的："特殊移民区最好能设在荒无人烟和遥远的北方地区……"① 1929~1953 年，至少有 1400 万"富农"和少数民族人口被监禁于"古拉格"集中营，700 多万人被流放到垦荒地区进行垦荒。其中最为著名的集中营都散落在北极圈周围。抛开政治意义，单从人口迁移角度看，这实际上开创了向北极地区"移民"的先河，俄罗斯后来的"北极圈工业城市"正是以这些"古拉格"集中营为基础建成的。

1965 年之后，地区间人口移动的离心化趋势逐渐让位于集聚趋势，东部地区虽然还保留着对移民的吸引力，但是向中心地区和西北地区流动的人口大量增加，人口大部分被莫斯科市、列宁格勒市及其周围的地区吸纳。20 世纪 80 年代末，对移民最有吸引力的地区是中央区、西北区的部分地区，同时南方和伏尔加沿岸区的吸引力也在上升，还有就是与哈萨克斯坦接壤的地区。

总体而言，人口向北部和东部地区迁徙贯穿了整个苏联时期。为开发矿产资源，苏联在北方地区建立了大量的城市和乡村，从而使北方地区的人口激增，到 20 世纪末，北方地区已有 1000 万人口，占俄罗斯总人口的 7%。

三 苏联解体后，俄罗斯联邦的人口跨区域流动

苏联解体后，俄联邦人口地区间移动出现了人口流出区域扩大、流进区域缩小、人口积聚效应越来越强的态势。

（一）20 世纪 90 年代人口跨区域流动趋势

20 世纪 90 年代初，长期以来人口向东部和北方地区流动的趋势戛然而止，取而代之的是人口向西部和南方地区的流动，欧洲部分自然气候条件相对较好、基础设施完善、适宜人类居住地区是移民的优先选择。20 世纪 90 年代上半期是北方和东部地区，特别是北方地区人口流失较严重的时期。向市场经济转型后，国家对北方地区的补贴停止，由于无法承担高额的生活成本和交通成本，很多居民纷纷离开，大量年富力强的适龄劳动人口外迁，导致北极地区老龄人口所占比重增加了近一倍，同时退休金水平低和生活成本高的巨大反差

---

① В. Земсков, Спецпоселенцы в СССР (1930–1960), М., Наука, 2005, с. 34.

也使老年贫困的风险激增。

从联邦区角度看，1991~2000年，国内移民净增加的有中央联邦区、伏尔加沿岸联邦区和南方联邦区，三个联邦区十年间共吸纳了107.8万国内移民，而远东联邦区则向其他各个联邦区输出人口。中央联邦区吸纳的人口来自各个联邦区，伏尔加沿岸联邦区的移民主要来自中央联邦区和南方联邦区之外的地区，南方联邦区的移民则主要来自中央联邦区和伏尔加沿岸联邦区之外的地区。

从联邦主体视角看，20世纪90年代，人口出现净流出的地区有：欧洲的北部地区（摩尔曼斯克州、阿尔汉格尔斯克州、科米共和国），西伯利亚北部地区（克拉斯诺亚尔斯克边疆区、赤塔州、伊尔库茨克州、托木斯克州及周边地区、布里亚特共和国、图瓦共和国），远东和北高加索。人口流出较多的有楚科奇自治区、马加丹州、萨哈（雅库特）共和国。欧洲北部地区流出的人口主要进入了中心地区和西北地区，其中进入圣彼得堡、列宁格勒州、首都地区、克拉斯诺达尔边疆区、下诺夫哥罗德州和别尔哥罗德州的占40%。西伯利亚北部地区流出的人口主要迁入了除远东之外的其他各个地区，其中进入新西伯利亚州、欧洲部分、车里雅宾斯克州、斯维尔德洛夫斯克州、哈卡斯共和国的居多。远东流出的人口进入西伯利亚和乌拉尔联邦区（占22%）、欧洲的一些联邦区以及南方联邦区。远东地区还存在大量的区内移民，主要从北部地区移入南部的哈巴罗夫斯克边疆区、滨海边疆区、犹太自治州、阿穆尔州。北高加索地区的人口仅在20世纪90年代后半期就损失了14万，流失的人口中有一半迁入了斯塔夫罗波尔边疆区和克拉斯诺达尔边疆区。

从城市角度看，中心城市对国内移民的集聚效应凸显。虽然中央联邦区从其他地区吸纳人口，而在中央联邦区内，人口多集中到首都地区，首都地区的人口又大量从莫斯科州进入了莫斯科市。20世纪90年代后半期，莫斯科市作为人口"磁石"的地位彰显（见图3-1）。1996~2000年，莫斯科市内部净移民增加了20.79万，即平均每年吸纳四万多内部移民，占中央联邦区吸纳内部移民总量的54%，到2001年初，莫斯科市人口在中央联邦区总人口中的比重已高达23.3%。莫斯科市强大的人口集聚效应，使得库尔斯克州、斯摩棱斯克州、图拉州、坦波夫州等周边地区的人口在1996~2000年持续减少。

区域经济社会发展

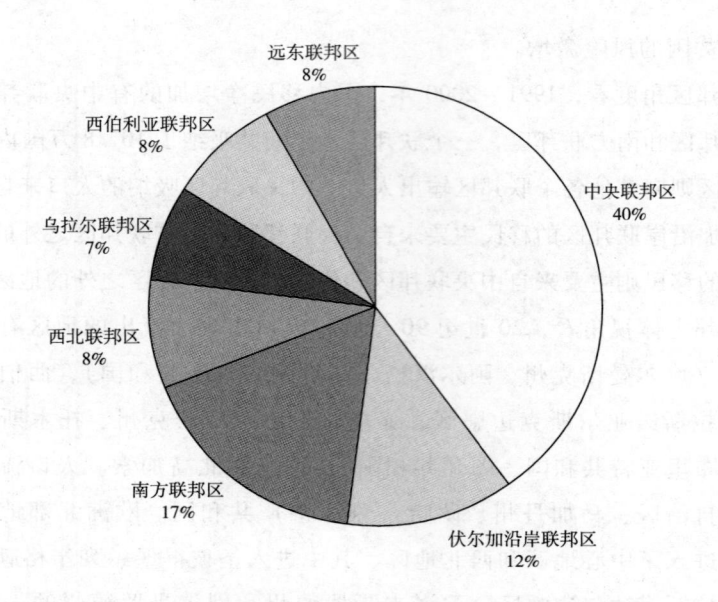

图 3-1　1996~2000 年莫斯科市的内部移民净流入

远东联邦区 8%
西伯利亚联邦区 8%
乌拉尔联邦区 7%
西北联邦区 8%
南方联邦区 17%
伏尔加沿岸联邦区 12%
中央联邦区 40%

资料来源：根据俄罗斯国家统计局数据计算。

同期，圣彼得堡市和列宁格勒州有一部分人口迁入了莫斯科市及莫斯科州，还有一小部分进入了邻近的诺夫哥罗德州，但是来自西北联邦区内部和其他地区的人口填补了这部分的人口损失。与莫斯科市相同的是，圣彼得堡吸收的移民大多来自其所在的西北联邦区，占35%，而与莫斯科市不同的是，圣彼得堡还有大量来自位于亚洲部分的联邦区的移民，占比达44%（见图3-2）。

可以对20世纪90年代俄罗斯各地区人口跨区域流动的趋势作一个简单归纳：人口从东部向西部迁移是人口跨区域流动的一个大趋势；中部地区人口主要向莫斯科市和圣彼得堡市集聚；北高加索的人口主要流入前高加索平原地区、地区中心城市和伏尔加地区；远东北部地区人口主要向南部地区迁移；欧洲北部地区人口主要进入圣彼得堡市和列宁格勒州；与哈萨克斯坦接壤地区的人口主要进入伏尔加和乌拉尔地区的城市集聚区[①]。总体而言，北方地区（秋

---

① Н. Мкртчян, Из России в Россию: откуда и куда едут внутренние мигранты, http://antropotok.archipelag.ru/text/a028.htm.

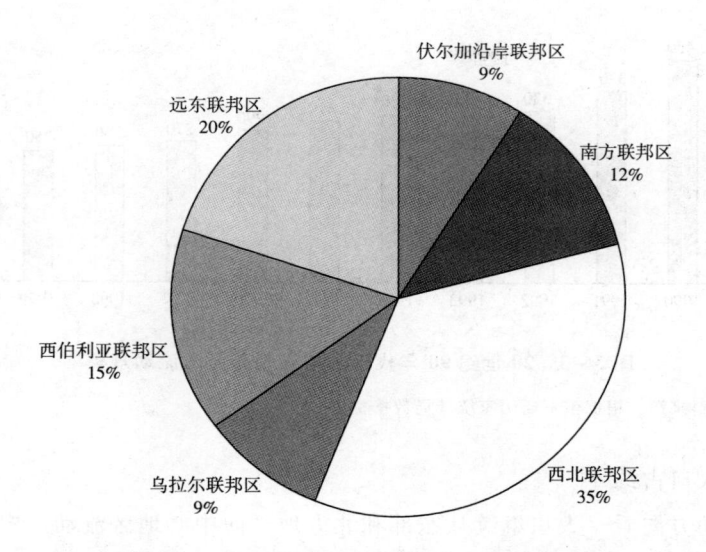

图 3–2 1996~2000 年圣彼得堡和列宁格勒州的
内部移民净流入

资料来源：根据俄罗斯国家统计局数据计算。

明州的油气开发区除外）、外贝加尔地区和整个远东地区都属于人口流出区域，而人口流入区域则主要包括欧洲部分和西伯利亚南部地区。

从人口跨区域流动规模①看，1990~1993 年为急速下降阶段，1994 年之后呈缓慢减少趋势。1990 年人口跨区域流动规模高达 430 万，到 1993 年降至 290 万，1994 年较上年有所回升，为 320 万，但之后每年的人口流动规模持续稳定缩减，直至 1990 年末为 250 万左右（见图 3–3）。

（二）2000 年之后人口的跨区域流动趋势

2000 年，俄罗斯人口跨区域流动规模为 240 万人，2001~2008 年，每年基本稳定在 190 万~200 万人。2009 年同比减少 22.7 万人，下降幅度为 12%，为 170 万人。2003~2009 年，人口跨区域流动规模总计达 1500 万人，占俄罗斯总人口的 10%，占人口流动总量（包括国际移民）的 94%，其中跨联邦主

---

① 指进行了居住地变更的人口。

区域经济社会发展

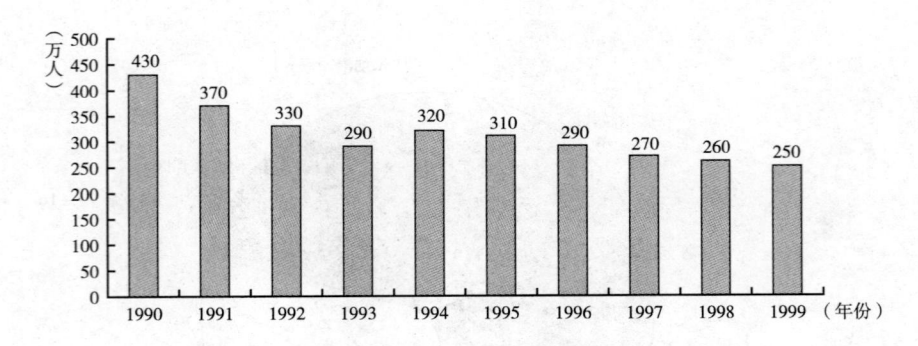

```
(万人)
500 ┤ 430
450 ┤ ██
400 ┤ ██  370
350 ┤ ██  ██  330       320  310  290
300 ┤ ██  ██  ██  290   ██   ██   ██   270  260
250 ┤ ██  ██  ██  ██    ██   ██   ██   ██   ██   250
200 ┤ ██  ██  ██  ██    ██   ██   ██   ██   ██   ██
150 ┤ ██  ██  ██  ██    ██   ██   ██   ██   ██   ██
100 ┤ ██  ██  ██  ██    ██   ██   ██   ██   ██   ██
 50 ┤ ██  ██  ██  ██    ██   ██   ██   ██   ██   ██
  0 ┴─────────────────────────────────────────────
     1990 1991 1992 1993 1994 1995 1996 1997 1998 1999 (年份)
```

图 3-3　20 世纪 90 年代俄罗斯人口跨区域流动规模

资料来源：根据俄罗斯国家统计局数据整理。

体流动的人口占约 44%[①]。

从流动方向看，人口继续从东部和北方地区向中心地区流动。中央联邦区从其他各个联邦区吸纳人口，吸纳的人口大多集中在莫斯科市和莫斯科州。远东联邦区则向其他各联邦区输送人口。2003~2009 年，中央联邦区吸收了 86% 的跨联邦区流动人口，而西伯利亚和远东联邦区则流失了 35 万人，占跨联邦区流动人口的 52%，其中远东联邦区流失人口中的 70%，以及西伯利亚联邦区流失人口中的 40% 属于跨联邦区流动人口。西伯利亚联邦区向西部所有联邦区输送人口，从远东联邦区吸纳的人口仅弥补了其 6% 的人口流失损失，而来自西伯利亚、远东和伏尔加沿岸联邦区的人口则弥补了乌拉尔联邦区 60% 的人口流失损失。伏尔加沿岸联邦区向中央联邦区、西北联邦区和南方联邦区输送人口，吸纳来自西伯利亚联邦区和远东联邦区的人口；南方联邦区向中央联邦区和西北联邦区输出人口，从其他联邦区输入人口；西北联邦区仅向中央联邦区输出人口，从其他联邦区输入人口（见表 3-4）。

人口跨区域流动的集中化趋势进一步加剧，人口向大城市集聚的趋势也更加明显。俄罗斯 13 个百万人口以上的大城市中，2001~2005 年有八个人口出现稳定增长，2006 年增加到十个，2007 年则高达 11 个。因大城市就业机会

[①] Вопросы текущего учета внутрироссийской миграции в системе Росстата, Управление статистики населения и здравоохранения, http://www.fms.gov.ru/upload/iblock/ecd/smrosstat.pdf.

表 3-4　2003~2009 年跨联邦区的人口流动规模（移民净流入）

单位：万人

	中央联邦区	西北联邦区	南方联邦区	伏尔加沿岸联邦区	乌拉尔联邦区	西伯利亚联邦区	远东联邦区
俄联邦	58.63	4.42	-5.77	-18.62	-3.36	-18.8	-16.5
中央联邦区	—	-6.29	-12.7	-16.38	-5.92	-9.48	-7.85
西北联邦区	6.29	—	-1.8	-2.03	-1.72	-2.93	-2.23
南方联邦区	12.71	1.8	—	-1.69	-0.4	-3.8	-2.83
伏尔加沿岸联邦区	16.38	2.03	1.69	—	1.68	-1.72	-1.45
乌拉尔联邦区	5.92	1.72	0.4	-1.68	—	-2.12	-0.89
西伯利亚联邦区	9.48	2.93	3.81	1.72	2.12	—	-1.25
远东联邦区	7.85	2.23	2.83	1.44	0.88	1.25	—

资料来源：根据俄罗斯国家统计局数据整理。

多，工资高，容易实现人生价值，年轻人从农村和小城市进入大城市的意愿比较强烈。一项对小城市中学毕业生的调查显示，70%的女青年和54%的男青年打算离开生活的城市。与此同时，中型城市的居民也在减少（大城市集聚区、疗养休闲中心城市和石油天然气开采中心城市除外）。

对国内移民最具吸引力的是莫斯科和圣彼得堡城市集聚区。因莫斯科市和圣彼得堡市的住房价格较高，很多内部移民选择在莫斯科州和列宁格勒州定居，并使这些地区成为吸纳内部移民的佼佼者。2008年，莫斯科州和列宁格勒州的内部移民净流入占总人口的比例为12.1‰和8.3‰，圣彼得堡市位居第四位，为7.2‰，莫斯科位居第七位，为5.2‰。此外，在吸纳内部移民方面居前列的还有别尔哥罗德州、克拉斯诺亚尔斯克边疆区和阿迪哥共和国。

尽管人口跨区域流动的集聚趋势愈演愈烈，北方和远东地区人口流失严重，但是从纵向比较看，2010年俄罗斯内部移民规模仅为1991年解体之初的约2/5，接近1897年的水平[1]。从国际比较看，俄罗斯内部人口流动规模与发达国家相比也有较大的差距。美国居民一生平均有13次改变居住地，英国公

---

[1] Л. Давыдов, Внутренняя миграция в России как путь к выравниванию уровней социально-экономического развития регионов, Профиль, 24 мая 2010 года.

民为七次，而俄罗斯公民仅为 1.5 次。可见，内部移民作为调节俄罗斯地区间劳动力市场重要工具的作用正在逐渐减弱。尽管如此，北方和东部地区却因人口大量流失，平均退休金时至今日仍低于全俄平均水平，老年贫困问题尚未得到解决。

第三节 制约人口跨区域流动的因素与地区间移民政策

俄罗斯人口跨区域流动仍然受到行政壁垒严重、住房市场不发达、就业信息沟通不畅、种族歧视等诸多因素的制约。为解决地区间人口流动性不足的问题，俄罗斯采取了一系列间接或直接的调控措施，并且实施了几项地区间移民计划，但大部分政策措施没有产生应有的效果或者其效果尚待进一步观察。

一 影响人口跨区域流动的因素

俄罗斯人口跨区域流动性不足，特别是 2000 年之后更加明显。一般认为是受如下因素制约。

（一）影响人口跨区域流动的行政壁垒依然存在

虽然早在 1991 年，俄罗斯宪法监察委员会取消了通行证制度，实行居住登记制度。但是居住登记制度仍然较为苛刻死板。首先是居住地登记必须与居所挂钩，而且必须获得居所房屋所有人的同意。很多房屋出租人不乐意租户把居住地登记在自己的房屋名下。原因一是日后一旦租户出现什么问题，警察会按居住登记地址找到出租人问询，容易招惹麻烦；二是住房公用服务收费不是按实际使用情况计算，而是按房屋中登记居住人口的数量计算。租户搬离后若不主动取消登记，房主不仅需要为其承担公用服务费用，而且如果想再次出售现有住房还会遇到麻烦，必须经法院取消租户的登记。调查显示，1/5 未进行居住地登记的人均是由于难以找到"居住地址"的原因[①]。其次是登记办理过

[①] *Ж. Зайончковская, Н. Мкртчян*, Внутренняя миграция в России: правовая практика, центр миграционных исследований институт народнохозяйственного прогнозирования РАН, Москва, 2007.

程中官僚习气依旧较为严重。全俄舆情研究中心资料显示，35%的内部移民在重新登记居住地时遇到问题，45%的被问询者声称要排长队，26%的人认为国家机关工作进度给他们造成了不便，23%的人声称登记机构工作人员工作态度粗暴，12%的人声称工作人员索贿、证件办理期限超过法律规定，10%的人声称遭到无来由的拒绝。

（二）住房市场不发达，特别是住房租赁市场不发达

全俄仅有5%的房屋用于出租（莫斯科稍高，超过15%），与发达国家存在较大的差距。西方国家出租的住房占住房总量的55%~65%，而且法国规定了房屋出租率法定水平，市政所有的住房30%以上应当用于出租。内部移民多迁往经济发达地区，这些地区的住房价格较高，立即购买住房的可能性不大，可租房又因住房租赁市场不发达而受到约束。

（三）地区间就业信息渠道不畅，迁居后不能享受应有的社会服务

人口地区间移动的主要动因多出于就业的考虑。而俄罗斯的人事和招聘中介机构发育不足，还不能有效收集其他地区劳动市场信息。就业管理部门掌握的信息有限，而且管理机构和企业的工作沟通渠道不畅，即国家还未建立起有效的机制来充当雇主和雇员之间的中介，双方很难依靠就业管理部门进行对接。此外，俄罗斯社会服务通常是按居住地原则设立，这涉及医疗、养老服务、子女入幼儿园和入学等问题，如果未能进行居住登记，则在享受如上社会服务方面会受到某种程度的制约。

（四）因可能遭受种族歧视等原因，很多俄罗斯居民比较排斥异地迁居

非斯拉夫民族姓氏以及与斯拉夫民族长相有差异的人，即使是俄罗斯公民，在找工作和租房等事情上难度也会大一些，从北高加索地区来的移民经常遇到这样的尴尬。另外，俄罗斯绝大部分民众无饥饿之忧，生活在小城市和农村的居民可以靠土地吃饭，菜园子能给他们带来一部分收入，失业人员大部分有按小时计算的灰色兼职工作。根据全俄舆情研究中心的调查，仅有10%的人打算移居到异地找工作。而在通过就业机构寻找工作的失业者中，仅有11%~13%的被调查者声称可以到外地工作，但明确表示愿意迁居到其他地区的仅占4%。而且他们要求的迁居条件是：在提供住房的条件下，外地的工资必须是失业前当地工资的三四倍；如果迁居到西伯利亚和远东地区，则工资水平应当是当地工资的五六倍，且住房条件不能低于在当地的住房条件。

二 人口跨区域流动政策

原则上说，内部人口迁移在俄罗斯不受行政限制。公民的自由迁徙权虽然名义上受宪法和基础性法规如民法典、住宅法典、劳动法等相关法律保护，但关于人口内部流动的专门法目前仅有《俄联邦公民在俄罗斯境内自由迁徙、自由选择定居地权利法》（1993年6月25日№5242-1）。一直以来，俄罗斯主要通过地区经济政策，以及对特定种类移民、个别地区和地方自治机构提供专项支持等措施，对地区吸纳移民和移民融入当地社会等进行间接调控。但因《俄联邦公民在俄罗斯境内自由迁徙、自由选择定居地权利法》存在很多尚待明晰的地方，造成立法与执法实践存在较多冲突，在很大程度上影响了人口跨区域流动和就业选择的自由，而且还为腐败滋生和灰色就业提供了广阔的土壤。尽管如此，从联邦国家层面上讲，俄罗斯一直以来也并未考虑把内部人口流动纳入统一的国家直接调控范畴。2000年之后，因为劳动力日渐短缺，来自独联体国家的讲俄语的移民越来越少，而俄罗斯本身又不愿意接纳文化差异较大国家的移民，内部人口流动问题开始进入政府视野，苏联时期优先向东部地区移民的思路又重新回归。面对民众集中流向个别地区而造成的人口分布更加不均衡，以及东部地区和北方地区人口日益减少的问题，2003年俄联邦政府批准了《俄罗斯联邦移民进程调控构想》，其中提到了鼓励俄罗斯本国公民向东部和北方地区迁移。由于这种政策思路与现代移民流动趋势相左，因此在经济上投入较多，而且因为拟迁出地区的人力资源本身也渐趋匮乏等原因，在日后的政策实施中遭遇了尴尬。

从地区层面看，20世纪90年代至今，俄罗斯实施了几项地区间移民计划，但因为如上所提到的种种原因，大多数计划没有产生应有的效果或者效果尚待观察。

首先是北极地区人口迁出计划。20世纪90年代，在世界银行的支持下，俄罗斯实施了北极地区人口迁出计划，目的是减少在市场经济条件下已显得过剩的劳动力。该计划在几个试点城市展开，如沃尔库塔和诺里尔斯克等。计划制定了鼓励人口迁出的机制，并对迁出北极地区的人口给予部分补偿。该计划在试点地区较为成功，但是因计划支出额度较高而未能得到大范围推广，离开北极地区的居民大多还是出于自愿并自行承担费用。

其次是产业单一城市居民就业安置计划。2008年金融危机发生后，促进人口跨区域流动政策又被提上日程，被视为是降低失业率的主要工具。俄罗斯为此实行了产业单一城市[①]居民就业安置计划。具体是迁移陶里亚蒂的大量失业人口到列宁格勒州的城市季赫温。计划规定，按日拨给最高不超过550卢布的房屋租金，租金提供时间不超过三个月，到新安置地区的往返费用为每天100卢布。但是该计划实施效果并不理想。一方面因为补偿资金捉襟见肘，另一方面是产业单一地区居民的迁出意愿不强。2010年，利用该计划框架下到新地区工作和生活的居民仅有9000人。社会调查结果显示，这些地区的居民大多数只愿意迁到莫斯科。2010年夏天，根据当地人事部门的资料，仅有7%的人因生活所迫愿意到其他城市找工作，65%的人乐意迁居的条件是：给予安置资金、签订长期劳动合同、提供住房。

再次是远东的稳定和吸纳人口计划。2009年底批准的《2025年前远东和贝加尔地区经济社会发展战略》明确指出："稳定远东和贝加尔地区人口数量的一个补充措施，是为居住和愿意在该地区居住的本国公民一次性无偿提供不超过0.3公顷的土地来建造私人住房。"远东的个别地区正在制定或实施相关计划，效果尚待观察。

最后是北高加索地区的失业安置计划。2010年秋天，北高加索联邦区总统全权代表亚历山大·赫罗波宁参与制定了一项内部移民计划。计划重点针对北高加索居民，目的是降低北高加索地区年轻人的高失业率[②]，消除恐怖主义隐患。具体措施是将他们安置到国家级或相当于国家级的大型建筑工程工地工作，为他们提供年利率为5%、贷款期限为20~40年的优惠购房贷款。2011

[①] 产业单一城市的概念界定见第四章第一节。
[②] 根据俄罗斯国家统计局数据，2011年第一季度北高加索联邦区平均失业率为16.5%，车臣共和国失业率达38.9%，印古什共和国高达48.8%。北高加索联邦区有30万失业人口。

年5月,卫生与社会保障部①向国家杜马提交议案,鼓励高失业率地区居民向急需劳动力的地区迁移,特别是鼓励北高加索失业的年轻人向俄罗斯中心地区迁移,以此缓解北高加索联邦区的社会紧张局势,并使其他地区获得劳动力资源。鼓励措施是向迁居到其他地区工作的每个失业人员提供4万~12万卢布的安置资金,同时向其家庭成员再提供1.5万~4万卢布的资金。资金提供标准按迁入地区的经济社会发展水平确定。根据卫生与社会保障部的预测,这项计划每年需要20亿卢布的资金。卫生与社会保障部的议案能否在国家杜马通过还是未知数,政策效果更是无从谈起。

与萧条地区不同,莫斯科市为缓解人口大量流入给城市带来的巨大压力,一直实施限制人口流入的相关措施,但是因其劳动力市场的强劲吸引力,政策并没有达到预期效果,移民净流入持续增加。

在促进人口跨区域流动政策方面,目前仅有别尔哥罗德州提供了一个较为成功的案例。从20世纪90年代开始,别尔哥罗德州就采取提供购房补助和帮助移民融入当地社会等措施,吸纳来自独联体国家和北方地区的人口到该州定居。20世纪90年代,这里的移民净流入大增,吸纳了大量来自独联体国家高素质的城市人口。2000年之后,来自独联体国家的移民大幅减少,但是该州人口净流入仍是全俄平均水平的5.2倍,是周边地区的4~10倍。吸纳流入人口的良好信誉不仅使该州的人口净流入增加,更重要的是带来了当地经济的发展:别尔哥罗德州的住房建设在俄罗斯各地区中名列前茅,高等学校和服务业蓬勃发展,农村地区社会服务领域人才不足的问题也得以改善。

2012年6月,俄罗斯总统普京批准了《2025年前俄联邦国家移民政策构想》,其中有关国内地区间人口流动政策的思路是:简化俄联邦公民改变居住地登记手续,消除行政障碍;按实际居住地为公民提供应有的社会、医疗等服务;为居民提供异地就业信息;鼓励临时性异地就业;支持教育移民,其中包括为适应就业市场需要,以接受教育和提高职业技能为目的的移民;促进劳动力在地区中心城市、小城市和农村之间流动;在公私伙伴关系基础上为内部移

---

① 2012年5月拆分为卫生部、劳动与社会保障部。

民和教育移民提供基础居住条件；对采取积极措施吸纳内部移民的地区给予支持，包括联邦纲要框架下的支持；发展廉价住房租赁市场；促进国家就业中心与俄联邦居民就业问题私人机构在异地就业领域的合作；完善联邦和地区的就业信息库，建立地区和地区间的就业信息交换系统；设立基金，采取一系列措施鼓励公民移居到其他地区工作，其中包括移居远东地区；提高远东、西伯利亚、边境和战略地位重要地区的投资吸引力，为居民向这些地区移居建立必要的社会服务和交通基础设施，减低这些地区与俄罗斯中心地区在交通上的隔离程度；发展地区和地区间客运交通基础设施；为东部和西部地区之间的航空客运提供补贴。[①]

---

① http://www.kremlin.ru/news/15635.

第四章
城市发展

城市是一定区域内的政治、经济、文化中心,是现代社会组织工业生产、服务和消费,实施社会管理的最有效场所。作为早已完成从农业国家向工业国家转型的俄罗斯来说,城市地区发展已经成为其经济社会发展最为重要的组成部分。

第一节 城市化进程

俄罗斯的城市建设始于沙俄时期的领土扩张,苏联时期的工业化进程使得城市化进程加速发展并达到顶峰。苏联解体至今的 20 余年间,虽然俄罗斯城市建设还在缓慢推进,但以农村人口向城市流动为重要标志的城市化进程已基本处于结束阶段。

一 沙俄时期的城市建设

15~17 世纪,沙俄的城市建设多是在领土扩张过程中进行的,一般是先建堡垒,之后在堡垒的基础上发展城市,从俄罗斯亚洲地区的部分城市建设上可见一斑。1586 年,俄国人在乌拉尔地区一个小城的旧址上建立了秋明镇,这是俄国人在乌拉尔之外建立的第一个定居地。1587 年,托波尔斯克建立,从此俄国在乌拉尔之外站住了脚跟[①]。1604 年和 1628 年,分别建立托木斯克

---

① 〔美〕乔治·亚历山大·伦森:《俄国向东方的扩张》,商务印书馆,1978,第 32 页。

和克拉斯诺亚尔斯克，1637 年，在雅库茨克设立了一个堡寨，1652 年，伊尔库茨克建成，1860 年，建立了符拉迪沃斯托克。

俄国大多数城市产生于 18 世纪下半叶，而且大部分位于欧洲部分。在叶卡捷琳娜统治时期的 1775~1785 年，以行政改革的方式建立了 162 座新城市，其中 146 座位于欧洲部分。1861 年废除农奴制之后，随着资本主义的快速发展以及铁路建设的急速推进，劳动分工和地域分工得到强化，沙俄城市建设的节奏加快，城市、城镇数量迅速增加。可以说，这个时期的城市建设是经济自然发展的结果。到 1897 年，沙俄百万人口以上的大城市有彼得堡市和莫斯科市，分别拥有 126.5 万人和 103.9 万人[①]；10 万人口以上城市有 19 个，城市人口总数达 1460 万，占总人口的比重为 13%；俄国欧洲部分共有城市 377 座，其中 140 座分布在中央经济区，占 37.1%；俄国城市间距离较远，其中欧洲部分城市间平均距离为 107 公里，最近的是中央经济区，为 59 公里，最远的是欧洲北部地区，达 221 公里（见表 4-1），乌拉尔地区城市间平均距离为 150 公里，西伯利亚地区达 500 公里[②]。1900 年，沙俄的城市化水平仅为欧洲的 1/3~1/2。十月革命前，俄国共有城市 655 座，其中 407 座位于欧洲地区，西伯利亚和远东地区有 79 座。城市人口数量为 2800 万，约占全国总人口的 18%。德国地理学家赫特纳对当时俄国城市的评价是："大多数俄国城市缺乏真正的城市生活。"[③]

表 4-1　1897 年俄国欧洲部分城市分布

地　区	城市数量	占比（%）	城市间平均距离（公里）
欧洲北部区	31	8.2	221
西北区	30	8.0	82
中央区	140	37.1	59
伏尔加-维亚茨基区	40	10.6	84
中央黑土区	40	10.6	65

[①] Население России за 100 лет, 1998；Т. Нефедова，П. Полян，А. Трейвиш，Город и деревня в Европейской России: сто лет перемен, М.: ОГИ, 2001. стр. 533.

[②] Б. Миронов, Социальная история России периода империи (XVIII-начало XX в.), СПб: Дм. Буланин, 1999.

[③] А. Геттнер, Европейская Россия (Антропогеографический этюд), М.: Изд. журнала Землеведение, 1909.

续表

地　　区	城市数量	占比（%）	城市间平均距离（公里）
伏尔加区	45	11.9	106
北高加索区	21	5.6	130
乌拉尔区	30	8.0	160
总　　计	377	100.0	107

资料来源：Т. Нефедова，П. Полян，А. Трейвиш，Город и деревня в Европейской России：сто лет перемен，М.：ОГИ，2001. стр. 78.

二　苏联时期的城市化

1920年之后，特别是随着工业化进程的开始，苏联城市化进程快步推进。苏联时期的城市化具有如下特点。

（一）城市建设速度较快

1901～1916年，俄国欧洲部分约每两年建成一座新城市，1917～1926年，每年建成七座新城市。工业化开始后，城市建设速度更快，1927～1940年，平均每年建成八座城市。城市建设速度最快的时期是1941～1945年，平均每年增加九到十座新城市，1946～1958年，基本保持每年建成九座新城市的速度，1959年以后，城市建设速度放缓。1959～1991年，平均每年建成四座城市（见表4－2）。高速的城市建设使城市数量大增。到1989年，俄罗斯联邦社会主义共和国境内共有10万人以上的城市168座，其中50万人口以上的城市19座，百万人口以上的城市13座，这些城市集中了其62%的居民[①]。

表4－2　俄罗斯欧洲部分城市的建设速度

年　份	新建城市数　量（座）	平均建设速度（座/年）	年　份	新建城市数　量（座）	平均建设速度（座/年）
1901～1916	7	0.5	1941～1945	48	9～10
1917～1926	65	6～7	1946～1958	115	9
1927～1940	116	8	1959～1991	135	4

资料来源：Т. Нефедова，П. Полян，А. Трейвиш，Город и деревня в Европейской России：сто лет перемен，М.：ОГИ，2001. стр. 128.

[①] Ю. Пивоваров，Урбанизация России в XX веке：представления и реальность，Общественные науки и современность，№6. 2001.

(二) 城市人口在总人口中所占比重急速增长

1915~1922年,第一次世界大战和国内战争使俄罗斯损失了大量的城市人口。城市人口在总人口中所占比重曾一度减少。1920年,俄罗斯城市人口的比重为15.3%,1922年为16.2%,到1926年才接近战前17.9%的水平。当时苏联急于摆脱落后农业国的地位,开始实行大规模的工业化。在工业化进程中,许多村庄变成了城市或城市型的市镇,农民大量涌入城市,城市人口迅猛增长。1930年,城市人口占总人口比重为1/3,1957年为1/2,1980年前后,城市人口占比追上发达国家,1990年约占3/4[①]。

(三) 急速城市化背后的推力是"工业化",城市化被纳入统一的生产力布局体系中

苏联急速发展的城市化是大规模工业化的产物,主要是为了吸引广大农村人口进入城市,满足高速工业化的需要。苏联城市化采用的主要方式是直接向城市迁移人口和进行行政区划,即把农村居民点变为城市。此外,为均衡配置生产力,苏联通过建设新城市,重新分布企业和人口,使城市承担为工厂服务的功能。20世纪60年代中期,苏联计委生产力研究委员会、苏联建委民用建筑局以及各加盟共和国的计委共同编制了建设500座中小城市的计划,列入该建设计划的城市都具有劳动力、建设用地、水资源和交通资源优势,可以有效布局工业企业。可见,城市作为比企业更高一级的部门或地区,也被作为部门或地区的组成要素而被纳入国家规划体系。城市规划在某种程度上成为国家调节城市化进程的一个重要组成部分。苏联利用城市规划调节城市化,实质上是发挥城市的双重功能,即城市既是相对独立的整体,其各类设施要能够充分满足城市企业生产和城市居民生活的需要,同时又是国民经济的一个组成部分,要与整个国民经济发展协调一致。苏联时期的城市规划体系包括城市总体规则、城市经济与社会发展规划和城市区域规划[②]。

(四) 急速工业化推动的城市化对城市和农村地区产生了较大的冲击

从城市方面看,工业企业布局对老城市产生了双重效应。正面的效应是强化了城市的经济基础,实现了城市经济结构的多元化,增强了城市的社会服务

[①] Российский статистический ежегодник, 1999, стр. 53.
[②] 纪晓岚:《苏联城市化历史过程分析与评价》,《东欧中亚研究》2002年第3期。

功能。不足的方面是大量农村人口快速涌入城市，导致城市急速膨胀，对城市发展和城市生活造成了较大的压力。一是城市住房紧张。1929~1937年建造的城市，其住房总面积是1918~1928年建造城市的61%，与此同时，农业人口大量涌入城市，到1937年第二个五年计划完成前，城市人口增加了约65%。城市长期受到住房供不应求问题的困扰。1959~1989年，苏联进行大规模的住房建设，住房多是用廉价的预制板和硅酸盐砖建成，建筑质量极差，直到1989年，83%以上的城市家庭才拥有了独立住房，摆脱了几家合住一套房子或者住简易宿舍楼的窘境。二是城市公用设施严重不足，影响了城市环境质量和居民的生活品质。特别是在城市郊区的大型人口聚居区、小城市和城镇，服务性建筑设施保有量处于较低的水平，与中心城市之间的交通拥堵问题大量增加。

从农村方面看，从农村到城市的过度移民严重影响了农村的发展，开发程度较高的欧洲部分的农村地区深受影响。1897~1989年，欧洲部分人口密度较小的农村地区（1~10人/平方公里）的面积增加了一倍，即增加了100万平方公里。到1989年，欧洲部分3/4的地区成为人口较少或稀少的地区（1897年为1/2）。其中人口密度在25人/平方公里以上的地区面积缩减较为严重，从84.6万平方公里缩减至16万平方公里（见表4-3）。交通不便和基础设施严重不足使农村人口大量流失，特别是年轻人的流失，从而加剧了农村的萧条。仅1959~1989年，农村居民点从29.4万个减少到15.3万个，500人以下的村庄大量消亡。截至1989年，中央区离城市较远地区60%的家庭多是仅有一两口人的家庭，进行小型农业耕作都勉为其难，大型农业生产近乎天方夜谭。只有南方地区、伏尔加河沿岸地区以及西伯利亚的农村家庭人口相对较多，从事农业生产的人口潜力还有所保留。

（五）造就了大量产业结构单一的市镇

根据俄罗斯专家研究所的调查报告，产业结构单一市镇的确定标准有两个：一是单一企业或者同一行业的企业创造了全市（全镇）50%的工业产值或者服务业产值；二是同一企业集中了全市（全镇）25%的就业人员[①]。产生了大量产业

---

① И. Липсиц, Монопрофильные города и градообразующие предприятия: обзорный доклад, М.: ИД Хроникер, 2000.

表 4-3　1897~1989 年俄罗斯欧洲部分农业地区的变化

单位：%

地区类型	1897 年	1959 年	1989 年	1897~1989 年,万平方公里
人口密度不足 1 人/平方公里	22.6	17.9	18.2	-17.4
人口密度为 1~5 人/平方公里	17.4	22.6	34.3	+69.7
人口密度为 5~10 人/平方公里	11.3	19.2	23.2	+48.8
人口密度为 10~25 人/平方公里	27.5	27.6	19.8	-31.9
人口密度为 25~50 人/平方公里	20.5	11.4	3.9	-68.6
人口密度超过 50 人/平方公里	0.7	1.3	0.6	-0.6

资料来源：*Т. Нефедова, П. Полян, А. Трейвиш*, Город и деревня в Европейской России: сто лет перемен, М.: ОГИ, 2001. с. 229-248, 298-302.

结构单一的市镇是苏联城市化的典型特征。苏联新城市的建立大致经历四个阶段：建立企业→项目投产→工程竣工→城市形成[1]。可见，在大型企业的基础上发展起来的小城市大多具有产业结构单一的特征，因而被称为产业结构单一市镇。比较典型的产业结构单一市镇的产业集中在采煤、发电、冶金、化工、木材加工、机械制造、食品和轻工业等领域。如老工业区形成了以纺织业为主的市镇，伊万诺沃州和临近地区集中了大量纺织业市镇，北方和西北乃至中央区北部形成了大量的木材加工和纸浆制造业市镇，顿巴斯等地区则形成了煤业市镇。产业结构单一市镇在工业发达国家也存在，但从规模上看，俄罗斯的问题要严重得多。截至 20 世纪 90 年代初，产业结构单一市镇仍有 440~460 个，约占俄联邦城市总量的 40%[2]。

---

[1] 〔苏〕T. 库采夫：《新城市社会学》，中国建筑工业出版社，1987。
[2] 产业结构单一市镇属于市政机构，但是俄罗斯有关市政机构的统计数据不完备，收集比较困难，因而各方数据出入较大。2008 年地区政策研究所在为地区发展部撰写的报告《俄罗斯产业结构单一城市：如何克服危机？》中引用了专家研究所 2000 年的数据，即产业结构单一市镇有 460 个，集中了全俄 1/4 的人口；Моногорода России: как пережить кризис? Анализ социально-экономических проблем моногородов в контексте мирового финасово-экономического кризиса, влияющего на состояние градообразующих предприятий. М.: Институт региональной политики, 2008. 而根据社会政策独立研究所的估算，俄罗斯产业结构单一市镇不少于 150 个（不包括军工和核工业封闭城市），居住人口占俄罗斯全部人口的 8%，城市人口的 11%。*Н. Зубаревич*, Крупный бизнес в регионах России: территориальные стратегии развития и социальные интересы, М.: Поматур, 2005, *И. Липсиц*, Монопрофильные города и градообразующие преприятия: обзорный доклад, М.: ИД Хроникер, 2000。

（六）城市化带有浓重的"农村化"和"农民化"特征

城市化是指农村人口向城市集聚，城市数量和规模不断扩大的现象。从地理学、人口学和经济学视角看，衡量城市化的指标一般有两个：人口指标和用地指标。大部分情况下，城市化水平按城市人口占总人口的比重计算。从社会学视角看，城市化则是指人口思想观念、行为方式的都市化；而从文化学视角看，城市化与城市文明相对应，是城市文化习性的统称。由此可见，地理学、人口学和经济学视角的城市化是数量指标，而社会学、文化学视角的城市化是质量指标。如果人口只是在城市地域相对集中，但人口的思维习惯、生活方式仍旧保持原貌，没有实现精神层面的城市化，则被称为"假城市化"，或曰"过度城市化"。苏联时期的城市化恰恰具有这样的特征。1926~1959年，从乡村直接迁入城市以及由于行政区划原因成为城市人口的农村人口达5610万人，是全国城市人口总量的80.8%。1951~1980年，因行政建制改变，520万个农村变成了城市[1]。用行政命令方式把农村变成城市，或者把城郊并入城市成为城市的一部分后，"新城市"在景观、房屋建筑风格以及当地居民的就业情况等方面与之前毫无二致，"农业城市"和"城中村"大量产生。大规模涌入城市并在城市定居的农民很快就在数量上超过了城市的原住民。到20世纪40~50年代，苏联城市中的居民大多数已是过去的农民。直至苏联解体之前的1989年，苏联居民中，60岁以上的城市原住民不超过5%~17%，40岁以上的约占40%，22岁以下的约占一半，即城市中大多还是从农村来的第一代移民[2]。不仅如此，苏共的精英层也多为昔日的农民。1930~1989年，苏共的高层领导人中只有7%的人出生于莫斯科市和列宁格勒市，18%的人出生于其他大城市（州或共和国的中心城市），出身于农村的人占47.3%，出生于生活方式仍属于农业地区的小城市和城镇的人占27.2%。可见，苏共高层领导中，3/4的人出身于农村或者半农村[3]。被工业化大潮裹挟进入城市的农民虽然拥有了市民身份，但不能立即适应城市的生活方式，也很难接受城市的价值体系和行为准则，或者说他们

---

[1] Ж. Зайончковская, Россия: миграция в разном масштабе времени, М., 1999.

[2] Ю. Пивоваров, Урбанизация России в XX веке: представления и реальность, Общественные науки и современность, №6. 2001.

[3] А. Вишневский, Серп и рубль, Консервативная модернизация в СССР. М., 1998.

依旧较多地秉承农村的文化并沿袭农村的生活方式。因此，到 1989 年，虽然俄罗斯城市人口已占 73%，与美国（76%）和日本（78%）相差无几，但是俄罗斯学者依旧认为："俄罗斯实质上更多仍是农业国。"[1] "俄罗斯城市化即将开始。"[2] "俄罗斯城市农村化是其主要特点之一，与西方城市发展背道而驰。"[3]

（七）城市化过程中推行"身份制度"，限制大城市发展

苏联理论界主张城市均衡分布发展，认为社会主义国家不应沿袭早期工业化国家的城市设计理念，以免重蹈早期工业化国家城市人口过度集中的覆辙。但是苏联受工业化主导的急速城市化，使得人口迅猛涌向大城市，造成城市生活设施严重不足，而同时工业化急需大量资金投入，国家再无余力扩建和维修城市生活设施。因此，20 世纪 30 年代，苏联开始实行"控制大城市"的城市发展方针。"控制大城市"的主要方式是实施"身份制度"。该制度于 1932 年 12 月开始实施，规定 16 岁以上公民必须领取身份证，并在以后定期更换。大多数集体农庄的农民在较长一段时期没有资格领取身份证（赫鲁晓夫时期才发放），而没有身份证就不得迁入城市。苏联实行身份证制度的目的：一是控制居民迁入莫斯科市、列宁格勒市或加盟共和国首都这样一些特大城市；二是控制农村人口外流。集体农庄庄员离开农庄时，必须从所在村苏维埃获得证明，苏维埃证明是申请临时居住许可证和申请盖有许可居住印章的身份证的前提条件。在村苏维埃主席严格限制发放这种证明的情况下，农民迁入城市受到了限制。20 世纪 70 年代以前，限制大城市增长的侧重点是限制城市面积的扩大和居民人数的增长，此后，控制的重点是保障城市的生态平衡。

三 苏联解体后俄罗斯的城市化

苏联解体之初发生的危机，特别是食品匮乏使很多城市人口自然而然地回归农村，俄罗斯出现了短暂的"逆城市化"趋势，并在 1994 年达到高潮。1992 ~

---

[1] А. Алексеев, Н. Зубаревич, Кризис урбанизации и сельская местность России, Миграция и урбанизация в СНГ и Балтии в 90-е годы. М., 1999.

[2] В. Глазычев, Город России на пороге урбанизации, Город как социокультурное явление исторического процесса. М., 1995.

[3] А. Вишневский, Серп и рубль, Консервативная модернизация в СССР. М., 1998.

1994年，农村人口增加了约90万，村庄"无人化"趋势得到了一定的抑制。当然，在农村增加的人口中，除了城市人口向农村转移之外，还有大量来自独联体国家和波罗的海国家的移民以及来自东部和北方地区的人口[①]。从1995年开始，正常的城市化进程重新开始，出现了农村人口向城市的净转移，但是规模不大。

新城镇建设基本处于停滞状况。苏联解体后的20年间，俄罗斯几乎没有兴建大型项目，新建城市也就无从谈起，而且俄罗斯的人口发展状况也使农村无力再为城市提供大量的劳动力。不仅如此，很多城镇和小城市活力渐失，前景黯淡。1990~2008年，城镇减少了885个。

近年来莫斯科周边的"郊区化"[②]初露端倪。与西方发达国家不同，俄罗斯真正意义上的"逆城市化"近年来才开始，即有一些人搬到郊区设施较为完善的别墅中，并全年在那里生活。限制俄罗斯"郊区化"的主要因素有：一是居民和郊区政府没有足够的资金改善郊区的基础设施状况，而经济资源和高薪工作岗位多集中在首都和地区中心城市，交通网欠发达不允许居民生活在离工作地点较远的地方；二是严酷的气候条件使得若在郊区房屋常年居住，取暖等费用会较高；三是主要大城市还保留户口登记制度，很多人因不想放弃城市户口而不愿按合法手续搬迁到郊区；四是政府的思维习惯还是停留在注重发挥当地的生产功能上，对郊区发挥生活辅助功能并增加当地税收的重视程度不高；五是住房市场和土地市场发展受到限制。2006年，俄罗斯开始实施的"住房"优先项目规划，在某种程度上对"郊区化"进程产生了推进作用，但是目前仍存在制度方面的障碍，主要是地区土地市场高度垄断，郊区的建房许可很难得到。

四 对俄罗斯城市化水平的评价

（一）从城乡人口结构角度看

整体来看，俄罗斯强劲的城市化，即农村人口向城市的转移正处于结束期，但还在缓慢向前推进。苏联解体以来的20年间，俄罗斯城市人口所占比重一直保持在73%左右，变化不大。2010年与2002年两次人口统计结果显

---

① А. Вишневский, Е. Кваша, Т. Харькова, Е. Щербакова, Аграрные проблемы современной России-российское село в демографическом измерении, Мир Россиии, №1. 2007.

② 指城市市区人口向城市外围的郊区转移，在市区工作，在郊区居住。

示，城市人口所占比重在八年间仅增加了0.4个百分点，从2002年的73.3%上升到了2010的73.7%。局部地区的城市化还在演进过程中。

从地区层面看，城市化程度不一。城市化程度最高的是北方地区，马加丹州、摩尔曼斯克州和汉特－曼西自治区的城市人口比重高达91%~95%。开发较早、工业化程度较高的地区，如克麦罗沃州、斯维尔德洛夫斯克州、车里雅宾斯克州、雅罗斯拉夫尔州、伊万诺沃州、萨马拉州和临近莫斯科市的莫斯科州，城市人口占比达81%~85%。城市人口比例较低的多属欠发达地区的共和国，如阿尔泰共和国的城市人口占比仅为27%，车臣共和国为35%，达吉斯坦共和国、印古什共和国、卡拉恰耶夫－切尔克斯共和国和卡尔梅克共和国的城市人口仅占42%~44%，其他农业区，如克拉斯诺亚尔斯克边疆区和阿尔边疆区的城市人口占53%~54%。

从动态角度看，各地区跨过城市化拐点的时间进度不一。城市人口超过农村人口是城市化的一个重要转折点和标志。俄罗斯各个地区城市人口超过农村人口的时点不同。除了列宁格勒州在19世纪初已跨过城市化拐点之外，其他地区跨过城市化拐点的时间均在20世纪。莫斯科州和摩尔曼斯克州的城市人口在1926年之前超过农村人口，伊万诺沃州、斯维尔德洛夫斯克州和车里雅宾斯克州的城市化拐点发生在1939年之前，彼尔姆州、萨马拉州和卡累利阿共和国则发生在1950年之前。在20世纪50年代跨越城市化拐点的地区有图拉州、雅罗斯拉夫尔州、阿斯特拉罕州、萨拉托夫州、北奥塞梯－阿兰共和国、弗拉基米尔州、罗斯托夫州、阿尔汉哥萨克州、伏尔加格勒州、科米共和国、下诺夫哥罗德州、科斯特罗马州、卡卢加州、乌里扬诺夫斯克州、鞑靼斯坦共和国。20世纪70年代实现跨越城市化拐点的地区有卡巴尔达－巴尔卡尔共和国、沃洛格达州、斯摩棱斯克州、巴什基尔共和国、布良斯克州、梁赞州、沃罗涅日州、利佩茨克州、奔萨州、克拉斯诺达尔边疆区、普斯科夫州、奥廖尔州、别尔哥罗德州、斯塔夫罗波尔边疆区。20世纪80年代才实现跨越城市化拐点的地区有坦波夫州、库尔斯克州、摩尔多瓦共和国、楚瓦什共和国、阿迪格共和国[1]。至今未实现跨越城市化拐点的地区是北高加索的一些共和国、卡尔梅克共和国和阿尔泰共和国。

---

[1] Т. Нефедова, П. Полян, А. Трейвиш, Город и деревня в Европейской России: сто лет перемен, М.: ОГИ, 2001. с. 162.

（二）从农业部门与工业部门就业结构看

俄罗斯有一部分人口从事家庭农业劳动（宅院经济），但其中很大一部分未被列入国家统计，官方数据与专家估算数据有较大的出入。如 1995 年按照税务人员的信息，从事家庭种植和养殖的人口约有 4000 万，其中一半的人未登记，全俄舆情中心的调查数据是 1600 万～1700 万人，国家统计局的数据是 70 万人。根据有关专家的计算，俄罗斯农村居民和城市居民在土地上的劳动投入远远高于对其他产业部门的投入。1999 年，对工业的劳动投入是 6 亿人工时，对农业的投入是 2.45 亿人工时，与就业结构相当。但是与此同时，家庭农业的劳动投入达 4.2 亿人工时。按一个标准劳动力每周的工作量计算得到的结果是，俄罗斯在工业部门就业的人口约为 1500 万，而在农业部门就业的人员（包括宅院经济、园地、别墅用地经营）达 1700 万[1]。可见，实际上俄罗斯在农业部门就业的人数远远超过在工业部门的就业人数。

（三）从城市住房配套设施角度看

1996 年，俄罗斯中小城市住房的下水设施配套和热水供应情况还不尽如人意，莫斯科市和圣彼得堡市配备下水管道的住房占 99%，有热水供应的住房占 93%，其他百万人口以上城市的上述两个数据分别为 89% 和 82%，50 万～100 万人口的城市分别为 90% 和 83%，25 万～50 万人口的城市为 88% 和 80%，10 万～25 万人口的城市为 86% 和 75%，5 万～10 万人口的城市为 79% 和 68%，2 万～5 万人口的城市为 68% 和 53%，1 万～2 万人口的城市为 56% 和 40%，1 万以下人口城市为 46% 和 28%[2]。21 世纪初，俄罗斯欧洲部分前 100 个城市中，2/3 以上的住房没有下水设施，而前 200 个城市中，一半以上的住房未配备下水设施[3]。截至 2007 年，俄罗斯特大城市中仍旧有 12% 的住房配套设施不完备[4]。

---

[1] Т. Горбачева, Использование данных обследования населения по проблемам занятости в Росии для определения параметров теневой экономики, Вопросы статистики, 2000. №6.

[2] Т. Нефедова, П. Полян, А. Трейвиш, Город и деревня в Европейской России: сто лет перемен, М.: ОГИ, 2001. с. 403.

[3] Т. Нефедова, П. Полян, А. Трейвиш, Город и деревня в Европейской России: сто лет перемен, М.: ОГИ, 2001. с. 403.

[4] Н. Тихонова, А. Акатнова, Н. Седова, Жилищная обеспеченность и жилищная политика в современной России, Социологические исследования, №1, 2007, с. 71–81.

第二节 城市发展现状

当前，俄罗斯城市发展并不均衡。从整体规模来看，随着城市化进程的逐步放缓以致停滞，俄罗斯城镇数量已经大幅减少，并且除莫斯科市等少数特大城市人口数量有所增加以外，大部分城市的规模变化不大；从发展前景考量，特大城市、联邦级城市（直辖市）具有无与伦比的发展优势，地区中心城市具有一定的发展优势，而产业结构单一城市、小城市的发展状况堪忧。

一 城镇数量大幅减少

俄罗斯城镇较多，多数是在苏联时期大型工业企业基础上建立起来的，这些城镇不仅人口较少，而且社会服务保障水平较低。1990~2000年的行政改革把很多城镇并入乡村。截至2010年，俄罗斯共有城市和城镇2386个，与2002年相比减少了554个。其中有413个城镇根据联邦主体和市政权力机构的决定变为农村居民点，其余的141个并入了其他城镇或者因居民大量流失而取消建制，取消建制的14个城镇中，有六个位于萨哈共和国（雅库特），八个属于楚科奇自治区辖区内。俄罗斯城镇中居住着7%的城市人口，其余93%的城市人口居住在1100座城市中[①]。

二 城市规模相对较小，特大城市较少

俄罗斯现有的1100座城市中，小城市936座（占85.1%），较大城市127座（占11.5%），大城市25座（占2.3%），特大城市12座（仅占1.1%）。特大城市有：莫斯科市、圣彼得堡、新西伯利亚、叶卡捷琳堡、下诺夫哥罗德、萨马拉、鄂木斯克、喀山、车里雅宾斯克、顿河畔罗斯托夫、乌法和伏尔加格勒。其中千万人口以上的城市仅有莫斯科市，人口达1151.43万，是第二大城市圣彼得堡人口（484.87万）的2.37倍（见表4-4）。

---

① 俄罗斯城市建制的法定标准是人口不低于1.2万。

表 4-4 截至 2010 年俄罗斯百万人口以上城市

城 市	万 人	与 2002 年相比(%)	城 市	万 人	与 2002 年相比(%)
莫斯科	1151.43	113	鄂木斯克	115.40	102
圣彼得堡	484.87	104	喀山	114.35	103
新西伯利亚	147.37	103	车里雅宾斯克	113.03	105
叶卡捷琳堡	135.01	104	顿河畔罗斯托夫	108.99	102
下诺夫哥罗德	125.06	95	乌法	106.23	102
萨马拉	116.49	101	伏尔加格勒	102.12	101

资料来源：根据俄罗斯国家统计局数据。

三 2002 年以来城市规模变化不大，特大城市人口增加

2002~2010 年，小城市增加了五座，大城市增加了五座，较大城市减少了七座，特大城市减少了一座。从各类城市在城市总人口中所占比重看，小城市和特大城市人口所占比重相对稳定，较大城市人口占比有所下降，大城市占比上升。2010 年，小城市人口占 28%，较大城市人口占 26.9%，大城市人口占 16.2%，特大城市人口占 28.9%（见表 4-5）。从城市人口绝对数量变化上看，在百万人口以上城市中，除了下诺夫哥罗德，其他城市人口均出现增长，其中莫斯科市人口增加了 13%（见表 4-4）。当然，除了莫斯科市人口增长较快之外，其他特大城市人口增长并不十分明显。主要原因一是苏联时期特大城市都采用登记制度控制人口数量；二是苏联解体后俄罗斯人口自然损失较多；三是莫斯科市对人口强大的吸附能力使登记制度并没有达到预期效果。

表 4-5 2002~2010 年俄罗斯城市数量和人口

城市/年份	2002	2003	2004	2005	2006	2007	2008	2010
城市数量(个)									
所有城市	1098	1097	1097	1099	1095	1095	1096	1100
小城市(10 万人以下)	931	931	932	930	927	928	932	936
较大城市(10 万~50 万人)	134	133	132	135	134	132	129	127
大城市(50 万~100 万人)	20	20	21	23	23	24	24	25
特大城市(100 万人口以上)	13	13	12	11	11	11	11	12

续表

城市/年份	2002	2003	2004	2005	2006	2007	2008	2010
拥有人口在城市总人口中占比(%)								
小城市(10万人以下)	28.9	28.9	29	28.6	28.5	28.6	28.9	28
较大城市(10万~50万人)	29.6	29.4	29.2	29.2	29.2	28.6	28.3	26.9
大城市(50万~100万人)	12.9	12.9	14.1	15.6	15.6	16.1	16.1	16.2
特大城市(100万人口以上)	28.6	28.8	27.8	26.6	26.7	26.7	26.8	28.9

资料来源：俄罗斯国家统计局。

四 城市在各地区分布不均衡，城市网络依旧较为稀疏

现有的1100个城市中，310个分布在中央联邦区，198个位于伏尔加沿岸联邦区，145个坐落在西北联邦区，西伯利亚联邦区分布了130个，南方联邦区、北高加索联邦区和远东联邦区均不足百个。在12个百万人口以上的特大城市中，伏尔加沿岸联邦区拥有四个，乌拉尔、西伯利亚和南方联邦区各两个，中央联邦区和西北联邦区各一个，远东联邦区和北高加索联邦区则没有一座百万人口以上的城市。在25个50万~100万人口的大城市中，伏尔加沿岸联邦区有八个，西伯利亚联邦区有六个，中央联邦区有五个，南方联邦区有三个，远东联邦区有两个，乌拉尔联邦区有一个，西北联邦区和北高加索联邦区则没有50万~100万人口的大城市。25万~50万人口城市共有36个，其中11个位于中央联邦区、六个位于西北联邦区，五个位于乌拉尔联邦区，四个位于伏尔加沿岸联邦区，南方联邦区和北高加索联邦区各三个，西伯利亚联邦区和远东联邦区各两个。

俄罗斯城市间距离较远。截至目前，西伯利亚地区城市间的平均距离在200公里以上，欧洲部分城市间的平均距离为45~75公里，而在中欧国家，500年以前，其城市间的平均距离就仅为8~20公里，农民步行进城买东西一天之内就可以往返，而俄罗斯农民进城即使乘车平均也需要一昼夜，严重影响了城乡之间的商品交换，使农村一直陷于自给自足的生活状态，对农村地区的经济状况影响较大。特别是距离城市较远的农村地区与城郊相比经济发展水平

悬殊[1]，依旧陷于过去靠土地和森林吃饭的自给自足的生产生活状态，不仅越来越穷，甚至忘记了货币的存在。

五 联邦直辖市具有无与伦比的发展优势

作为联邦直辖市，莫斯科市和圣彼得堡的经济地位超前。2008年，莫斯科市和圣彼得堡市分别创造了全俄23%和约4%的GDP。莫斯科市的发展已经进入了后工业化时代，其生产总值中服务业占80%。莫斯科市和莫斯科州作为一个整体的城市集聚区，2008年零售贸易额占全俄的23%。20世纪90年代末，莫斯科吸纳全俄1/6的投资，2008年，如果把莫斯科州也计算在内，仍旧维持在1/6左右。2008年与1998年相比，莫斯科市新增住房面积占全俄的比重从10%降至5%，但是加上莫斯科州则高达17%（见表4-6）。莫斯科市强劲的城市辐射能力使很多新建住房转移到了莫斯科州。联邦直辖市的超前地位除了历史等原因之外，比较重要的因素有两个方面。首先是人力资本竞争优势。20世纪90年代末，虽然莫斯科市的工资收入仅比其他地区略高，但是人均收入水平高。2008年，各地区的收入差距扩大，主要反应在工资收入上，莫斯科市的平均工资为31000卢布/月，其他特大城市则从叶卡捷琳堡的23000卢布/月、克拉斯诺亚尔斯克的21000卢布/月（高生活成本在很大程度上抵消了高工资收入水平）到喀山、鄂木斯克和伏尔加格勒的15000~16000卢布/月不等。凭借较高的人均收入和工资收入优势，莫斯科吸纳了大量的劳动移民。2006~2008年，全俄净移民（移民流入和移民流出之差）的60%集中在莫斯科地区（包括莫斯科州），18%集中在圣彼得堡地区（包括列宁格勒州）。莫斯科市和圣彼得堡市人力资源素质高，就业人口中受过高等教育的占42%~43%，远远超过其他地区。其次是行政地位优势。联邦直辖市作为联邦主体，可以分得很大一部分利润税、个人所得税和消费税，预算收入较高。在2000年之后经济快速增长的年代，莫斯科市成了自然垄断行业、大型能源公司的利润中心，获取了巨大的财政资源，占全国人口7%的莫斯科市创造了约

---

[1] *Т. Нефедова*, Сельская Россия на перепутье: географические очерки. М: Новое издательство, 2003.

26%的税收。2007年，企业利润税在其税收收入中占66%，远远高于产业单一的出口地区。莫斯科市的预算收入呈快速增长态势，年均增长约2000亿卢布。这也是莫斯科市人均投资额较高的主要原因。莫斯科市投资的1/3是预算投资，2005年左右曾一度达到40%。2008年，圣彼得堡市的人均投资额虽低于克拉斯诺达尔市，但是这里的很多投资都是来自联邦预算的资金，较高的投资额对保障圣彼得堡市未来发展具有重要作用。

表4－6　莫斯科和圣彼得堡在俄罗斯经济社会发展指标中所占的比重

单位：%

年份 领域	莫斯科（包括莫斯科州）		圣彼得堡	
	1998	2008	1998	2008
人口	7	7(12)	3	3
投资	16	11(16)	4	4
新增住房面积	10	5(17)	3	5
零售贸易额	29	17(23)	8	4

资料来源：Н. Зубаревич, Развитие и конкуренция крупнейших городов России в периоды экономического роста и кризиса, Региональные исследования №1 (27), 2010.

六　特大城市和人口接近百万的城市发展较快，但发展差异较大

其他百万人口以上特大城市虽然很难拥有莫斯科市和圣彼得堡的集聚优势，但因具有经济资源优势、地理位置优势、人力资本优势和制度优势，发展速度也较快。1998～2008年，除莫斯科市和圣彼得堡之外的11个特大城市（当时彼尔姆是百万人口以上城市）在俄罗斯经济社会发展中的作用日益突出。在全俄零售贸易额中所占比重从1998年的11%增加到18%，新增住房面积占比从10%增加至13%，零售贸易额占比从11%增加至18%，只是投资额所占比重没有变化，保持在7%的水平，低于其人口在全俄占9%的比重（见表4－7）。投资占比不足的主要原因是制度性障碍，诸如建筑许可和经营许可审批程序复杂、预算收入不足造成预算投资不足等。这些特大城市的工资收入水平与其他地区差距不大，很难吸纳跨区流动的劳动力，和规模稍小一些的地区中心城市一样，只能吸纳本地区的劳动力。人口接近百万的城市也参与到与

特大城市的竞争中，如沃罗涅日（2010年人口89万）、卡拉斯诺达尔（人口74.5万）、萨拉托夫（人口83.8万）和克拉斯诺亚尔斯克（人口97.4万）。

表4-7 特大城市（莫斯科市和圣彼得堡除外）在俄罗斯经济社会发展指标中所占的比重

单位：%

领域/年份	1998	2008	领域/年份	1998	2008
人口	9	9	新增住房面积	10	13
投资	7	7	零售贸易额	11	18

资料来源：Н. Зубаревич, Развитие и конкуренция крупнейших городов России в периоды экономического роста и кризиса, Региональные исследования №1 (27), 2010.

当然，特大城市和人口接近百万的城市在发展水平上存在一定差异。从人力资源素质看，伏尔加沿岸联邦区和乌拉尔联邦区的百万人口以上城市虽然较多，但是这些城市的就业人口中受过高等教育的不超过25%。这与苏联时期的工业化有关，当时伏尔加沿岸地区和乌拉尔地区最需要的是受过中等职业教育的员工。大学集中地区，如托木斯克州和新西伯利亚州的百万人口以上大城市中，受过高等教育的人员占比较高，分别为36%和32%。从零售贸易额来看，在零售市场中所占份额较大的新西伯利亚市是中国商品和日本汽车进入西伯利亚和乌拉尔地区的转运站。2008年，不包括小企业，克拉斯诺达尔市的零售贸易额人均达八万卢布以上，萨马拉和下诺夫哥罗德人均达六万卢布以上。萨马拉在2000年之后曾一度依靠汽车销售在人均零售贸易额上一枝独秀。而较为贫困以及处于农业地区的大城市，因大中型商业网络不发达，有支付能力的购买力不足，人均零售贸易额较低，如沃罗涅日和萨拉托夫的人均零售贸易额不足四万卢布。东部地区大城市因距离欧洲部分较远，阻碍了商业网络的延伸，克拉斯诺亚尔斯克和鄂木斯克的人均零售贸易额不足三万卢布。在住房建设方面，克拉斯诺达尔市、车里雅宾斯克和新西伯利亚市的住房建设增长较快，2005~2008年，增加了一倍。住房建设数量不稳定的是萨马拉市，主要因素是制度障碍，如住房建设用地划拨程序和住房建设文件审批程序冗长等。伏尔加格勒和彼尔姆也有如上问题的存在。克拉斯诺亚尔斯克市的住房建设增长较快,主要是靠地方政府扶持政策的推动,但是长期难以为继。从人均投资额看,人均投资额较高是喀山和克拉斯诺达尔市。喀山作为鞑靼斯坦共和国的首府,1/3 的投资是预算投资,特别是为了庆祝 2005 年喀山建城 1000 周年,联邦和地方预算投入了不少的资金。克拉斯诺达尔市投资增长的客观原因是其优越的地理位置和筹备 2014 年的索契冬奥会。彼尔姆和乌法投资额较高主要是因为这两个城市是工业城市,大企业对石油加工工业的投资额较高,但是对基础设施和服务业的投资不多。萨拉托夫、伏尔加格勒和鄂木斯克的人均投资额不高,吸引投资乏力。从人均工业产值看,最高的城市是石油加工工业中心城市彼尔姆(2008 年曾是百万以上人口城市)、鄂木斯克和乌法,其次是冶金工业中心城市车里雅宾斯克。人均工业产值仅为上述城市 2/7~2/5 的是机械制造业城市,如沃罗涅日、克拉斯诺达尔、新西伯利亚和喀山,至今未摆脱 20 世纪 90 年代生产下滑的危机。当然,这些城市的产业正在较快地向服务业转移,产业结构和销售市场结构都在发生变化,面向当地市场的食品工业和进口替代产业发展较为稳定,形成了贸易、基础设施和工业功能的良好结合,提高了整体竞争力。从地区角度看,前景较好的是南方地区的大城市,伏尔加沿岸地区、乌拉尔地区和西伯利亚地区在大城市发展上遭遇到来自南方地区大城市的竞争。

七 地区中心城市具有一定的发展优势,小城市发展状况不佳

有关专家根据居民人均投资额、亏损企业占比、失业率、平均工资与最低生活保障线之比、零售贸易额、人均食品消费额和有偿服务消费额、人均新增住房面积,住房的下水管道和电话的配备情况等指标对主要城市进行评估。评估结果显示,俄罗斯城市的发展状况在很大程度上是由城市的规模、地位、功能和地理位置决定的,其中与城市规模的关联度最强,471 个萧条城市中,有 431 个是五万人口以下的城市,50 万人口以上城市中,则不存在萧条城市[1]。

---

[1] *Т. Нефедова*, Российская периферия как социально-экономический феномен, Региональные исследования, 2008. №5 (20).

较大的地区中心城市依托行政地位优势和人口集聚优势处于发展进程中，发展前景实际上与百万人口以上城市没有太大的区别。这些城市的发展主要面向当地市场，依赖服务业和进口替代产业。在后工业化时代，地区首府地位是城市发展的重要优势，有利于集中经济资源。

城市规模越小，失业率越高，工资水平越低，零售贸易额也越小。俄罗斯小城市中，除了首都周边地区的城市和离其他大城市不远的小城市较为有活力[1]，以及石油天然气城市、能源中心、能够吸引外资或者生产出口产品的城市发展状况不错之外，整体发展状况不佳。特别是五万人口以下的城市，2007年有60%发展状况较差，大多处于萧条状态。

八 产业结构单一城市发展状况堪忧

在20世纪90年代，由于整体经济状况不佳，国家缺乏财力实施扶持政策，产业结构单一城市发展状况堪忧，不仅缺少自己的城市文化，而且城市功能严重缺失，人力资源潜力不足。2000年之后，继续保持经济活力的产业结构单一城市仅剩不足一半，其余的城市由于生产萎缩，预算拨款成为居民收入的主要来源。根据俄罗斯地区发展部2009年公布的数据，俄罗斯产业结构单一城市数量为335个，有1600万人口。83个联邦主体中，仅有27个联邦主体没有产业结构单一城市。产业结构单一城市中，5%的城市（共拥有140万人口）危机状况较为严重，需要联邦政府采取措施；15%（共有540万人口）处于濒临危机的高风险状态，需要联邦主体政府解决；80%需要对其经济和社会发展状况进行定期监控，并制定中长期发展规划。2008年金融危机爆发时，产业结构单一城市的脆弱性显露无遗，特别是专门从事黑色和有色金属冶炼、机械制造的城市。俄罗斯地区发展部从2009年开始制定专门的规划支持这些产业结构单一城市。

九 有可能在大型项目基础上产生的新城镇

俄罗斯目前有几个大型项目正在规划中，在这些大型项目的基础上有可

---

[1] А. Махрова, Т. Нефедова, А. Трейвиш, Московская область сегодня и завтра: тенденции и перспективы пространственного развития. М.: Новый хронограф, 2008.

能产生新的城镇。一是"工业乌拉尔-极地乌拉尔"项目。为开发乌拉尔北部的自然资源，该项目打算把铁路线向北延伸 300 公里，因此需要向项目所在的人烟稀少地方迁移人口，建设新的城镇或者小城市。二是兴建"农业园"项目。俄罗斯农业部计划在摩尔多瓦共和国、楚瓦什共和国、别尔哥罗德州、坦波夫州、托木斯克州、利佩茨克州、阿斯特拉罕州建设"农业园"实验项目，计划在此基础上建立"农业城"。设立农业城的构想产生于苏联的赫鲁晓夫时期，市中心是居民自建的标准型低层楼房，城市周边是耕地、草场和牧场。

第三节 "郊区居所"的发展

俄罗斯城市发展中产生了一种独特的现象，2/3 的城市家庭在郊区拥有居所[1]。与西方意义上的"郊区化"不同，俄罗斯城市居民的乡间居所大多被当成季节性第二居所使用，是春季到秋季在乡间休闲和从事农业耕作的休憩之所，只有极少一部分人全年在此居住。因俄罗斯人的郊区居所并非仅是富人所有，在豪华程度上参差不齐，统称为"别墅"勉为其难，称为"郊区居所"相对贴切。拥有"郊区居所"的俄罗斯城市居民则被称为"郊区居所族"。

一 "郊区居所"发展史[2]

俄罗斯传统意义上的"郊区居所"出现于 19 世纪 20 年代，是真正意义上的别墅，是沙皇赏赐给获得爵位的贵族的郊区休闲地。19 世纪 30 年代，莫斯科近郊修建了很多适宜于夏日休憩的别墅区。19 世纪中期，铁路的修建使别墅区向离城市较远的郊区延伸。19 世纪 60 年代，别墅区已遍布各大城市的近郊。1870 年，圣彼得堡的大部分富裕知识分子在城市近郊都拥有自己的林地或者小岛。十月革命前，郊区别墅已经成为城市居民休闲生活的重要组成部分，不再只是贵族和富裕阶层才可以拥有的奢侈品。1917 年，莫斯科郊区共

---

[1] Т. Нефедова, Российские дачи как социальный феномен, SERO, №15, Осень-Зима 2011.
[2] 部分内容参见马强:《城乡之间的达恰：俄罗斯人独特的生产和生活空间》,《开发时代》2011 年第 4 期。

有别墅约两万个[①]。

苏联时期的别墅出现于20世纪20年代，享有别墅成为苏联精英层的特权。党政机关高级干部、知识界精英可以获得单位免费分配的占地约为0.12~0.5公顷的别墅。20世纪30年代，各机关单位开始在城市的郊区设立"集体园地"，为本单位工作人员提供栽种水果蔬菜的菜园和园地，并作为他们与家人共度假日的休闲之所。1938年，苏联政治局通过决议，对官员可以在郊区修建别墅的规格做了规定：有家庭的可以建造八个房间，没有家庭的可以建造五个房间。1949年，苏联部长会议又通过了为工人和公务人员分配集体或个人菜园份地和花园份地的决议。赫鲁晓夫时期，为了解决粮食短缺问题，在城市边缘辟出很多农用地，分配给市民耕种，符合条件的城市家庭可以分得600平方米左右的份地。借此，开始了大规模的"郊区居所"建设。勃列日涅夫时期，国家允许在郊区份地上建造不超过25平方米的供夏日居住的小屋。

苏联解体后的经济危机年代，"郊区居所"的农耕功能凸显，很多俄罗斯人依靠郊区地块上种植的土豆、蔬菜和水果度过了食品匮乏、物价飞涨的艰苦岁月。20世纪90年代后半期，菜地、园地和居所地块及其上的建筑多数归个人所有，可以自由买卖，在份地上建造房屋的规格和面积也不再受限制，富裕的公民开始兴建豪华的现代别墅，有的几乎占满整个600平方米的土地。2000年之后，开始出现规划完整的别墅村，很多富裕阶层把这里变成季节性第二居所或者固定居所。各种类型的"郊区居所"蓬勃发展。

二 "郊区居所"的类型

根据1998年的《公民园地、菜地和别墅非商业组织法》（第66号联邦法）的规定，公民"郊区居所"所在的土地有三种：菜地、园地和别墅用地。

园地是指公民用于栽种瓜果、蔬菜、土豆以及其他农作物，并可用于休闲

[①] М. Хауке, Пригородная зона большого города. М.：Гос. изд-во литературы по строительству, архитектуре и строительнам материалам, 1960.

的地块，可以在上面建造住房和经营性建筑，但是住房不可以作为居民的登记住所。

菜地是公民用于栽种瓜果、蔬菜、土豆以及其他农作物的地块，分为两类：一类是可以建造临时住房和经营性建筑的地块，另一类则不可以建造房屋，分类的标准依据土地规划时发放的土地使用许可。

别墅用地是公民用于休闲的地块，可以建造住房和经营性建筑，也允许栽种瓜果、蔬菜、土豆以及其他农作物。只是住房分两种，一种可以作为居民登记住所，另一种则不可以进行居住登记。

法定土地利用方式的不同决定了俄罗斯城市人口的"郊区居所"有四种类型，即园地上的住房、菜地上的住房、别墅和农村住房。

（一）位于园地和菜地上的"郊区居所"

52%的俄罗斯城市家庭拥有位于城郊和乡村边缘地带的菜地或园地①。菜地和园地是城市居民最大众化的农业休闲式的土地利用方式，其普及是在第二次世界大战之后。1950年，园地业主联合会共有会员四万个。1970年达300万个，到1990年，拥有菜地和园地的家庭分别达850万个和500万个。20世纪90年代，菜地和园地数量大幅增长，到20世纪90年代末，拥有园地和菜地的家庭总共达1410万个。20世纪90年代菜地和园地的平均面积也有一定增加，其中园地平均面积从0.067公顷增加至0.089公顷，菜地平均面积从0.075公顷增加至0.085公顷②。菜地与园地和别墅用地的法律地位不同，在菜地上修建房屋长期受到限制，1967~1969年，苏联改为双休日，周末可以在城外过夜，因而逐渐放宽了在菜地上修建房屋的限制。但直到现在，仅有部分菜地被允许在其上修建临时简易住房，大多数菜地还是不允许建造住房。居民耕种菜地需要在一天之内乘车往返城市与郊区，不仅不方便而且代价较为高昂，因而不太受城市居民欢迎。20世纪90年代，很多城市居民经济状况一般，即使拥有可以修建住房的菜地和园地，也没有经济能力修建较好的房屋。很多郊区菜地和园地上零零落落分布着一些临时性建筑，城市周边因这些菜地

---

① Т. Нефедова, А. Трейвиш, Между городом и деревней, Мир России, №4. 2002.
② Сельское хозяйство, 2000, М.：Госкомстат России, 2000.

和园地的原因，形成了一个类似半贫民窟的地带，面积甚至超过了周边农村或者城市本身的面积，这里没有相应的住房配套设施，火灾隐患大，卫生条件不佳[1]。当然，近十年来，这些菜地和园地上的房屋外观已大为改观。

（二）别墅

修建于别墅用地上的居所分为三种类型：第一种是俄罗斯传统的"别墅"，大多数是20世纪90年代中期之前兴建的，多为木结构房屋；第二种是20世纪90年代中期之后修建的现代别墅，多为砖石结构，舒适程度不亚于城市的房屋，类似于西方的独栋别墅；第三种是高级别墅和庄园，为极少数富人所有。

（三）农村住房

从20世纪70年代起，在农村日渐萧条的背景下，城市人开始购买和继承农村住房作为季节性居所使用。1989年，政府放开了限制城市人口购买农村住房甚至农村土地的禁令。当时城市人用1~3个月的工资就可以在农村购买一栋破败的房屋。很快，大城市近郊空置的农村住房被城里人抢购一空，而且因需求日盛，价格暴涨。很多城里居民开始购买或租赁城市远郊的农村住房作为第二居所使用。

三 莫斯科市周边"郊区居所"的发展情况

（一）莫斯科州的"郊区居所"

莫斯科州有约6200个农村居民点，但由菜地、园地和别墅组成的"郊区居所联合村落"却多达1.09万个。"联合村落"一年中仅有春天到秋天的五个月时间有人居住，其他时间则往往"人去屋空"。这些"联合村落"多建于20世纪80年代和90年代上半期，分别占28%和51%（见表4-8）。截至2006年，莫斯科郊区"联合村落"内的地块有133万个，此外还有约70多万个未加入"联合村落"的个体地块，共计可达210多万个。别墅85%位于中近郊，其中40%位于莫斯科西郊，东郊最少。由菜地和园地结合型居所组成

---

[1] Б. Родоман, Проблема сохранения экологических функций пригордной зоны Москвы, Проблемы землепользования в связи с развитием малоэтажного жилищного строительства в Московском регионе. М.: Моск. обл. совет народных депутатов, 1993.

的"联合村落"主要集中在中远郊,房屋价格相对低廉,而菜地则主要位于莫斯科州的边缘地带,特别是南面,西面最少。

表4-8 莫斯科州菜地、园地和别墅"联合村落"*数量与类型

类　　型	共计	其　　中		
		园地	菜地	别墅地块
"联合村落"总量(个)	11692	10918	224	548
所属地块数量(个)	1338013	1263553	23709	50604
每个"联合村落"平均所属地块数量(个)	114	116	106	92
按"联合村落"设立年限划分(个)	11692	10928	224	548
1961年之前	987	926	4	67
1961~1970年	717	692	7	18
1971~1980年	587	559	10	18
1981~1990年	3296	3145	54	97
1991~2003年	5977	5525	143	308
2004~2006年	128	81	6	40

　*由相邻地块业主组成的非商业组织,统一规划所属区域内地块上的居所建设、公用设施布局、使用等事宜。

　资料来源:П. Кириллов, А. Махрова, Субурбанизация в московском столичном регионе: современное и перспективное состояние, Региональные исследования, №4-5 (25), 2009.

近年来新建立的"联合村落"越来越少,设计规划和配套完备的"别墅村"大有取而代之之意。2001年,莫斯科州约有30个别墅村,2004年达300多个,2008年超过700个。平均面积约为20公顷的别墅村占莫斯科州面积的0.15%。从方位上看,70%的别墅村位于莫斯科州西部,这里因生态环境良好,交通便利,从苏联时期就成为社会精英的集聚之地。从距离莫斯科大环的距离看,77%的别墅村分布在离大环40公里以内的地方,离大环20公里以内的别墅村越来越少,远郊的别墅村增加较快。从沿主要公路的分布情况看,50%的别墅村分布在新里加公路、鲁布廖沃-乌斯别斯科耶公路和卡卢加公路沿线(见表4-9)。别墅村平均占地23公顷,超过100公顷的仅占3.5%。平均每个别墅村建有69座别墅,别墅数量不足50座的别墅村占一半以上,别墅数量50~100座的别墅村占27%,超过100座的占19%。面积在200~400平

方米的别墅占一半以上,面积不足 200 平方米的占 9%,400 平方米以上的占约 40%。大部分别墅村是独立封闭的社区,富裕阶层认为这样的社区因邻居大多具有一定的社会地位,因而比较安全。大部分精英层和中产阶级上层仍把别墅作为季节性居所或者第二居所使用。专家估计,仅有 20% 的别墅被作为长期居所使用[1]。

表 4 - 9 2007 年莫斯科郊区别墅村的分布

单位:%

主要分布方向	距离莫斯科大环距离(公里)				
	20 以内	20~40	40~60	60~80	80 以上
新里加公路沿线	21.4	40.7	24.1	9	4.8
鲁布廖沃-乌斯别斯科耶公路沿线	48.4	51.6	0	0	0
卡卢加公路沿线	45.6	44.1	5.9	4.4	0
德米特罗夫公路沿线	31.7	35	28.3	5	0
基辅公路沿线	21.1	52.6	13.2	0	13.2
明斯克公路沿线	48.3	41.4	0	6.9	3.4
皮亚特尼茨科耶公路沿线	35.7	21.4	39.3	3.6	0
雅罗斯拉夫尔公路沿线	21.4	53.6	3.6	3.6	17.9
辛菲罗波尔公路沿线	30.8	34.6	19.2	11.5	3.8
列宁格勒公路沿线	56.3	18.8	0	12.5	12.5
所有别墅村	37.1	40.2	13.8	5	4

资料来源:А. Махрова, Организованные коттеджные поселки: новый тип поселений (на примере московской области), Региональное исследования, № (17), 2008.

2005 年之后,莫斯科州 2/3 的别墅用地、60% 的园地、1/4 私人建造的房屋,还有 1/5 的自留地都已为莫斯科市民所有[2]。夏季莫斯科州居住人口会增加 60%。有些地区夏天的外来人口远远超过当地居民数量。

---

[1] А. Махрова, Т. Нефедова, А. Трейвиш, Московская область сегодня и завтра: тенденции и перспективы пространственного развития. М.: Новый хронограф, 2008.

[2] А. Махрова, Т. Нефедова, А. Трейвиш, Московская область сегодня и завтра: тенденции и перспективы пространственного развития. М.: Новый хронограф, 2008.

但是近年来，因居民、建筑公司和贸易公司等用地需求上升，莫斯科州的地价上涨很快。此外，莫斯科州还保留一些较为成功的农牧企业，因而也占用了很大一部分土地。莫斯科郊区农牧业产出较高的地区是距离莫斯科市 20～60 公里的地区，正好位于建造别墅休闲区的合理位置。别墅用地和农牧业用地争地现象日趋激烈。因大规模的房屋建设和来往莫斯科市遭遇交通拥堵等原因，莫斯科州已显拥挤，城市居民珍爱的返璞归真的农村生活方式已经被城市生活方式取代，这充分反映在居所建筑风格以及别墅居民与当地农民的相处关系等方面。别墅周边筑起高高的围墙，别墅居民几乎不与当地居民交往，建筑和装修往往请外来移民、莫斯科市或者其他城市的建筑装修队。当地政府经常抱怨别墅居民的增加造成了垃圾清扫、道路维修等方面的麻烦。当然，尽管不动产税额不高，但是别墅居民还是增加了当地政府的税收收入，食品和建材销售量也大幅增加。

（二）弗拉基米尔州和雅罗斯拉夫尔州的"郊区居所"

弗拉基米尔州的佩图申斯基区距莫斯科市 95 公里，距离弗拉基米尔市差不多同等距离。虽然在行政关系上隶属弗拉基米尔州，但是实际上被认为是莫斯科市的郊区。在该区的 150 个农村居民点中设立了 139 个"园地区"，约有三万块园地。当地的农村中也有很多"郊区居所族"，其中有 12 个村庄全部被"郊区居所族"悉收囊中。区政府可以从"郊区居所族"那里征收土地税和环保税，但是当地的居民颇有微词，他们认为富裕的莫斯科人的到来抬高了当地的食品价格，并使夏天时垃圾成堆。为此，当地政府开始限制土地供应，土地价格也因之上涨。

雅罗斯拉夫尔州的佩列斯拉夫尔区也成了莫斯科的"郊区居所"区。当地的"郊区居所族"人口与当地人口相当。20 世纪 70～80 年代，这里开始出现"郊区居所族"，40 年间，因房屋继承等原因，"郊区居所"的主人已经变为另一代人。随着"郊区居所"需求的增加和地价的上涨，"郊区居所族"的邻里纠纷不断。起初，当地居民还可以从"郊区居所族"那里挣些外快。现在老一代的当地雇工大多已离世，连扎篱笆墙的人都很难找到。偶尔有一两个不酗酒的雇工，也会被"郊区居所族"当做香饽饽。建造房屋等活计只能找外来移民。区政府官员不太欢迎"郊区居所族"，认为他们不仅不能解决当地人的就业问题，而且还抬高了物价。但是村政府却比较理性地对待"郊区居所族"，乐意为他们提供土地，理由是他们修补了多年失修的房屋，帮农村打井、修路，并使当地商店有了新顾客。因距离莫斯科市较近地区的地价飞涨，这里虽然距莫斯科市稍远，但是地价较低，因而从20世纪90年代开始，到这里投资的人逐渐增多。当地政府开始囤地，等待地价的进一步上涨。

（三）科斯特罗马州的"郊区居所"

整个20世纪，科斯特罗马州西距莫斯科市600公里、东距科斯特罗马市230公里区域内的人口一直在减少，而且人口下降的趋势还在持续，如今这里的人口仅相当于1926年的14%。农业生产陷入危机，目前耕种的土地面积仅是1926年的1/10，约2000公顷土地撂荒。这里稍具活力的村庄中都有"郊区居所族"。村子里的当地居民越少，被城里人买走的房屋所占的比例越高。一半村庄中30%~40%的地块被"郊区居所族"买下或承租，而在常住人口不足10人的村庄中，70%~90%的住房被城里人买走。一些无人村中之前也有"郊区居所族"，但是因没有当地人看护，冬天房屋毁损严重，"郊区居所族"也随即撤出。

这里的"郊区居所族"偶然出现于20世纪70~80年代，90年代中期到2000年间达到顶峰。在这里购房的城市人多是中老年人，收入中等，大多是从事较有品位职业的知识阶层，工作日程较为宽松，可以每年到这里一到两次，住一周到几个月的时间不等。从莫斯科开车过来需要八九个小时，乘坐火车需要一晚上。从20世纪70~80年代开始，该地"郊区居所族"的职业特征明显起来，有学者村、画家村、新闻工作者村和教师村等。之后职业的界限开始模糊。这里的"郊区居所族"85%是莫斯科人，他们到这里不建新房，一般是购买具有俄罗斯北方农村特色的坚固房屋居住，平均面积多为100~150平方米。当地居民对"郊区居所族"的反应较为正面。城市人修缮了村里的房屋，使村庄得以保存下来。"郊区居所族"之间的交往较多，互相支持，形成了自己的生活圈子。他们甚至比当地农村人口更加珍视农村的传统。困扰"郊区居所族"的主要问题是这里的基础设施不发达和生活设施不完备，道路、照明、供水、供气和垃圾处理等方面都存在问题。对于这些"效区居所"

的发展前景，很多专家认为不太明朗，主要是这里"郊区居所族"多为收入处于中下层的知识分子，且多为中老年人，他们的子女或许将来对继承这类居所并来此度假并无兴趣。

四 "郊区居所"发展的原因

俄罗斯的"郊区居所"是城市居民对城市喧嚣生活、紧张工作和生态环境恶化的暂时逃离之所，是他们亲近自然、重拾"农耕"之趣的理想空间。"郊区居所"兼具休闲和家庭小农业功能，因而有的俄罗斯专家认为，"郊区居所"的发展是俄罗斯居民在特定的历史时期和地域空间中，集城市生活和农村生活优势为一体的自然愿望使然[①]。

总体而言，俄罗斯2/3的城市居民都拥有"郊区居所"，而且"郊区居所"发展趋势还较为强劲，主要原因如下。

一是俄罗斯地域广阔，城市之间距离较远，城郊土地资源丰富，具有发展"郊区居所"的自然优势。虽然近年来莫斯科市周边发展"郊区居所"的土地已显不足，但是其他城市周边的土地还是相对丰富。

二是气候条件使然。俄罗斯冬季漫长寒冷，昼短夜长，大雪覆盖，天气阴郁。经过近半年的冬天后，温暖而阳光明媚的春季到来，鸟儿欢唱，树吐芳菲，绿草如茵。已厌倦寂寥沉闷冬季的俄罗斯人纷纷出游，享受久违的阳光和令人迷醉的自然风光。到郊外休闲，自然而然成了俄罗斯人的传统。在郊区有一处居所，能闲居时日，融入自然，亲近土地，是对漫长冬季郁结沉闷情绪的释放。

三是经济原因。在经济状况不佳、食品匮乏的年代，"郊区居所"的"家庭小农业"功能相对突出。在郊区栽种的土豆和蔬菜成为城市居民熬过困难时光的救命粮。以1998年金融危机那年为例，俄罗斯城市家庭在"郊区居所"栽种的蔬菜、水果和土豆等平均占到了家庭食品消费的20%，在大城市和食品工业发展状况较好的城市所占比重略低，而在边远地区较为贫困的小城

---

① Т. Нефедова, Российские дачи как социальный феномен, SPERO, №15, Осень-Зима 2011.

市则约占50%[①]。现今,莫斯科州和列宁格勒州的"郊区居所"更多是用于休闲目的,"郊区居所族"亲手栽种的蔬菜水果不足家庭食品消费的5%,而在偏远地区的城市周围,这一比例则超过20%,最多的是奥廖尔州、奔萨州、别尔哥罗德州和科米共和国,约占1/3。

四是国家政策鼓励。从苏联时期开始,国家就对城市居民从事"家庭小农业"和在农村休闲予以鼓励,不仅免费提供"份地",而且逐渐放宽在"份地"上建造房屋的限制。苏联解体后,俄罗斯政府通过《公民园地、菜地和别墅非商业组织法》和《城建法典》(第190号联邦法,2004年12月)对"郊区居所"的土地供给、建设规划和组织管理进行了法制化管理,特别是取消了对城市居民购买农村住房和土地的限制,这些在很大程度上拓展了"郊区居所"的发展空间。

五是俄罗斯人的"农耕"情节。俄罗斯工业化和城市化起步较晚,但推进速度较快。大多数城市居民都是第一代进城的农民,他们或者继承了农村父母在乡间的住房,或者父母和亲戚还生活在农村,农业耕作对他们并不陌生,甚至成了一种习惯。他们对土地和乡村具有特殊的情感。"郊区居所"是寄托这种情感的最好空间,闲暇之余可以重温"农耕之乐"。难怪有的俄罗斯专家说,城市化并没有埋没居民从事农业劳动的热情,只是使"不伦不类的准城市"生活方式的空间有所扩大[②]。

五 "郊区居所"的未来发展趋势

"郊区居所"的发展不仅标志着城市居民夏季向农村的流动,而且更重要的是反映了资本向农村的流动。很多俄罗斯专家认为,应当鼓励"郊区居所"的发展,加大基础设施建设力度,提高社会服务水平,这是防止资本外流的方法之一。特别是莫斯科郊区,应当创造条件把"季节性居所"变成长期居所,即在解决居民建房资金问题的同时,进一步发展基础设施,其中包括交通、住房公用基础设施和社会服务设施。

---

① *Р. Медведев*, Народ и власть, Свободная мысль, №4. 1998.
② *Т. Нефедова*, Российские дачи как социальный феномен, SPERO, №15, Осень-Зима 2011.

此外，"郊区居所"或许可以挽救"萧条村庄"于既倒。研究人员在非黑土区发现一个奇怪的现象：劳动人口越少、家庭人口数量越少的农村，生产的食品数量反而越多，其主要原因就是萧条地区吸引了很多城市人口来此从事家庭小农业。

目前，俄罗斯正在大城市周边发展居住型卫星城，已从提交的39个项目中选择了22个项目，每个项目的住房建设面积不得低于100万平方米。其中最大的项目是位于莫斯科州的大多莫杰多沃项目，规划建设1250万平方米住宅。在可预见的将来，俄罗斯政府鼓励"郊区居所"发展的政策将不会改变。

第五章
农村地区与农业发展

农村地区和农业发展是关系到俄罗斯国家安全和经济社会发展的重大战略问题。针对当前农村和农业的发展现状和诸多制约因素，俄罗斯政府提出了一系列推动农村地区和农业发展的战略构想，并且采取了切实可行的措施，取得了一定的成效。

第一节 农村地区发展

从农村规模与数量、人口状况、就业与收入情况、住房条件、社会服务水平、生态环境、经营方式等来看，俄罗斯农村地区发展状况不容乐观，特别是农村劳动力不足、贫困加剧、经营方式单一等问题突出，这将严重影响农村地区的可持续发展。

一 农村规模与数量

（一）村庄总量减少，无人村庄、十人以下村庄和3000人以上村庄增加

2002~2010年，俄罗斯农村数量减少了8500个。原因之一是大量农村居民点由于无人居住而自然消亡；之二是与其他居民点合并使然。到2010年，1.94万个村庄无人居住，与2002年相比，无人村庄激增了48%。此外，十人以下的村庄数量增加了6.4%，3000人以上村庄增加了11.7%（见表5-1）。

表 5-1　2010 年与 2002 年俄罗斯农村规模

村庄分类	村庄数量（万个） 2002 年	村庄数量（万个） 2010 年	其中居民数量（万人） 2002 年	其中居民数量（万人） 2010 年	2010 年相比 2002 年人口数量变化(%)	居民所占比重（%） 2002 年	居民所占比重（%） 2010 年
所有村庄	14.22	13.37	3873.8	3754.3	96.9	100	100
1~10 人	3.40	3.62	16.8	16.7	99.4	0.4	0.4
11~50 人	3.81	3.27	95.0	81.8	86.1	2.5	2.2
51~100 人	1.49	1.38	108.2	100.6	93.0	2.8	2.7
101~500 人	3.63	3.34	892.0	818.7	91.8	23.0	21.8
501~1000 人	1.08	0.97	757.1	677.9	89.5	19.5	18.1
1001~3000 人	0.64	0.60	999.6	943.9	94.4	25.8	25.1
3000 人以上	0.17	0.19	1005.1	1114.7	110.9	26.0	29.7

资料来源：根据俄罗斯国家统计局数据整理。

（二）无人村庄主要集中在中央联邦区和西北联邦区

2002 年的人口统计数据显示，全俄 47% 的无人村庄和 30% 的十人以下村庄集中在中央联邦区和西北联邦区。无人村庄所占比重超过 20% 的有科斯特罗马州、特维尔州、雅罗斯拉夫尔州、沃洛格达州、普斯科夫州、基洛夫州和马加丹州。

（三）大型村庄主要分布在南方联邦区和北高加索联邦区

全俄 1000 人以上的村庄 29% 集中在南方联邦区和北高加索联邦区，5000 人以上的村庄有 47% 也集中在这里。农村人口主要生活在 1000 人以上村庄的地区主要分布在北高加索各共和国，如这一比例在印古什共和国高达 98.6%，在车臣、北奥塞梯－阿兰共和国等高达 90%，还有就是北极地区的联邦主体，如亚马尔－涅涅茨自治区、汉特－曼西自治区和摩尔曼斯克州，分别为 84%、71% 和 79%（2002 年统计数据）。

（四）人口向大型村庄集聚

1959 年、1970 年、1979 年、1989 年和 2002 年的统计数据显示，在 2000 人以上村庄居住的人口占全部农村人口的比重呈逐渐增长趋势，分别为

17.3%、20.2%、23.6%、27.9%和33.6%（见表5-2）。2010年，全俄29.7%的农村人口生活在3000人以上的村庄，比2002年增长了近四个百分点。从联邦区来看，2002年，南方联邦区61%的农村人口生活在2000人以上的村庄，远东联邦区则为35%（见表5-3）。

表5-2 主要年份各类村庄的人口分布①

单位：%

村庄分类＼年份	1959	1970	1979	1989	2002
11~100人	11.8	9.1	7.9	6.3	5.2
101~200人	12.4	9.6	8.2	6.6	5.9
201~500人	24.0	22.4	20.3	18.2	17.1
501~1000人	19.4	20.9	20.6	20.7	19.5
1001~2000人	14.8	17.5	19.0	19.9	18.2
2000人以上	17.3	20.2	23.6	27.9	33.6

资料来源：А. Вишневский，Е. Кваша，Т. Харькова，Е. Щербакова，Российское село в демографическом измерении，Мир России，№1. 2007.

表5-3 2002年各联邦区农村人口在各类型村庄的分布②

单位：%

村庄分类＼地区	远东联邦区	西伯利亚联邦区	乌拉尔联邦区	伏尔加沿岸联邦区	南方联邦区	西北联邦区	中央联邦区	俄联邦
11~200人	5	8	10	13	3	23	20	11
201~500人	14	17	20	24	7	18	21	17
501~1000人	25	23	23	25	11	16	20	20
1001~2000人	21	24	19	16	18	17	16	18
2000~5000人	17	14	15	11	23	17	15	16
5000人以上	18	14	14	11	38	6	7	17

资料来源：А. Вишневский，Е. Кваша，Т. Харькова，Е. Щербакова，Российское село в демографическом измерении，Мир России，№1. 2007.

---

① 表中未列入11人以下村庄的数目。
② 表中未列入11人以下村庄的数目。

二 农村人口状况

（一）农村人口持续下降

1897年，俄罗斯农村人口总量达5760万，占总人口的85.3%。随着城市化进程的推进，20世纪50年代中期，农村人口所占比重开始低于城市人口，之后，农村人口总量和在总人口中所占比重不断下降。2010年，农村人口降至3760万，占总人口的26.3%（见图5-1）。其中农村人口减少最多的地区是非黑土区的个别地区，到2008年，这里的农业人口仅为1926年的10%~20%[①]，特别是莫斯科市和莫斯科州城市集聚区周边300公里半径之内的农村人口大量流失。北方地区农村人口从20世纪90年代也开始急速减少（见表5-4）。大量人口从农村向城市转移，造成农村地区人口密度较低，非黑土区城市周边地区的农业人口密度仅为10~30人/平方公里，边远地区仅为2~5人/平方公里[②]。

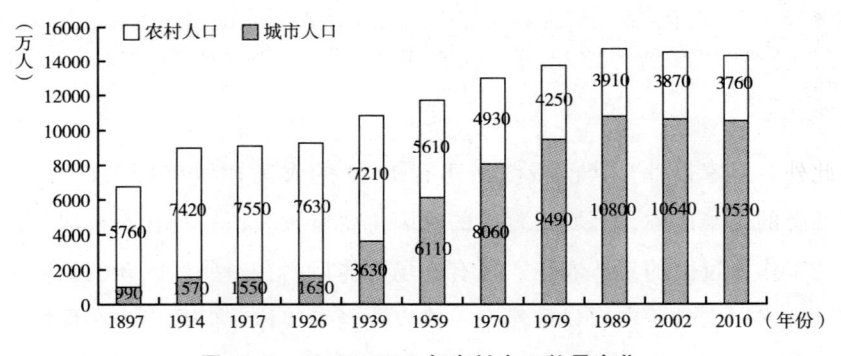

图5-1　1897~2010年农村人口数量变化

资料来源：А. Вишневский，Е. Кваша，Т. Харькова，Е. Щербакова，Аграрные проблемы современной России-российское село в демографическом измерении, Мир Россиии, №1. 2007., Российский статистический ежегодник, Госкомстат РФ. 2010.

[①] Т. Нефедова, Прошлое, настоящее и будущее старосвоенных периферийных районов Нечерноземья（на примере Костромской области），Вопросы государственного и муниципального управления, №1. 2008.

[②] Т. Нефедова, Перспективы регионального развития сельского хозяйства и сельской местности, Социально-экономическая география: традиции и современность, 2009. М.: Смоленск: Ойкумена.

表 5-4　1960~2008 年各地区农村人口减少情况

单位：%

地区 \ 年份	1980~1959	1990~1980	2002~1990	2008~2002
全俄	73.6	94.7	99.3	96.9
欧洲北方地区	81.6	106.3	79.1	85.8
非黑土区（不包括莫斯科州和列宁格勒州）	58.4	87.2	90.3	92.9
莫斯科州和列宁格勒州	80.0	90.7	99.3	100.0
南方（黑土区中心地带和北高加索）	86.1	96.6	111.7	104.5
伏尔加地区、南乌拉尔地区	75.5	90.1	100.0	95.8
西伯利亚和远东南部地区	80.7	98.5	100.6	92.8
西伯利亚北部地区和远东	54.1	153.6	68.5	93.2

资料来源：Т. Нефёдова, Перспективы регионального развития сельского хозяйства и сельской местности, Социально-экономическая география: традиции и современность, 2009. М.: Смоленск: Ойкумена.

此外，专家估计，目前俄罗斯还有 1/10 的农民在城市打工。调查显示，被调查者的一半声称，到城市打工的原因主要有三个：一是在农村居民点根本找不到工作，过去的集体农庄、国有农场解体后，在一些地区新的经营实体并未建立起来；二是所在农村虽然有一些农业经营实体，但是很难在那里找到工作；三是虽然可以找到工作，但是工资太低[1]。

（二）农业人口向南方联邦区[2]集中的趋势明显

农业人口集聚中心逐步转向南方联邦区。1926 年中央联邦区集中了全俄 1/3 的农业人口，到 2005 年则下降至不足 1/5。而南方联邦区的农业人口在全俄农业总人口中的比重从 1926 年的 12% 增加至 2005 年的 25%。其他联邦区各年的比例变化不大（见表 5-5）。

---

[1] П. Великий, Неоотходничество, или лишние люди современной деревни, Социологические исследования, №9. 2010.
[2] 包括 2010 年分离出来的北高加索联邦区。

表 5-5　1926~2010 年农业人口在各联邦区的分布

单位：%

年份	中央联邦区	西北联邦区	南方联邦区	伏尔加沿岸联邦区	乌拉尔联邦区	西伯利亚联邦区	远东联邦区
1926	34	8	12	28	5	11	2
1939	33	8	12	28	5	12	2
1959	29	7	14	27	6	14	3
1970	26	7	17	27	6	14	3
1979	24	7	19	26	6	14	4
1989	22	7	21	24	6	15	5
2002	20	6	25	24	6	15	4
2005	19	6	25	24	7	15	4

资料来源：А. Вишневский，Е. Кваша，Т. Харькова，Е. Щербакова，Аграрные проблемы современной России-российское село в демографическом измерении，Мир Россиии，№1. 2007.

（三）多数地区农业人口所占比重低于 20%

农业人口所占比重较高的联邦主体是阿尔泰共和国、阿迪格共和国、印古什共和国、卡尔梅克共和国、卡拉恰耶夫－切尔克斯共和国、图瓦共和国、阿尔泰边疆区、克拉斯诺达尔边疆区和斯塔夫罗波尔边疆区。这些地区的农村人口占比为 45%~60%。其他多数联邦主体的农村人口占比较低，其中 67 个联邦主体农村人口所占比例低于 20%。农业人口所占比重较低的地区是伊万诺沃州、图拉州、雅罗斯拉夫尔州、马加丹州、摩尔曼斯克州、克麦罗沃州、斯维尔德洛夫斯克州、车里雅宾斯克州、亚马尔－涅涅茨自治区等。特别是在工业化程度较高的克麦罗沃州、萨马拉州、斯维尔德洛夫斯克州、车里雅宾斯克州，这些地区早在 30 年前农村人口所占比重已接近最低点（见表 5-6）。

表 5-6　1959~2009 年主要联邦主体农村人口占比变化

单位：%

地区＼年份	1959	1970	1979	1989	2002	2009
马加丹州	19.0	25.2	21.8	19.0	7.7	4.7
摩尔曼斯克州	7.9	11.4	10.6	7.9	7.8	8.8
克麦罗沃州	22.9	17.7	13.4	12.6	13.7	15.1
亚马尔－涅涅茨自治区	65.0	57.1	49.4	23.0	16.6	15.1

续表

地区\年份	1959	1970	1979	1989	2002	2009
斯维尔德洛夫斯克州	24.0	19.3	15.0	13.0	12.1	16.6
雅罗斯拉夫尔州	41.7	30.0	22.2	18.4	19.1	18.2
车里雅宾斯克州	23.6	22.1	18.6	17.5	18.2	18.6
萨马拉州	38.1	28.4	22.9	19.2	19.4	19.4
伊万诺沃州	33.6	24.8	20.3	18.4	17.3	19.2
莫斯科州	42.3	31.3	25.4	20.7	20.7	19.2

资料来源：根据俄罗斯国家统计局数据整理。

（四）农村劳动力不足问题未来将会更加严重

除了北高加索联邦区之外，农村劳动力不足问题在俄罗斯各地区凸显，基于下述因素，农村劳动力不足问题在未来可能会更为严重。

老龄化问题。农村人口平均年龄增加，从1989年的35.8岁增加到2002年的37.8岁，其中女性平均年龄远高于男性。虽然农村人口老龄化速度低于城市，但中心地区农村人口老龄化问题日趋严重。中央联邦区农村人口的平均年龄最高，2002年已达42岁，其中男性人口平均年龄为38.4岁，女性人口为45.1岁。西北联邦区上述三个数据分别为39.8岁、36.6岁和42.7岁（见表5-7）。从老年人口和少年人口占农村总人口的比例来看，也能反映出上述趋势（见表5-8）。总体而言，虽然亚洲部分和北高加索各共和国的农村人口相对年轻，但是欧洲部分的农村人口老龄化问题已比较严重。

表5-7 1989年和2002年农村人口平均年龄

单位：岁

地区\年度	1989年			2002年		
	所有人口	男人	女人	所有人口	男人	女人
全俄	35.8	32.3	38.9	37.8	35.1	40.3
中央联邦区	41.1	36.3	45.1	42.0	38.4	45.1
西北联邦区	36.3	32.5	39.7	39.8	36.6	42.7
南方联邦区	33.8	31.1	36.2	35.0	32.9	36.8
伏尔加沿岸联邦区	36.7	32.6	40.2	38.7	35.7	41.4
乌拉尔联邦区	33.5	30.6	36.2	37.0	34.6	39.1
西伯利亚联邦区	32.4	30.1	34.7	36.3	34.2	38.2
远东联邦区	29.0	27.9	30.1	33.9	32.2	35.5

资料来源：根据俄罗斯国家统计局数据整理。

表 5-8　2005 年初低于就业年龄和高于就业年龄的农村人口在各联邦区的比例

单位：%

地　　区	中央联邦区	西北联邦区	南方联邦区	伏尔加沿岸联邦区	乌拉尔联邦区	西伯利亚联邦区	远东联邦区
低于就业年龄人口	15	5	29	23	7	18	5
高于就业年龄人口	25	7	22	25	6	13	3

资料来源：根据俄罗斯国家统计局数据整理。

生育率持续下降。虽然农村人口的生育率水平一直高于城市，但是从 1993 年开始，农村育龄妇女的总和生育率开始低于维持人口总量不变的 2.2 的水平，之后各年持续下降。虽然自 2006 年实施民生优先项目以后，农村育龄妇女的总和生育率水平开始有所提高，但是到 2010 年也仅为 1.88，远低于 2.2 的水平（见表 5-9）。

表 5-9　1980~2010 年俄罗斯总和生育率变化

年份	全部人口	城市人口	农村人口
1980	1.89	1.7	2.51
1981	1.91	1.71	2.63
1982	1.99	1.77	2.8
1983	2.12	1.88	3
1984	2.07	1.83	2.95
1985	2.06	1.82	2.93
1986	2.18	1.89	3.06
1987	2.23	1.98	3.13
1988	2.13	1.9	3.06
1989	2.01	1.83	2.63
1990	1.89	1.7	2.6
1991	1.73	1.53	2.44
1992	1.55	1.35	2.22
1993	1.37	1.2	1.95
1994	1.39	1.24	1.92
1995	1.34	1.19	1.81
1996	1.27	1.14	1.7
1997	1.22	1.1	1.62
1998	1.23	1.11	1.64
1999	1.16	1.04	1.53

续表

年份	全部人口	城市人口	农村人口
2000	1.2	1.09	1.55
2001	1.22	1.12	1.56
2002	1.29	1.19	1.63
2003	1.32	1.22	1.67
2006	—	1.2	1.6
2007	—	1.3	1.8
2010	1.47	1.33	1.88

数据来源：根据俄罗斯国家统计局数据整理。

农村男性居民预期寿命较短。俄罗斯农村居民预期寿命有两个阶段下降比较明显。第一阶段是苏联解体之初的1992~1995年，农村男性居民预期寿命从1992年的60.76岁下降至1995年的57.7岁。第二阶段是1998年金融危机之后，直至2005年，农村男性居民预期寿命从1998年的59.86岁降至2005年的57.19岁。2006年实施国家"健康"优先项目后，农村居民预期寿命有所提高，但是直至2009年，男性居民的预期寿命仅恢复到1992年解体时的水平（见表5-10）。

表5-10 俄罗斯农村居民预期寿命

单位：岁

年份	男性	女性	年份	男性	女性
1989	62.63	74.37	2000	58.17	71.84
1990	62.1	74.16	2001	58.1	71.78
1991	61.78	74.01	2002	57.61	71.31
1992	60.76	73.56	2003	57.23	71.02
1993	57.93	71.65	2004	57.55	71.27
1994	56.75	70.94	2005	57.19	71.07
1995	57.7	71.63	2006	58.67	71.89
1996	58.47	71.96	2007	59.57	72.62
1997	59.24	72.08	2008	60.00	72.86
1998	59.86	72.55	2009	60.87	73.38
1999	58.73	71.93			

数据来源：根据俄罗斯国家统计局数据整理。

对未来的预测结果同样不容乐观。有关专家估计，到 2026 年，俄罗斯农村人口将降至 0.317 亿。除了达吉斯坦共和国、车臣共和国、北奥塞梯－阿兰共和国、印古什共和国、加里宁格勒州和犹太自治州六个地区因出生率高可以幸免之外，其他所有地区的农业人口都将减少。农村人口绝对量减少最多的是巴什科尔托斯坦共和国。北方地区和东部地区的农村人口也将大幅减少。到 2026 年，60 岁以上人口在农村人口中的比重将达 25.7%，即 1/4 的人口进入垂暮之年。中央联邦区和伏尔加沿岸联邦区农村人口中，超过劳动年龄的人口将占 30.6% 和 28.8%。女性老龄化问题更加严重，到 2026 年，中央联邦区、西北联邦区和伏尔加沿岸联邦区农村地区 60 岁以上女性人口将达 1/3[①]。

三 农村就业与收入状况

（一）农村居民多数从事农业劳动，并且在非正规就业部门就业的情况较为普遍

俄罗斯农业部门的劳动生产率是发达国家的 1/10～1/8，限制劳动生产率提高的主要因素除了投资水平和技术水平较低之外，主要是农业之外的其他产业不发达，很难吸纳从农业生产中转移出来的劳动力。而农业结构单一又使得农业劳动一直是农村人口的主业。农村地区从事与农业相关劳动的人口占农村居民人数的 70%，约为 2700 万人[②]。农村人口失业率与城市人口失业率差距呈扩大趋势，2012 年 3 月，农村人口失业率已是城市人口失业率的两倍。在农村就业率低于城市就业率的情况下，很多农村居民不得不在非正规劳动组织就业。有关数据显示，在非正规劳动组织就业的人口占农村居民的 33%，而同期城市居民仅占 16%。

（二）农村居民收入水平低，贫困问题严重

2004～2009 年，虽然农业部门的月均名义工资收入增长明显，从 3000 卢布增加到 9500 卢布[③]，但多数农业劳动者的工资收入与其专业技能和劳动投

---

① А. Вишневский, Е. Кваша, Т. Харькова, Е. Щербакова, Аграрные проблемы современной России-российское село в демографическом измерении, Мир Россиии, №1. 2007.
② В. Пациорковский, Сельско-городская Россия, М.: ИСЭПН РАН. 2010, стр. 100.
③ Россия в цифрах, 2010. М.: ФСГС. 2010.

入不匹配①。2006年，农业部门的月均工资仅为社会平均工资的43%，2009年也仅达到52%。同时，城乡收入差距进一步扩大，1997年农村家庭人均可支配收入是城市的69%，2009年则仅为61%。贫困问题正在侵蚀农村的劳动力潜力和生育潜力，并已成为普遍现象。俄罗斯国家统计局的数据显示，1991年，农村家庭人均月收入水平低于最低生活保障线的家庭占7.6%，而到1999年这一比例达到了19.8%，2001年为46.5%，2003年为25.4%，2006年为24.6%，2008年为28.7%，2009年为30%。有关农村家庭调查的结果更加凸显了农村贫困问题的严重性，俄罗斯农科院农业经济科研所社会政策和农业发展监控中心的农村家庭调查资料显示，2008年，生活在贫困线之下的农村人口占41.2%②。

（三）近年来农村家庭收入水平差距日趋缩小

虽然1991～2001年，农村家庭收入水平差距呈扩大趋势，按十分法计算，收入最高家庭（占10%）与收入最低家庭（占10%）的月平均收入差距从1991年的8.8倍增加到2001年的12.3倍。但是2001年之后，这种差距开始逐渐缩小，2006年降至9.4倍，2009年更是降到7.1倍③。与此相对应，城市家庭收入水平差距却一直呈扩大趋势，2000年为13.9倍，2006年为16倍，2009年达到16.7倍④。

（四）农户经济是农民收入的重要补充，特别是在经济状况欠佳年份

农户经济，也称庭院经济，在俄罗斯的发展有两个高潮：一是1998年，农业企业、农场和农户生产的农产品比例分别为38.7%、2.1%和59.2%；二是2002年，三者生产的农产品比例分别为39.8%、3.7%和56.5%。2004年开始，农户经济产值以及其在农业总产值中所占比重出现了多年来的第一次缩减，占农业的产值降至51.5%，与此同时，农业企业和农场的产值占比分别为42.6%和5.9%。此后，这种趋势进一步持续。2007年三者比例分别为

---

① З. Калугина, О. Фадеева, Новая парадигма сельского развития, Мир России, №2. 2009.

② Л. Бондаренко, Материальное положение сельских домашних хозяйств и распространение бедности в России, Информационный обмен в сельском хозяйстве на русском языке. М.: РГАУ-МСХА им. К. Тимирязева, 2010.

③ В. Пациорковский, Сельско-городская Россия, М.: ИСЭПН РАН. 2010, стр. 212.

④ Россия в цифрах. 2010. М.: ФСГС, 2010.

44.3%、47.6%和8.1%。2009年则分别为46.4%、45.9%和7.7%。由此可见，在经济状况不好的年份，如1998年和2009年，农户经济发展状况较好（见表5-11）。在经济状况较好的年份，农户经济的重要性就会下降。1975~2005年，俄罗斯科学院经济和工业组织研究所在新西伯利亚州所做的追踪调查显示，认为必须进行私人农户经营的受访者占比为50%~70%。其中，1999~2004年，当社会经济状况较为稳定时，受访者中打算缩小农户种植规模的人数占比从5%增加到11%，打算彻底放弃的人数占比从2%增加至16%，打算扩大农户经营规模的人数占比从34%减少至26%[①]。

表5-11 农业企业、农户经济和私人农场在农业总产值中的比重

单位：%

年 份	1990	1998	2002	2004	2007	2009
农业企业	73.7	38.7	39.8	42.6	47.6	45.9
农户经济	26.3	59.2	56.5	51.5	44.3	46.4
私人农场	0	2.1	3.7	5.9	8.1	7.7

资料来源：Сельское хозяйство в России. 2000. М.：Госкомстат России，2000. Россия в цифрах. 2008. М.：ФСГС，2008. Россия в цифрах. 2008. М.：ФСГС，2010.

在工资收入水平较高的地区，如列宁格勒州和莫斯科州，农户经济的产量和销售量较低。但在工资收入水平较低的地区，如阿尔泰边疆区、克拉斯诺达尔边疆区、沃罗涅日州和库尔干州，农户迫于贫困的压力不得不靠增加自产农产品的销售来提高收入水平。

从是否经营农户经济和经营目的来看，农户可以分为三类。第一类不再经营农户经济，这主要是无劳动能力的农户，如单人家庭和老迈两口之家，在农户中占20%~25%；还有就是收入水平较高，完全有能力从市场上购买食品的农户，约占5%。第二类是为了家庭自用而经营农户经济。这类农户的收入结构中，工资收入和来自转移支付的补贴是主要收入来源，而且收入有不断增

[①] В. Артемов，О. Новохацкая，Сельская повседневность в 1970 - 2000 годах：данные к анализу，Экономическое развитие России：региональный и отраслевой аспекты：сб. науч. тр.，под ред. Е. Коломак，Л. Машкиной. Новосибирск：ИЭОПП СО РАН，2006.

加的趋势。这类农户主要居住在大型农业企业发展较好的地区，如克拉斯诺达尔边疆区和别尔哥罗德州等，这里的大型农业企业需要大量的雇工。第三类是面向市场、出售自产农产品的农户。农户经济产出的销售额在其家庭收入中约占50%，甚至更多。2006年的调查显示，这类农户占比约为1/3。农产品的销售主要面向当地市场，首先是中小型城市的市场，因此，离地区中心较近地区的农户具有较大的竞争优势。

四 住房条件不佳

俄罗斯农民的住房问题主要依靠农民自行解决。2008年，农村地区投入使用的住房中，有88.6%属于农民自建住房。农村住房老化程度较高，存量住房中，房龄最老的住房是1855年建造的，1991～2005年建造的住房仅占10%。其中莫斯科州农村地区的住房最为老旧，平均房龄为50多年。农村住房中基础设施配套较为完备的仅占34%[1]。农村住房配套设施较好的是鞑靼斯坦共和国，这里80%的被调查家庭装备了自来水管道，50%配备了下水设施。克拉斯诺亚尔斯克边疆区的情况较差，仅有16%的农村被调查家庭拥有自来水管道，10%配备下水管道[2]。

五 家庭结构趋于合理

有关专家认为，为维持人口增长，多代同堂家庭至少应当占30%～35%，如果少于20%，就会产生人口问题，而低于10%则意味着人口危机难以逆转[3]。1991～2008年，俄罗斯农村家庭结构发生可喜变化，多代同堂家庭所占比重大幅增加，从1991年的占比8.7%增长到2001年的21.6%，再增长到2008年的30.3%。在达吉斯坦共和国，多代同堂家庭占比高达45%。与此同时，单人家庭所占比重呈下降趋势，从1991年的19.6%降至2008年的7.7%（见表5-12）。

---

[1] *Н. Тихонова, А. Акатнова, Н. Седова*, Жилищная обеспеченность и жилищная политика в современной России, Социологические исследования, №1, 2007, с. 71–81.

[2] *В. Пациорковский*, Сельско-городская Россия, М.：ИСЭПН РАН. 2010, стр. 117.

[3] *В. Пациорковский*, Сельско-городская Россия, М.：ИСЭПН РАН. 2010, стр. 166.

表 5-12　1991~2008 年俄罗斯农村家庭结构

年　份	1991	1995	2001	2003	2006	2008
单人家庭	19.6	23.2	15.9	24.9	10.2	7.7
夫妇皆退休家庭	20.6	9.3	14.1	11.8	11.4	6.0
夫妇均在职家庭	10.1	8.7	5.9	5.2	6.9	10.0
夫妇与18岁以下子女家庭	23.9	28.9	21.4	16.0	21.4	28.7
夫妇与18岁以下子女和其他亲属家庭	10.6	10.0	19.6	16.8	20.2	12.3
单亲家庭（子女未满18岁）	6.5	2.6	1.5	2.1	1.1	5.0
多代同堂家庭	8.7	17.3	21.6	23.3	28.7	30.3
总　　计	100	100	100	100	100	100

资料来源：В. Пациорковский, Сельско-городская Россия, М.：ИСЭПН РАН. 2010, стр. 146.

六　社会服务水平低

因为建设力度不足，加之教育、医疗和文化设施集中化的方针，使得交通、通信不发达地区的农村居民难以享受应有的教育、医疗和其他社会服务。农村社会服务水平呈下降趋势。2008 年，1~6 岁的农村儿童中，1000 名儿童仅有 487 个幼儿园入园名额，比 2007 年减少七个。普通教育机构数量也呈减少趋势，2008 年同比减少 1700 个，降幅为 4.7%；2009 年同比减少 2100 个，降幅达 6.1%。2008 年，农村诊所的接诊数量减少了 9400 人次，急救站也减少了 80 家。目前，农村地区学前教育机构仅覆盖 41% 的农村居民（城市为 65%），农村居民的医院病床保障水平仅为城市的 37%，诊所保障水平仅为城市的 35%（按每万人计算）。在人口不足 100 人的农村居民点中，有 1/3 的居民点不仅缺少医疗服务，甚至没有移动售卖服务，其他生活服务更是完全空白。较为严峻的是，农村居民的饮用水供应状况堪忧，因技术条件所限，自来水管道的损毁率超过了更新率。农村地区的电话普及率是城市的 5/12。约 1/3 的农村居民点甚至没有与硬面公路相连。当然，边远农村地区社会服务水平下降跟改革也有较大关系。社会服务的提供者由原来的农业企业转归地方政府后，因地方政府缺乏相应的财力和物力维持现有的社会服务基础设施的运营和发展，造成农村社会服务行业日渐萧条，本来就不足的农村就业空间进一步收窄。

七 生态状况堪忧、经营方式单一

俄罗斯 1/4 的农业用地，也即 30% 的耕地经常遭受水灾或风灾。每年有五万公顷的农业用地被挪作他用，农业用地的流失规模超过农业用地的恢复规模。个别地区的养殖业农场和灌溉系统对水资源造成了一定程度的污染。农业经营方式单一状况未得到根本改变。过去一大片农村地区的发展均依赖于一个农业企业或者林业企业。在市场改革之后，虽然出现了一些私人经营者，但是这种依赖状况并未出现根本的改观。此外，因为在农村酗酒问题比较严重，不仅发展大型农业经营无望，甚至小型的农业生产都必须依靠移民，特别是在边远地区和非黑土区。

第二节 农业发展

俄罗斯幅员辽阔，农业发展拥有得天独厚的自然资源优势，近年来有了长足的进步，但是受制度创新不够、投入不足、基础设施建设落后等诸多因素影响，产业化、规模化发展程度不够，盈利水平仍有待进一步提高。

一 农业空间分布

从气候条件看，在俄罗斯最适合发展农业的地区是位于莫斯科、喀山、车里雅宾斯克和秋明以南的地区。最为肥沃的黑土区主要位于南方地区。气候条件最适宜发展农业的地区仅占俄罗斯国土面积的 14%，这里集中了 58% 的农业人口[1]。俄罗斯 26% 的农业产值来自非黑土区，25% 来自乌拉尔、西伯利亚和远东。与其他位于北方地区的国家不同，俄罗斯曾一度向北方和东部等自然条件较为严酷的新开发地区移民，这些地区的周边也自然形成了本地的农业生产区[2]。

---

[1] Т. Нефедова, Увидеть Россию, Отечественные записки, №5. 2006.
[2] Т. Нефедова, Перспективы регионального развития сельского хозяйства и сельской местности, А. Шкирина, В. Шувалов, Социально-экономическая география традиции и современность, 2009. М.: Смоленск: Ойкумена.

（一）主要农业区

俄罗斯的农业区主要分为四类。

1. 自然条件和人口状况较好、农业开发程度和专业化程度高的农业区

这类农业区占了俄罗斯国土面积的18%，集中了64%的农业人口和农业产出，是俄罗斯主要的农业区。1990~2008年，该类农业区的产出在农业总产出中所占的比例以及其农业人口在农业总人口中所占的比例均在增加。基于发展情况的差异，该类地区可以分为四个板块。

第一板块为农业集约化程度较高、农业人口相对密集的地区。主要包括中央黑土区及北高加索的平原地带，占俄罗斯国土面积的2.4%，创造全俄近1/4的农业产值。农业开发程度较高，农业用地所占比例达到70%~80%，对移民具有一定的吸引力；农业产出水平较高，谷物收成达20~40公担/公顷，奶牛年均产奶量为3~5吨。农工综合体发展主要依托适宜的自然条件、高质量的劳动力资源和较高的投资回报率。地区经济发展和就业问题与大型农业企业息息相关，农场和私人农户经营也得到长足发展。谷物和向日葵的良好收成吸引了大量投资者，许多大型农业控股公司在此经营。当然，目前这些地区的经济社会发展还受到一些因素的制约：一是土地产权关系界定不明晰；二是畜牧业在农业中所占比重下降；三是因农业经营方式单一，失业率增加；四是在谷物和向日葵播种比例增加的状况下，农业用地的环保标准欠佳；五是存在一定程度的民族间冲突。

第二板块是农业集约化程度较高，但是农业人口相对较少的地区。主要包括伏尔加河南部地区、乌拉尔和西西伯利亚地区，占俄罗斯国土面积的7%。主要从事谷物专业化生产，拥有对农业发展相对有利的人口结构（尽管人口密度仅为7人/平方公里）和大量的土地资源。当前存在的主要问题是农业产业结构单一，基础设施发展不足，收入水平严重依赖谷物收成，养殖业不足，农产品销售渠道不畅。

第三板块是农业集约化程度较高，仍保持传统农业经营模式的地区。主要包括伏尔加河地区和前乌拉尔地区[①]的几个共和国，占俄罗斯国土面积的2%，

---

① 指乌拉尔山西坡的部分地区，包括彼尔姆边疆区、巴什科尔托斯坦共和国、乌德穆尔特共和国和奥伦堡州。

创造全俄13%的农业产值。这里仍然保持传统的农业经营模式，吸纳了大批外来人口，从地区财政获得了大量的援助资金，农业企业经营状况较好。存在的主要问题是社会服务基础设施和市场基础设施发展不足。

第四板块是主要沿袭传统农业生产模式的地区，包括北高加索和西伯利亚各共和国，这里因人口状况较好，传统农业发展较为强劲。农业在北高加索各共和国和卡尔梅克共和国的经济中举足轻重，农业产值占到地区生产总值的20%左右。相比北高加索地区，农业在西伯利亚经济中的地位相对逊色，在地区生产总值中所占比重为4%~16%。

2. 大城市周边农业区

该类地区经济发展水平和社会服务程度较高，劳动力潜力较大，基础设施较为完备，具有较强的投资吸引力。除莫斯科市和圣彼得堡周边的农业区之外，其他大城市集聚区周边的农业区占整个地区面积不足5%。大城市周边农业区因人口密度较高，服务业基础设施较为发达，资本充足，拥有大量的别墅，住房建设推进速度较快，农业企业的生产收益较高。20世纪90年代，在国家对农业补贴下降的情况下，这些地区凭借良好的经济社会发展潜力，较好地克服了危机，强化了农业生产地位。仅占俄罗斯国土面积0.8%的莫斯科州和列宁格勒州生产全俄5%的农产品。大城市周边农业区的发展优势主要体现在以下几个方面：一是具有强劲吸纳外来移民的能力；二是可以利用邻近城市的基础设施，多余劳动力亦可在邻近城市工作；三是城市中的食品企业对周边农业发展的参与程度较高。该类农业区存在的主要问题包括：因地价的上涨导致相关的土地纷争不断；自然农业景观遭到破坏以及环境的污染等因素有可能把成功的农业企业挤走。

3. 农业发展受人口制约地区和经济社会发展萧条地区

该类地区占俄罗斯国土面积的19%，主要特征是大部分农业产区萎缩，城市周边地区与远离城市地区的发展差距较大，农业人口和农业产出约占全俄的25%，而且所占比重进一步缩小的趋势明显。该类地区主要由三个板块组成。

第一板块包括俄罗斯欧洲部分非黑土区的大部分州（莫斯科州和列宁格勒州除外）。因人口持续流失，除城市周边之外，大部分地区人口密度为2~5

人/平方公里。社会服务条件差，农业企业危机重重。除了郊区之外，农业人口的主要收入来源是私人农户经营收入和进城打工收入。同时，还存在人口老龄化、年轻人流失、酗酒成风、社会环境恶化、社会服务基础设施不足、农业企业财力不足、劳动生产率低、农产品生产成本高、耕地和村庄遭到废弃等严重的社会经济问题。这些地区主要的经济增长点是外来移民建立的农场，但是因社会环境差，很多外来农场主最终还是选择离开。这些地区未来发展取决于城市周边地区的农业发展以及尚有劳动力潜力的边远地区的农业产业多元化。

第二板块是沿非黑土区南部边界的地区和加里宁格勒州。这里农业人口密度较高，约为 11 人/平方公里，社会问题不太尖锐，但是边远地区存在社会经济萧条问题，特别是存在高素质人口匮乏、农业企业分布不均衡、社会服务设施发展不足、年轻人流失以及人口老化等问题。该区域的发展前景取决于农业企业地位的恢复和农户经济的发展。

第三板块包括乌拉尔、西伯利亚南部的部分地区和远东。人口状况和自然条件均不佳，人口密度平均为 2 人/平方公里。存在的主要问题是人口流失造成劳动力资源不足、交通不发达以及社会服务基础设施发展不足等。这些地区必须实现农业、林业和采矿业的综合发展。

4. 农业发展受自然条件限制和开发严重不足地区

该类地区主要涵盖了东部和北方地区，占俄罗斯国土面积的 62%，拥有全俄农业人口的 6%，农业贡献微不足道，主要依靠采矿业的收入，其采矿业的收入创造了全俄 1/5 的 GDP。该类地区主要包括两个板块。

第一板块是采矿业和林业占优势、属于初期开发的地区。如俄罗斯欧洲部分的北方地区、汉特-曼西自治区、秋明州、伊尔库茨克州和远东地区。农业地区主要分布的是一些专门从事林业采伐和林业加工的村庄。产油区和木材出口地区的收入水平较高。20 世纪 90 年代经济危机时期，大部分森工类的中型企业倒闭，从事森林加工的地区减少。2000 年之后，状况有所改观。城市周边有一些地区专门生产当地所需的农业品，财政给予大量的补贴。远东南部地区专门生产稻米、蔬菜和大豆。农业发展面临的主要问题是森工企业和农业企业遭遇发展危机，失业和人口流失严重。

第二板块是人口稀少的北方地区，即北极地区。这里占俄罗斯国土面积的44%，仅有2%的农业人口，人口密度为0.08人/平方公里。转轨之前，很多人忍受严酷的气候选择在这里生活，主要是看中了这里的高工资，打算有一些积蓄后搬离。但是20世纪90年代以后，高工资的诱惑不再存在，居民纷纷迁走，只有油气产区还留下一些人口。这里的农业①主要是北方少数民族原居民从事的传统狩猎业。传统的驯鹿放养、狩猎是这片广袤土地上少数民族原居民的生存基础。苏联时期的驯鹿放牧集体农庄解散后，驯鹿转归私人所有，但是因驯鹿放牧无利可图，鹿群急遽减少。农业地区发展存在的主要问题是社会服务基础设施不发达、人口流失以及采矿企业造成的环境污染。

（二）农业空间发展态势

自转轨以来，俄罗斯农业空间呈现以下发展趋势。一是农业地区专业化分工得到强化。谷物生产和劳动密集型农产品的生产，如亚麻的生产，向非黑土区的西伯利亚南部地区转移，欧洲部分南方地区的谷物生产所占比重增加。二是郊区在农业生产中的作用彰显，特别是在非黑土区和东部地区。全俄牛奶产量的一半以及肉类的70%出自约15%的地区行政中心城市集聚区。仅非黑土区的几个城市郊区就生产了全俄1/3的牛奶和肉类②。郊区农业发展绝非出于专业化分工的优势，而主要是依托城市人口、基础设施和郊区的投资吸引力优势。这一点从城市郊区和远离城市的地区的农业产值的比较上可见一斑，非黑土区各州郊区的谷物收成多年来都是远离城市地区的两三倍③，郊区农场的产奶量也比远离城市的地区高得多。三是民族差别对农业组织形式和生产效果的影响更加明显。非俄罗斯族农业区具有劳动力潜在优势，农业发展状况较好。四是部分地区农业衰落。俄罗斯欧洲部分的东北部地区和西伯利亚的大部分地区因受气候条件的制约，种植业在20世纪90年代之前就开始衰落。20世纪90年代之后，因国家不再给予补贴，这里的农业更是一落千丈。西北地区因为大城市，特别是莫斯科市和圣彼得堡吸走了大量的农业劳动力，其农业发展也受到不同程度的影响。

---

① 俄罗斯国家统计局把畜牧、狩猎等列入农业大类。
② Города и районы Костромской области, Кострома: Костромастат, 2005.
③ Т. Нефедова, Сельская Россия на перепутье, Новое издательство, 2003.

具体到联邦主体层面，目前在保障俄罗斯国家粮食安全方面起主要作用的联邦主体是：克拉斯诺达尔边疆区、阿尔泰边疆区、斯塔夫罗波尔边疆区、巴什科尔托斯坦共和国、鞑靼斯坦共和国、罗斯托夫州、莫斯科州、萨拉托夫州、伏尔加格勒州、新西伯利亚州、沃罗涅日州和鄂木斯克州。

二 农业用地

俄罗斯农业发展拥有良好的土地优势，但由于制度等因素的制约，出现了耕地流失严重的现象。具体来说，俄罗斯农业用地情况如下。

（一）农业用地较为丰富

在俄罗斯1700万平方公里的国土面积中，有四亿公顷土地属于农业用地，占国土面积的23.6%（见表5-13）。俄罗斯有43个联邦主体的农业用地占比超过30%。其中农业用地占比超过60%的联邦主体有：斯塔夫罗波尔边疆区（84.1%）、罗斯托夫州（80%）、萨拉托夫州（79.8%）、奥廖尔州（77.3%）、利佩茨克州（75.2%）、沃罗涅日州（74.7%）、伏尔加格勒州（73.4%）、奔萨州（73.4%）、坦波夫州（73.1%）、别尔哥罗德州（67.6%）、萨马拉州（66.7%）、图拉州（65.1%）、鞑靼斯坦共和国（64.5%）、达吉斯坦共和国（62.9%）、车臣共和国（62.7%）、阿尔泰边疆区（62.2%）。农业用地占比超过40%的联邦主体有：摩尔多瓦共和国（59.5%）、卡尔梅克共和国（58.7%）、梁赞州（58.0%）、乌里扬诺夫斯克州（56.3%）、克拉斯诺达尔边疆区（56.0%）、库尔干州（52.8%）、车里雅宾斯克州（52.7%）、卡巴尔达-巴尔卡尔共和国（51.1%）、楚瓦什共和国（51.0%）、布良斯克州（49.6%）、巴什科尔托斯坦共和国（47.7%）、加里宁格勒州（46.5%）、鄂木斯克州（44.1%）、新西伯利亚州（43.0%）、乌德穆尔特共和国（40.8%）、阿斯特拉罕州（40.7%）、北奥塞梯-阿兰共和国（40.6%）、卡拉恰耶夫-切尔克斯共和国（40.1%）、阿迪格共和国（40.0%）。农业用地占比超过30%的联邦主体有：卡卢加州（38.9%）、印古什共和国（38.4%）、下诺夫哥罗德州（35.5%）、斯摩棱斯克州（34.4%）、伊万诺沃州（34.0%）、莫斯科州（31.7%）、马里-埃尔共和国（30.8%）。

表5-13　2007年俄联邦土地结构

土地类型	林地	农用地	水源占地	储备土地	居民用地	工业及其他用途用地	特殊保护地区占地
占比(%)	64.6	23.6	1.6	6.1	1.1	1.0	2.0
面积(万公顷)	110500	40320	2790	10340	1920	1670	3440

资料来源：Государственный（национальный）доклад о состоянии и использовании земель Российской Федерации в 2007 году. М.：ФАКОН, 2008.

（二）农业用地流失严重

俄罗斯农业用地减少开始于20世纪80年代，从全俄来看，1990年与1980年相比，农业用地减少了5.7%。20世纪90年代以后，农业用地减少幅度更是惊人，2002年与1990年相比减少27.4%。进入21世纪以来，农业用地面积继续减少，2008年仅为2002年的89%。其中，农业用地流失最严重的地区是欧洲北方地区、非黑土区、西伯利亚和远东地区（见表5-14）。苏联解体之初，俄罗斯拥有耕地2.2亿公顷，占国土面积的12.9%，可耕地面积1.3亿公顷，人均可耕面积0.84公顷。苏联解体之后的多年，由于农民和农场主觉得从事农业生产无利可图，从而造成了耕地大面积撂荒。截至2008年1月1日，俄罗斯共有耕地约1.9亿公顷。到2010年实际播种的土地仅有0.752亿公顷，与1990年相比减少了0.42亿公顷。其中16个联邦区主体，如伊万诺沃州、卡卢加州、科斯特罗马州、斯摩棱斯克州、特维尔州、诺夫哥罗德州、普斯科夫州、基洛夫州等，其耕地流失了60%~70%[1]。

表5-14　1960~2007年俄罗斯各地区农业用地减少情况（%）

地区＼年份	1980/1960	1990/1980	2002/1990	2008/2002
全俄	103.4	94.3	72.6	89.0
欧洲北方地区	104.4	108.3	75.0	64.7
非黑土区(不包括莫斯科州和列宁格勒州)	105.2	94.6	68.8	76.0

---

[1] Г. Павлова, Брошенные сельскохозяйственные земли—угроза безопасности, Экономист, №4, 2012.

续表

地区＼年份	1980/1960	1990/1980	2002/1990	2008/2002
莫斯科州和列宁格勒州	105.2	101.0	82.2	72.1
南方（黑土区中心地带和北高加索）	102.2	98.6	77.1	102.8
伏尔加地区、南乌拉尔地区	104.5	91.9	73.5	94.8
西伯利亚和远东南部地区	100.2	96.8	69.3	89.1
西伯利亚和远东北部地区	114.1	64.8	76.9	84.0

资料来源：Т. Нефедова, Перспективы регионального развития сельского хозяйства и сельской местности, А. Шкирина, В. Шувалов, Социально-экономическая география традиции и современность, 2009. М.：Смоленск：Ойкумена.

（三）土地产权改革取得一定成果，但相关制度尚需进一步完善

在土地所有权改革方面，自1993年的俄罗斯宪法对土地私人所有权给予了制度性确认之后，俄罗斯开始实行大规模的土地私有化改革。2001年通过的《土地法典》和2002年公布的《农用土地流通法》又取消了对土地流通的一些限制。到2008年初，私人所有的耕地为1.26亿公顷，占俄罗斯现有耕地的66.1%。个体农户经营的耕地4150万公顷，占比达到21.7%；私人农场经营的耕地有2050万公顷，占比为10.7%；公司和联合体经营的耕地为1.132亿公顷，占59.4%。个体农户中，用自有土地进行经营的占到40%，私人农场中，用自有耕地经营的占到32.2%，各类公司使用的耕地中只有3.7%属于公司所有（见表5-15），还有79%属于原集体农庄社员在集体农庄解散后所获得的"份地"①。

---

① 根据1991年12月27日俄联邦第323号总统令和1991年12月29日第86号政府令，俄罗斯集体农庄社员、国有农场和农业企业的职工，以分得"份地"的形式，在企业的私有化改造中享有对土地的所有权。从某种意义上说，农民得到的并不是土地，而是对公共所有耕地的权利份额，而耕地仍然是由农业生产单位来管理。分得"份地"的公民，须交纳微薄的土地税，之后从政府的不动产登记机构得到土地所有权证明。根据1996年3月7日俄联邦第337号总统令，"份地"所有者根据自身情况有如下权利：作为遗产转移；赠送；将"份地"卖给其他农村企业的合伙人或者从事农业生产企业的法人代表；将"份地"卖给地方自治机构政府；用"份地"来入股，使之成为土地股份或财产股份；在协商租金和终身生活费的基础上转让土地股份；使"份地"成为合法的股份公司、合伙公司的资本或者农业合作基金的股份。

表 5-15　截至 2008 年 1 月 1 日俄罗斯的耕地归属状况

单位：万公顷

	总面积	其中私有耕地	属于使用者所有的耕地		
			面积	在总面积中占比(%)	在私有耕地中占比(%)
个体农户	4150	1720	1660	40	96.5
私人农场	2050	1270	660	32.2	52
各类公司、联合体	11320	9410	420	3.7	4.5
国家机构	1070	70	—	0	0
其他机构	460	140	20	4.3	14.3
总　计	19050	12610	2760	14.5	21.9

资料来源：Роснедвижимость。

当前，俄罗斯农用土地改革已取得了一些积极效果。有关专家对斯塔夫罗波尔边疆区、克拉斯诺亚尔斯克边疆区和罗斯托夫州农用土地的流转状况的评估显示：农业生产者已经对市场信号有所反应，土地盈利状况好时，他们会积极买入或者租赁土地，而盈利状况下降时，则减少农用土地的使用[①]。

但是，当前俄罗斯的农用土地制度依旧存在一系列问题：一是土地流通交易成本高，使得很多农业生产企业通常会在没有办理任何法律手续的条件下使用土地。在使用的土地没有所有权转移和使用者变更之虞的情况下，农业生产企业通常不会办理相关的法律手续。二是对土地购买者实际上没有做出限制，造成大量土地集中到个别人手中，即土地从最初的所有者和使用者大量流入能够承担土地交易成本的人手中，从而形成大土地所有者，这些大土地所有者将来可能左右农业生产企业、建筑商乃至国家的土地使用成本。三是因缺乏制约，大量农业用地或明或暗地作为其他用途使用，从而加剧了农业用地的流失，同时，低价购入农用土地再以建筑用地高价售出，这种巨额收入可能成为滋生腐败的温床。四是真正的农用土地市场亟待建立，当前所谓的"官方"农用土地市场价格，已不再是一般公民和农用生产企业买卖农用土地的指示器，更不能作为土地抵押、地籍价格和缴纳土地税的依据。五是农业用地产权

---

① Н. Шагайда, Оборот сельскохозяйственных земель в России: трансформация институтов и практика, М.: Институт Гайдара, 2010.

不明晰，所有者地位尚未明确的问题依旧存在。相关调查显示：2006年，全俄宅旁园地进行产权登记的仅占45.2%，其中鞑靼斯坦共和国和库尔干州情况较好，占61%，克拉斯诺达尔边疆区和沃罗涅日州仅为36%和22%。全俄"份地"中，实际办理了产权手续并被所有者实际掌控的土地仅占1.2%（见表5-16）。主要原因是农用土地制度与农业用地状况不匹配，土地流转制度改革主要体现的是部门和个别人的意志，公众对农用土地流转制度的兴趣尚未建立起来。

表5-16 2006年俄罗斯各地区农业用地的产权登记情况

单位：%

地 区	宅旁园地 已办理产权手续	宅旁园地 仍未办理产权手续	份 地 所有者实际掌控	份 地 托管	份 地 未采取措施或悬而未决
鞑靼斯坦共和国	61.0	39.0	—	85.0	15.0
阿尔泰边疆区	57.0	43.0	—	7.0	93.0
克拉斯诺达尔边疆区	36.0	64.0	4.0	68.0	28.0
克拉斯诺亚尔斯克边疆区	37.0	63.0	3.0	10.0	87.0
阿穆尔州	37.0	63.0	1.0	—	99.0
沃罗涅日州	22.0	78.0	—	—	100.0
库尔干州	61.0	39.0	—	33.0	67.0
列宁格勒州	46.0	54.0	3.0	—	97.0
莫斯科州	50.0	50.0	—	17.0	83.0
平 均	45.2	54.8	1.2	75.4	24.4

资料来源：В. Пациорковский, Сельско-городская Россия, М.：ИСЭПН РАН. 2010, стр. 106.

三 农业发展

近年来，俄罗斯农业虽然有了较快的发展，其世界主要粮食出口国的地位正在逐步恢复，但规模化程度较低、产出率不高、盈利水平偏低、投入不足、基础设施不够完善、保险体系不健全等问题依然存在。

（一）2000年以来，农业产出增长态势良好

在经历了20世纪90年代生产下滑之后，2000年以来，俄罗斯农业产出

呈现良好的增长态势。虽然畜产品产量仍低于1986~1990年的平均水平，但主要作物的产量已经基本恢复到1986~1990年的平均水平。除2010年因干旱造成种植业产品大幅减产之外，其他年份的蔬菜和向日葵产量都超过了1986~1990年的平均水平。2008年，俄罗斯粮食大丰收，产量达1.082亿吨，首次超过了1986~1990年1.043亿吨的平均水平（见表5-17）。与此同时，养殖业产量却不尽如人意。到2010年，仅有鸡蛋的产量接近1986~1990年的平均水平，禽畜肉类产品和牛奶的产量仅分别相当于1986~1990年平均水平的68.8%和58.8%（见表5-18）。

表5-17 俄罗斯主要种植业产品产量

单位：万吨

年份	1986~1990	1991~1995	1996~2000	2005	2008	2009	2010
粮食	10430	8790	6520	7820	10820	9700	6090
土豆	3590	3680	3450	3730	2890	3110	2113
蔬菜	1120	1020	1140	1520	1300	1340	1215
向日葵	310	310	330	640	730	640	534
甜菜	3320	2170	1400	2140	2900	2480	2224

资料来源：根据俄罗斯国家统计局历年数据整理。

表5-18 俄罗斯主要养殖业产品产量

单位：万吨

年份	1986~1990	1991~1995	1996~2000	2005	2008	2009	2010
畜禽肉类毛重	970	750	470	490	596	635	668
牛奶	5420	4540	3360	3110	3240	3260	3190
鸡蛋（亿个）	479	403	328	371	378	394	406

资料来源：根据俄罗斯国家统计局历年数据整理。

（二）世界主要粮食出口国的地位逐渐得以恢复[1]

2002年，受国内粮食价格和国际市场粮价巨大反差的刺激，俄罗斯粮食

---

[1] 针对19世纪末而言，当时俄罗斯的粮食出口到欧洲大部分地区，是阿根廷、美国等产粮大国强有力的竞争对手。

出口激增，其世界主要粮食出口国的地位逐渐得以恢复。2009年，俄罗斯出口小麦和混合麦（小麦和黑麦的混合）1671万吨①，占当年全球小麦出口总量的约13%，成为排在美国、加拿大之后的第三大小麦出口国。2010年因受干旱和出口禁令的影响，小麦和混合麦出口同比下降29.4%，但仍然达到1180万吨。

（三）农业企业私有化程度较高，但经营规模效应不明显

目前，俄罗斯农业企业中，95%以上是私人企业，其中37.8%为有限责任公司，35.4%是农业经营联合体。2008年，农业企业的产量占农业总产量的43.3%，远远低于1990年73.4%的水平。与此同时，个体农户经济和私人农场经济发展良好，其2008年的产量分别占到农业总产量的49.6%和7%（1990年分别为0%和26.6%）（见表5-19）。2008~2010年，这种发展趋势依然存在。2009年，个体农户和家庭农场的产量仍然占到农产品总产量的50%以上，其中肉和奶占比超过50%，土豆占比81%，蔬菜占比78%；2010年，绵羊和山羊存栏数的51.4%、大牲畜存栏数的46.8%以及生猪存栏数的32.7%仍为个体农户所有，84%的土豆也产自个体农户②。2004~2006年，仅有21%的大中型农业企业加盟控股公司，其中加入私人控股公司的企业占大中型农业企业的6.5%，农业控股公司的产值占大中型农业企业产值的26.5%③。由此可见，俄罗斯农业处于个体农户和私人农场经营占据半壁江山的状况。现实中，个体农户和私人农场因实力所限，大多存在融资困难的问题。有关资料显示，个体农户和私人农场申请银行贷款的程序复杂，一般需要约一个月时间，而且申请贷款的私人农场中，仅有1/3能够获得贷款，个体农户则仅有15%的申请者能如愿以偿。小规模经营的困扰使得个体农户和私人农场在经营中难以形成标准化生产，产品品质不能实现均质化，很难与加工企业达成大批次供货合同，因而难以实现规模经济效益。

---

① 俄罗斯国家统计局数据。
② Российская экономика в 2010 году: тенденции и перспективы (выпуск 32), Издательство Института Гайдара, Москва, 2011г., http://www.iep.ru/ru/rossiiskaya-ekonomika-v-2010-godu-tendencii-i-perspektiv-vypusk-32.html.
③ В. Узун, Рейтинги крупных и средних сельскохозяйственных организаций в России за 2004 - 2006 г. М. ВИАПИ им. А. А. Никонова, 2007.

表 5-19　俄罗斯农业经营组织结构

年　份	1990 数量(万)	1990 产量占比(%)	2000 数量(万)	2000 产量占比(%)	2008 数量(万)	2008 产量占比(%)
农业企业	2.94	73.4	2.76	43.4	2.4	43.4
私人农场	0.44	0	26.17	3	26.5	7
个体农户	1.63	26.6	1.6	53.6	2.27	49.6

资料来源：Сельское хозяйство России. Агропромышленный комплекс России, МСХ РФ. Российский статистический ежегодник.

(四) 农业产出率有所提高，但与发达国家差距较大

2000 年之后，俄罗斯农业产出率有了较大提高。2007 年俄罗斯奶牛年均产奶量和蛋鸡年均产蛋量分别为 3.91 吨和 301 个，分别是 1990 年的 1.4 倍和 1.28 倍。但是应当看到的是，羊毛的出毛量却大幅下降，2007 年每只羊的年均出毛量仅是 1990 年的 69.2%（见表 5-20）。与发达国家相比，俄罗斯的农业产出水平差距较大。以奶牛年均产奶量为例，2006 年，加拿大的产量是 7.6 吨、美国是 9.1 吨、墨西哥为 6.4 吨、芬兰为 7.5 吨、德国是 6.4 吨，而俄罗斯仅为 3.6 吨[①]。此外，目前俄罗斯粮食平均亩产约为 200 多公斤，只及美国粮食平均亩产的 1/3。

表 5-20　俄罗斯养殖业产出水平

年　份	1990	2000	2001	2002	2003	2004	2005	2006	2007	2007/1990
奶牛年均产奶量(公斤/头)	2731	2343	2553	2808	2979	3065	3280	3564	3758	137.6%
蛋鸡年均产蛋量(个/只)	236	264	273	279	285	292	301	302	301	127.5%
羊年均出毛量(公斤/只)	3.9	3.2	3.1	3.1	3.2	3.1	2.8	2.7	2.7	69.2%

资料来源：Агропромышленный комплекс России в 2007 г. МСХ РФ.

(五) 农业企业财务状况普遍欠佳，盈利水平偏低

俄罗斯农业企业的财务风险系数低于全俄企业平均水平和公认的安全标准。如 2010 年俄罗斯农业企业的流动比率为 169.1%（全俄企业平均流动比

---

① http://statinfo.biz/Geomap.aspx? region = world&act = 6243&lang = 1.

率为 178.8%，标准指标是 200%），流动资金/流动资产为 -36%（全俄平均数据为 -17.9%，标准指标为 10%）[1]。同时，农业企业盈利水平也较低，而且盈利大多靠国家补贴支撑。如 2004～2005 年，国家补贴保障了农业企业约 5% 的盈利，2006～2008 年则增至 7%～9%（见表 5-21）。农业企业中无法按期偿还贷款的企业占比一直居高不下。2008 年是农业丰收年，但是，有逾期债务的企业占比仍高达 51.9%。2010 年则仅有 68.2% 的农业企业盈利，亏损企业占约 1/3[2]。

表 5-21 2004～2008 年俄罗斯农业企业财务状况

年 份	2004	2005	2006	2007	2008
盈利水平（补贴后）(%)	10.5	7.8	9.9	17.2	7.2
盈利水平（未补贴）(%)	5.3	2.1	2.6	8.1	-2
有逾期债务企业占比（%）	87.8	77	69.9	61.1	51.9
应收账款/销售收入（%）	89.6	89.1	105.8	112.7	—

资料来源：根据俄罗斯农业部数据整理。

（六）农业投入不足，吸引外资乏力

从国际比较看，2000～2003 年，俄罗斯农业在每公顷土地上的投入仅为 10 美元，而同期日本的投入为 473 美元、美国为 324 美元、欧盟为 298 美元。俄罗斯的农业投入仅为日本的 2.1%、美国的 3%、欧盟的 3.3%[3]。在预算对农业的投入方面，俄罗斯也与发达国家存在较大差距。2008 年，美国对农业的预算投入为 929 亿美元，2010 年达 1342 亿美元，俄罗斯同期的数据分别为 50 亿美元和 35 亿美元，仅占美国的 1/40。德国对每公顷土

---

[1] Российская экономика в 2010 году: тенденции и перспективы (выпуск 32), Издательство Института Гайдара, Москва, 2011г., http://www.iep.ru/ru/rossiiskaya-ekonomika-v-2010-godu-tendencii-i-perspektivy-vypusk-32.html.

[2] Российская экономика в 2010 году: тенденции и перспективы (выпуск 32), Издательство Института Гайдара, Москва, 2011г., http://www.iep.ru/ru/rossiiskaya-ekonomika-v-2010-godu-tendencii-i-perspektivy-vypusk-32.html.

[3] А. Хагуров, Некоторые мотодологические аспекты исследования российского села, Социалогические исследования, №2, 2009.

地的国家支持额折合成卢布为 1.33 万卢布,而俄罗斯则不足 600 卢布[1]。

从历年俄罗斯对农业技术装备的投入情况看,虽然大多数年份增幅较高,但也存在个别种类农机的更新速度低于老化速度的状况(见表 5-22)。截至 2009 年 2 月,俄罗斯共有 52.15 万台拖拉机、16.1 万台耕犁、19.6 万台中耕机、223.6 万台播种机[2]。按种植业实际播种面积计算,平均 149 公顷土地拥有一台拖拉机,483 公顷土地拥有一台耕犁,395 公顷土地拥有一台中耕机,35 公顷土地拥有一台播种机[3],俄罗斯农业机械不足的情况可见一斑,如果按可耕地面积计算,则更显缺乏。

表 5-22 俄罗斯历年新增的农业技术装备情况

单位:万个

年份	1990	1995	2000	2001	2002	2003	2004	2005	2006	2007	2008
拖拉机	21.4	2.12	1.92	1.42	0.92	0.81	0.84	0.96	1.1	1.34	1.09
拖拉机引耕犁	8.57	0.4	0.28	0.31	0.23	0.1	0.13	0.24	0.11	0.17	0.28
播种机	5.11	0.16	0.52	0.64	0.53	0.42	0.57	0.65	0.52	0.73	0.89
拖拉机引中耕机	10.1	0.2	0.47	0.56	0.66	0.62	0.83	0.88	0.66	0.82	0.95
康拜因	6.57	0.62	0.52	0.91	0.75	0.54	0.815	0.75	0.69	0.72	0.81
化肥(万吨)	1600	960	1220	1300	1360	1410	1580	1660	1620	1730	1630

数据来源:根据俄罗斯国家统计局数据整理。

俄罗斯农业吸引外资状况不容乐观。农用地对外资的限购和投资环境等问题是阻碍外资进入俄罗斯农业的主要原因。2002 年,俄罗斯通过的《农用土地流通法》规定,外国公民、外国法人和无国籍者参股 50% 以上

---

[1] Г. Павлова, Брошенные сельскохозяйственные земли-угроза безопасности, Экономист, №4, 2012.
[2] Российская экономика в 2008 году: тенденции и перспективы (выпуск 30), Издательство Института экономики переходного периода, Москва, 2009г., http://www.iet.ru/.
[3] 根据俄农业部数据(2010 年俄罗斯种植业实际耕种面积约为 7790 万公顷)计算所得。

的法人不得购买俄罗斯农用土地或"份地",只能租用,租期最长可达49年。

(七) 食品流通、加工领域的垄断现象和工农业产品价格的"剪刀差"等挤压了农业的利润空间

俄罗斯粮食流通和食品加工中存在严重的垄断现象,大型销售网络控制了全国15%以上、大城市50%以上的食品销售市场。在交易过程中,大型商业组织对分类和包装要求较高,使农产品在运输、仓储方面的费用提高了两倍。而且大型商业组织多进行压价收购,同时提高销售价格,当农产品从生产者到消费者手中时,价格提高了一倍。在加工领域,垄断现象也比比皆是。如六家大型奶品公司控制了全俄60%奶制品的生产[1],六家制糖企业控制了60%以上的市场份额[2],十家大型企业生产了全俄1/4的猪肉和一半以上的禽肉[3]。与农业企业相比,农业生产资料的生产厂家处于强势地位,如俄罗斯农机控股公司生产全俄80%的康拜因,在国内市场的占有率达到65%。自2008年以来,柴油、化肥、电力价格迅速提高,使得农业企业的利润被大幅挤压,国家对农业的补贴也大多被抵消。

(八) 农业发展受基础设施瓶颈制约

俄罗斯仓储、码头、运输等基础设施不足,存粮难、运粮难等问题成为制约粮食生产的重大瓶颈。俄罗斯火车车皮不足问题尤为严重,2008年的缺口为2033个,预计2013年的缺口将达20466个,占需求的35.9%[4]。基础设施不足使俄罗斯粮食出口的竞争力受到一定影响。如俄罗斯粮食主要通过南部的新罗西斯克港出口,但是这里距离主要粮食产区——西伯利亚和阿尔泰较远,高昂的运输成本降低了俄罗斯粮食的国际竞争力。

(九) 养殖业生产不足造成肉类产品的进口依赖程度依旧偏高

一般认为,一国对进口食品依赖程度的安全警戒线是20%。从2007年的数据看,俄罗斯的土豆、蔬菜、奶和奶制品、蛋等食品的进口依赖程度均

---

[1] http://marketing.unipack.ru/352/.
[2] 农业市场行情研究所(ИКАР)数据。
[3] 农产品营销研究所(ИАМ)数据。
[4] ЗАО РусАгроТранс 数据。

在安全标准值范围之内，仅有肉和肉类制品的进口依赖程度较高，达 35.6%（见表 5-23）。近两年来，禽肉产品产量有一定提高，但受国内生产成本等因素影响，其他畜产品生产依然不足。2010 年，俄罗斯肉和肉类制品的进口依赖度为 20.6%，其中进口依赖较高的是牛肉，占俄罗斯牛肉消费的 26.7%（与 2009 年持平），猪肉为 20%（2009 年为 23%），鸡肉为 17%（2009 年为 27%）。

表 5-23 2007 年俄罗斯食品进出口情况

单位：万吨

产品	土豆	蔬菜和瓜类	肉和肉类制品	奶和奶制品	蛋（亿个）
进口	33.4	239.1	317.7	713.4	8.56
消费	3553.2	1780.1	874.5	3864.7	383.6
出口	13.2	71.5	6.6	59	3.98
净进口	20.2	167.6	311.1	654.4	4.58
净进口/消费量（%）	0.6	9.4	35.6	16.9	1.2

资料来源：根据俄罗斯国家统计局数据计算。

（十）农业保险体系尚不完备

2010 年，俄罗斯实际播种的农田中，只有 13% 投保。保险的低覆盖率说明，俄罗斯农业生产尚缺乏系统性的保险体系。究其原因，一是有国家支持的保险仅覆盖到种植业，还未覆盖到养殖业，更谈不上对农业生产者的财产保险；二是一些保险公司的经营不善使俄罗斯的一些联邦主体，如阿尔泰边疆区完全没有农田保险；三是再保险体系的缺失使一些地区的风险集聚，不仅制约了农业保险体系的发展，同时也抑制了农业支持政策的实施；四是农业企业和农场没有能力如数按期缴纳保险费。

第三节 农村地区和农业发展政策

俄罗斯联邦政府和各地区政府已充分认识到农村地区和农业发展对确保国家粮食安全、推动经济社会发展的重要性，正在积极制定和实施一系列战略构想和规划，并且在战略构想和规划的指引下，采取了诸多促进农村地区和农业发展的政策措施。

一 俄罗斯农村地区与农业发展战略与构想

俄罗斯促进农村地区和农业发展的战略思路主要体现在《2020年前农村地区稳定发展构想》《2020年前农业用地和用于农业发展的非农用地的国家监控和建立相关土地的国家信息资源构想》《俄联邦粮食安全学说》《2020年前俄联邦国家安全战略》《2020年前俄联邦经济社会发展战略构想》等一系列文件之中。

（一）《2020年前农村地区稳定发展构想》（以下简称《构想》）

该文件2010年11月由第2136号俄联邦政府令批准实施。《构想》认为，制约农村地区发展的有四个主要因素。一是对农村地区的多头管理。农村社会经济发展的管理部门涉及多个层次，既有联邦级、地区级和地方级机构，又有其他农业管理部门，在多头管理下，很难形成完整的战略和有效的农业规划实现机制。二是农村居民在获取生活保障资源上受到制约，同时利用效率低下。三是农村地区公民社会机制发展不足，特别是地方自我管理机制不足。四是保障农村地区稳定发展的科技、统计和人才不足。

因此，《构想》设定的农村地区发展目标为：创造条件使农村发挥生产和其他的社会职能，实现地区发展任务；促进农村经济稳定增长，提高农业生产效率，使农村为国家经济发展和提高俄罗斯居民的福利做出应有的贡献；提高农村居民的就业水平和生活质量，使之接近城市标准；减缓农村人口流失，稳定农村人口，并提高农村居民预期寿命；缩小农村居民地区间以及地区内部生活质量上的差距；合理利用和有效保护农村自然环境；保持并提升农村的文化潜力。

实现《构想》应秉持的原则是：认识到农村地区是历史上形成的地域空间，担负着农业生产、人口繁衍、文化和环境保护、休闲等多种社会功能；保障农村居民获得与劳动付出相当的报酬，获得宪法赋予的享受教育、医疗和其他社会服务的权利；保障对农村地区的国家支持，充分利用并提升农村的自然和人口潜力；保障农村地区稳定发展，加强国家、地区自治机构、企业和农村居民之间的合作；拓展和加深城乡联系，通过加强农工一体化，在农村发展城市居民休闲区，发展交通和现代化的通信设施，建立统一的社会服务体系，把农村纳入统一的经济体系之中；充分发挥各农村居民点的潜力，建立跨居民点的服务中心；实现农村地区的自我管理，建立公民社会制度，发展各种形式的合作，提高农村居民在自然资源（土地、水资源和森林资源）利用、社会服务提供和未来发展思路等问题上的决策参与程度。

《构想》提出的主要政策方向是：实行有效的人口政策并创造条件鼓励向农村地区移民；实现农业经济多元化发展，提高农村居民的就业水平和收入水平；改善农村居民的住房条件，发展社会服务、工程和交通基础设施；实施有效的农村居民点分布政策、生态政策、渔业专业化地区综合发展政策等。

（二）《2020年前农业用地和用于农业发展的非农用地的国家监控和建立相关土地的国家信息资源构想》

该文件2010年7月由第1292号俄联邦政府令批准实施。目的是加强对农业用地的监控，防止农业用地流失，使农业用地用于农业生产，并建立可信的农业用地状况和实际利用情况信息系统。主要任务是监控农用土地植被情况，对农业土地实行注册和登记，在对收集到的相关信息进行分析的基础上，防止自然灾害（干旱、霜冻、病虫害）对农作物的影响，实施相关的土壤肥力保持和恢复计划，在农业土地关系领域推行有效的国家政策。

（三）《俄联邦粮食安全学说》（以下简称《学说》）

该文件2010年1月经俄罗斯总统令批准。《学说》涵盖了《俄联邦国家经济安全战略》（1996年4月29日）、《俄联邦国家安全构想》（1994年12月17日）、《2020年前俄联邦海洋学说》（2001年1月10日）的基本思路，是俄联邦制定有关保障粮食安全、发展农工综合体和渔业综合体等法规的基础。《学说》的战略目标是为居民提供安全和高品质的农产品、鱼类产品、食品原料和食品。《学说》认为，为保障俄联邦粮食安全，使其不受内外部环境变化的影响，需要完成如下主要任务：根据积极健康生活方式条件下合理的消费标准，为每一个公民提供合理数量和品种的安全、优质并符合消费能力的食品；使本国主要粮食品种的生产能够稳定在足以保障本国粮食安全的水平；保障食品的安全和质量；消除威胁粮食安全的内外部因素，建立粮食安全保障体系，储备安全优质食品，随时保障在发生自然灾害和其他极端情况时，能够把危害降低到最低限度。为此，《学说》确定了俄罗斯粮食安全标准，明确了相关的自给率，其中，粮食95%以上，糖和植物油80%以上，肉和肉类产品85%以上，奶和奶制品90%以上，鱼和鱼类产品80%以上，土豆95%以上，食盐85%以上。

（四）《2020年前俄联邦国家安全战略》

2009年5月12日发布的《2020年前俄联邦国家安全战略》，把食品资源短缺引起的竞争加剧作为威胁国家安全的根源之一，认为确保食品安全是未来确保国家安全的重要方向之一。应当发展生物工程技术，对主要食品实行进口替代，防止土地资源枯竭，防止农业用地和耕地减少，防止国家谷物市场被外国公司占领，防止不受监督地推广转基因食品，保障食品安全。

（五）《2020年前俄联邦经济社会发展战略构想》（以下简称《构想》）

2008年11月17日发布的《构想》，确定了国家农业政策的长期目标：用国产农产品和食品保障居民需求；促进农村地区稳定发展，提高农村居民生活水平，缩小城乡差距；提高本国农业综合体的竞争力，有效实现畜产品市场的进口替代，培育种植业出口潜力，使其在世界农产品中市场中占据稳固地位；充分利用土地和其他自然资源增加农业产量。同时《构想》还列出了到2020年的目标（以2007年为基数）：食品生产增加90%；粮食总收成不低于1.2亿~1.25亿吨；粮食产量增加到每公顷26~28吨；人均肉类消费量达到推荐的合理标准；肉类生产增加70%，牛奶生产增加27%；在肉类消费中，进口肉类所占比重下降到12%。为此确立了四个农业发展优先方向：改善农业生产的总体条件，特别是养殖业发展的基本条件；实现农村地区稳定发展；提高土地资源利用效率和再生产效率，使化肥用量达到合理水平：每公顷耕地的化肥用量从2007年的33公斤增加到2010年的39公斤，再增加到2020年的110~117公斤；发展农业生产技术，提高农业竞争力，增加高产农作物的播种面积，到2020年，使其在总播种量中所占比重达到35%~40%，并增加总播种面积。

二 促进农村地区和农业发展的主要政策措施

在上述战略与构想的指引下,俄罗斯采用的具体"促农"政策措施如下。

(一) 实施农村社会发展专项纲要,并在"健康"和"教育"国家优先项目框架下改善农村社会服务水平

自2003年实施农村社会发展专项纲要以来,俄罗斯农村的住房建设、配套设施建设、教育和医疗服务质量均有所改善。截至2011年初,已建成1426万平方米的住房,为25万农村居民解决了住房问题。其中近463万平方米是用来解决年轻家庭和年轻专家的住房问题,六万多年轻专家以及年轻家庭得以改善居住条件。农村地区的天然气化稳步推进,共铺设了约9.2万公里的天然气管线。约九万农村孩子搬进了拥有现代化装备的新校舍,农村地区的地区医院和社区医院的病床床位增加了6000个[①]。

在2006~2008年"教育"国家优先项目框架下,为农村学校配备了9800辆校车,3.3万个学校开通了因特网,2600个乡村学校配备了专业的软件。在"健康"国家优先项目下,农村地区部分科目医生和中级医护人员的工资有所提高,医疗机构诊疗设备和急救车装备情况得到改善,农村居民的临床检查范围进一步扩大。

(二) 实施"农业"国家优先项目计划

2005年秋天,时任俄罗斯总统的普京提出,要把农业作为四大国家优先项目之一。农业领域优先项目的主要目标是提高农民收入、改善农业生产条件,使本国农业企业能为国内市场提供更多价廉物美的农副产品,从而最大限度地满足国内消费需求。在实施"农业"国家优先项目时,俄罗斯农业部主要从三个方面入手:消除阻碍农业生产的不利因素;调整农业经济结构;提高农业投资吸引力。2006~2007年"农业"国家优先项目拨款总计达473亿卢布,主要从三个方面进行补贴:加快发展养殖业;刺激农业小企业发展;为农村年轻专家(或者家庭)建房或买房提供补贴[②]。"农业"国家优先项目单独

---

① Об итогах реализации ФЦП «Социальное развитие села до 2013 года» в 2010 году и задачах на 2011 год, Министерство сельского хозяйства Российской Федерации.

② 俄罗斯农业部数据。

实施了两年，从 2008 年开始，该项目并入了《2008～2012 年国家农业发展和农产品、原料和食品市场调节五年规划》。

（三） 实施《2008～2012 年国家农业发展和农产品、原料和食品市场调节五年规划》（以下简称《规划》）

根据 2006 年年底颁布的农业发展基本法——《俄联邦农业发展法》的要求，2007 年 7 月，俄罗斯颁布了第一个农业发展五年规划——《2008～2012 年国家农业发展和农产品、原料和食品市场调节五年规划》。根据规划，现阶段农业发展的主要目标为：实现农村的可持续发展，提高农村就业水平和农民生活水平；提高俄罗斯农产品的竞争力，实现农业现代化；保护和恢复土地及其他自然资源。为实现上述目标，在财政方面，各级政府在 2008～2012 年拨款约 1.1 万亿卢布，其中联邦政府和各州政府分别承担 5513 亿卢布和 5443 亿卢布，同时也将吸引 3110 亿卢布预算外资金。拨款的使用方向是：20% 用于保护和开发农业用地，12% 为农业生产经营创造基础条件，13% 用于发展农业中的重要部门，54% 用于稳定农业企业的财务状况，约 1% 用于调节农产品原料和粮食市场。在具体政策实施上，把农业补贴以及支持优先领域的发展作为重点，加大对农业发展的扶持力度。主要政策的着力点包括五个方面。一是加大农村基础设施建设的投入，促进农村地区的稳定发展，重点加强农村住房建设，解决年轻家庭的住房问题，加强农村水网和天然气网的建设，改善民生。二是向农业生产者提供化肥补贴，提高土壤肥力，创建国家农业经济信息体系，发展农业咨询服务，培养农业专家，创建适宜农业稳定发展的基础环境。三是加大对优先发展领域的支持，在畜牧业领域，政府将良种种畜、驯鹿、山羊和绵羊饲养等确定为政府优先发展项目，提供资金补贴，扩充俄罗斯农业租赁公司的资本金，提高其服务能力，加大疫病防治投入力度，支持相关产业发展；在种植业领域，将良种培育、北部边疆等地区的农业发展、亚麻生产、油菜子生产、葡萄种植业等确定为优先发展项目，并以提供资金补贴的方式支持这些产业的发展。四是逐步加大对农业的财政支持力度，不断完善农业贷款体系建设，在创造便捷贷款环境的同时，逐步加大对农业生产的财政支持力度，逐年加大对农业生产者的贷款贴息力度；加强对农村小型农业生产者的财政支持；逐步加大农机购置补贴；拓展农业保险补贴的覆盖范围。五是对农产品、原料和食品市场进行调控。截至 2011 年 1 月 1 日，该规划的到位资金共计 9564.9 亿卢布，资金到位率达到 96.6%（见表 5-24）。

表 5-24　2009~2010 年《规划》资金的实际使用情况

单位：%

年份	稳定农村地区	向俄罗斯农业银行和农机租赁公司注入法定资本金	市场调控	稳定企业财务	发展农业重要部门	为农业生产经营创造基础条件
2009	5	28	6	40	10	11
2010	7	0	4	76	5	8

资料来源：根据俄罗斯农业部数据整理。

（四）完善农产品市场调节机制

为确保农业的稳定发展，稳定农产品价格，维护农业生产者和消费者的利益，俄罗斯政府加强了对农产品流通市场的调控。2006 年 12 月生效的《俄罗斯联邦农业发展法》规定，政府采取"国家采购干预"[①] 和"国家商品干预"[②] 的方式来调节国内农产品市场。农产品的国家采购分为联邦采购和地方采购。联邦采购的主要目的是：满足自然环境恶劣的北极地区、生态污染地区、国防和国家安全机关、莫斯科市和圣彼得堡市的食品供应；建立国家粮食储备等。联邦采购主要集中在境内粮食产区，如果本国生产的农产品不能满足全部需求，也可以通过进口来保障采购目标实现。地方采购主要满足地方对农产品的需求，同样是采用国内或国外采购的方式进行。俄联邦政府每年与地方政府部门、维护农产品生产者和消费者利益的社会团体共同协商农产品国家采购价格。在确定采购价格时，既要考虑能够弥补农产品生产成本，又要考虑充分保障农产品生产者的收益。俄联邦政府和地方政府部门还保证向农产品生产者提供不少于采购合同总价值 50% 的预付款。供应畜牧产品的农户还可获得政府补贴。俄罗斯政府为鼓励农户完成国家农产品采购计划，采取了提供税收

---

① 政府在农产品销售价格下降至低于最低结算价格时而进行的采购。
② 政府在农产品销售价格上涨至高于最高结算价格时而进行的将所购买农产品出售。

优惠、专项补贴和优惠贷款等协助农户购买防治农作物病虫害和动物疾病药物，购买良种和播种设备，建设水库和农产品深加工车间等激励措施。

（五）利用政策性金融机构改善农业融资条件

国家全资的俄罗斯农业银行成立于2000年，是俄罗斯第四大银行。银行专门为农工综合体企业提供融资。配合国家农业规划确定的优先发展方向，农业银行加大了对农业的支持力度，计划2008～2012年对农业的贷款总额达到6000亿卢布。自成立之日起到2009年底，农业银行已为农工综合体企业和农户提供了8590亿卢布贷款，在78个联邦主体建立了地区分行，并设立了1414家营业点。2009年，国家农业规划框架下的28%的资金是政府通过向俄罗斯农业银行和俄罗斯农机租赁公司注资，以增强其为农业企业融资能力的方式实现的。

2006年，俄罗斯成立了国家保险公司，为农业提供保险服务。世界银行2008年所做的一项调查显示，俄罗斯国家保险公司承保了全国28%的农业保险业务，其农业保险收入占当年农业产值的0.6%。对于国家保险公司的农业险，联邦和地区政府给予50%以内的保费补贴。2009年，俄罗斯农业部和国家杜马共同起草了《国家支持农业保险的联邦法案》，法案强调，国家将政策性农业保险作为管理农业生产风险的重要政策工具，将构建政策性农业保险法律框架，拓展农业保险的承保范围，同时强化政府部门在该制度中的角色和作用。2011年7月13日第260号联邦法《国家支持农业保险和农业发展法修订》已经被联邦委员会批准[①]。

（六）提供农业税收优惠和其他优惠

根据2004年1月生效的《统一农业税法》，俄罗斯引入了统一农业税（ECXH）。俄罗斯农业企业可以选择缴纳统一农业税，也可按原来的税制纳税。缴纳统一农业税的农业企业可获得免征所得税、财产税、增值税等优惠。俄罗斯规定统一农业税税额为农业企业总收益与其总成本之差的6%。截至2008年，大约65%的农业企业采用了此项税收政策。对于未选择缴纳统一农业税，但是销售本企业自产农产品的农业企业，俄罗斯税法典也提供

---

① 俄罗斯农业部网站，ww.mcx.ru/documents/document/show/16708.160.htm。

了农业利润税优惠税率和优惠期限,并规定了利润税在联邦预算和联邦主体预算之间的分割标准(见表5-25)。此外,未选择缴纳统一农业税的企业,其在农产品增值税上也可享受优惠政策,采用10%的增值税税率(标准增值税税率为18%)。

表5-25 对未选择采用统一农业税的农业企业的利润税优惠税率和优惠期限

单位:%

期限	税率	利润税在各级预算间的分割	
		联邦预算	联邦主体预算
2004~2007	0	0	0
2008~2009	6	1	5
2010~2011	12	2	10
2012~2014	18	3	15
2015年之后	24	6	18

资料来源:http://www.audit-it.ru/articles/account/tax/a35/44943.html,10 августа 2007 г.

最近十年来,为了使农业生产者不受能源市场价格波动的影响,俄罗斯一直向农业生产者提供燃料润滑油优惠,幅度为批发价格再下浮10%。

(七)设置农产品贸易壁垒

为降低国外竞争对本国农业生产的不利影响,保障国家粮食安全,俄罗斯政府通过规定特殊进口关税,采用专门的保护措施和反倾销措施等来对农产品进口进行调控。具体做法有:完善相关消费者权益保护、食品质量、卫生、动植物检疫等方面的法律法规和国家标准;为农产品进口设置关税配额,对超配额的禽肉、猪肉、牛肉征收高额进口关税;对乙醇、伏特加、强酒精饮料、鲟鱼及其制品(含鲟鱼子)等产品实施进口许可制度;针对发生牲畜疫情的国家,采取临时性进口禁令;强化动植物检疫法制度:对动物产品,俄罗斯法律规定,只有加工、处理、储藏设施经俄联邦兽医和植物卫生监督局检查并准许的企业,其生产的肉类产品方可出口至俄罗斯,并且相关检查费用由企业承担;对植物产品,俄联邦植物检疫法规定,进口商应在进口货物离开出口国前获得俄联邦兽医和植物卫生监督局签发的进口植物检疫许可证,货物到达时，俄检疫机关将对进口植物和承载工具进行检疫，检疫合格后，将签发检疫证书和俄罗斯植物检疫证书，获得证书后，货物方可办理通关手续进口至俄罗斯。

（八）帮助农业企业进行逾期债务重组

鉴于亏损的农业企业所占比重从1990年的3%增加到2001年的88%，2002年7月，俄罗斯通过第83号《农业生产者金融稳定联邦法》，帮助有逾期债务的农业企业进行债务重组。这些企业的债务实际上大多是欠缴的税款和预算外基金的欠费，即国家作为债权人的债务。债务重组通过两种方式进行：一是债务展期（展期五年以上）；二是分期偿还主债务，并根据主债务偿还额度免除滞纳金和罚金（四年以上）。经过债务重组，有逾期债务的农业企业数量大为减少，到2008年初，其在农业企业中所占比重已降到52%，农业企业申请破产清算的数量也不断下降：2005年有7400起，2006年为10000起，而到2008年1月仅为4200起[①]。

（九）鼓励农产品出口

2008年之后，俄罗斯开始大力实施刺激农产品出口的政策（2010年因为干旱等特殊情况，俄罗斯曾发布过粮食出口禁令）。主要政策措施可以概括为如下几点。一是成立国有"联合粮食公司"，作为政府支持粮食出口的重要工具。2009年3月，总统梅德韦杰夫签署了关于成立"联合粮食公司"的第290号总统令。法令规定，"联合粮食公司"将主要致力于促进国内粮食购销、粮食出口以及仓储和港口设施的新建及现代化改造。政府将其持有的"粮食市场调节"股份公司100%的股份注入新成立的"联合粮食公司"，同时政府还将其在31家粮食企业中的股份作为资本金注入新公司。"联合粮食公司"被列入了俄罗斯战略企业名录。根据设想，俄罗斯粮食出口的50%将由新成立的公司控制，到2015年，国有"联合粮食公司"有望占到全球9%的农产品市场份额。二是降低粮食的铁路运费和港口倒装费用。规定2010年9月1日至12月31日，从西伯利亚起程、运输里程超过1100公里的铁路运费率从之

---

① Российская экономика в 2008 году: тенденции и перспективы (выпуск 30), Издательство Института экономики переходного периода, Москва, 2009., http://www.iet.ru/.

前的标准运费的一半降低到标准运费的 30%；从南方起程、运送里程超过 300 公里的铁路运费率按标准运费的一半收取①。三是提供出口补贴，简化粮食出口增值税的退税程序，为俄罗斯的粮食和面粉出口商提供出口信贷等。

（十）未来将进一步采取的激励措施

2011 年 4 月，俄罗斯总理普京在对国家杜马所做的 2010 年政府工作报告中，提出了几个刺激农村地区和农业发展的政策思路：一是为发展私人农场，将取消农业生产者在农用土地上建造住房的限制；二是联邦和地方预算将出资帮助农民完成对农业用地的产权登记；三是预算拨款 45 亿卢布，对购买俄罗斯农业租赁公司库存的 6000 台农机提供 50% 的补贴；四是从 2012 年起，实行为期三年的农业机械以旧换新计划。另外，俄罗斯农业部研究制定的土壤改良计划也将纳入农业发展规划的第二阶段（2013~2020 年）予以实施。土壤改良计划总投入约 8500 亿卢布，可以使俄罗斯的灌溉农田扩大到 490 万公顷，排水农田增至 540 万公顷。

综上所述，俄罗斯农村地区的发展现状堪忧，大量乡村衰落，农村土地关系尚未根本理顺，农村人口的就业和收入状况不佳，小商品生产（农户经济）盛行，经营方式单一，社会服务水平较低。在农业发展领域，虽然俄罗斯已恢复成为主要的粮食出口国之一，但农业发展整体水平依然较低。俄罗斯农村农业发展战略目标尚局限于稳定农村地区、实现农产品贸易保护和进口替代；农业政策措施主要致力于国家对农村和农业的补贴，在鼓励农业吸引外资、进行创新、发展现代农业等方面还未看到明显思路，对不同地区的农村发展缺乏多样性和前瞻性的考量。当然，俄罗斯近年来对农村功能的认知有所提升，已经从学界上升到国家战略层面。一般认为，农村地区有六大功能。一是生产性功能。农业满足整个社会对食品、工业原料的需求，以及对森工产品、狩猎和渔业产品的需求。二是增加人力资本潜力的功能。农村地区的生育率高于城市，未来俄罗斯人口增长的重点在农村地区。在工业化和城市化水平较高的情况下，俄罗斯人口的自我再生产成为严重问题。有关

---

① Российская экономика в 2010 году: тенденции и перспективы（выпуск 32），Издательство Института Гайдара, Москва, 2011г., http://www.iep.ru/ru/rossiiskaya-ekonomika-v-2010-godu-tendencii-i-perspektivy-vypusk-32.html.

专家认为，在总和生育率水平较低的情况下，农村人口只有占到总人口的30%～40%，才能保证人口总量维持在一定的水平。如果农村人口在总人口中占比低于25%，则问题就较为严重①。三是向城市转移劳动力的功能。通过向城市移民，满足城市日益增长的对劳动力的需求。四是安居功能。城市收入较高的人群可以在农村地区拥有住房，相应提高社会服务设施水平。五是空间通信功能。农村地区能够为建设电网、自来水管道和通信设施等基础设施提供场所。六是维护国土安全功能。农村地区的社会福利水平提高可以保障人口稀少地区，特别是边境地区的安全。

---

① *В. Пациорковский*, Сельско-городская Россия, М.：ИСЭПН РАН. 2010, стр. 48.

第六章
区域政策演变与区域
发展战略选择

苏联时期的区域政策是在计划经济体制下，在"生产力布局""区域性生产综合体"等理论综合指导下的政策实践。苏联解体后的整个20世纪90年代，尽管各种危机交织，俄罗斯还是没有放松对区域发展问题的关注，出台了《俄联邦地区政策主要原则》。2000年之后，随着俄罗斯整体经济的恢复性增长，政治渐趋稳定，政府对区域政策和区域发展战略选择问题更加重视。

第一节 区域政策演变

20世纪90年代，面对经济空间的收缩，俄罗斯在区域政策方面的主要举措是出台了《俄联邦地区政策主要原则》，并试图建立自由经济区。2000年之后，在注重加强边境地区与相邻地区的合作的同时，以2005年为分水岭，区域政策侧重点做了一定的调整。

一 20世纪90年代的区域政策

苏联解体之初，俄罗斯的26个联邦主体变成了边境地区，不仅需要在新的地区配置军队，重建自己的国防体系，防守新的边境，而且需要安置从独联体其他国家涌进的移民。过去地区政策实践中遗留的问题也暴露无遗：大部分地区生产集中，地区分工较细，生产者和消费者之间距离遥远，经济空间解体后运费大幅上涨，导致地区间生产联系弱化，地区间的商品交换规模下降了 3/4；因 1/3 的城市都是工业化时期在工厂的基础上发展起来的，形成了大量产业结构单一的城市，居民区的社会基础设施与生产企业的重叠现象严重，企业生产下滑或者倒闭造成当地居民生活困顿；北方地区人口过剩；很多农业地区衰落等。从外部环境看，全球化进程对俄罗斯经济空间演变的影响越来越大。欧洲部分和乌拉尔在经济上与欧盟的联系越来越紧密，整个远东地区以及西伯利亚的大部分地区的经济合作空间主要是亚太地区，南部靠近边境的北高加索地区直至东西伯利亚地区，经济合作的空间主要是独联体邻国和中国。1993 年俄罗斯总统办公厅拟定了第一个俄罗斯地区战略草案。1993～1994 年民族与地区政策事务部、经济部、国家杜马和俄罗斯科学院也制定了类似的地区战略草案。这些文件成为制定具体地区政策的基础。战略草案确定了地区政策的三个目标：提高公民福利，维护国家统一，实现地区公平[①]。正是在这些战略草案的基础上，1994 年秋，俄总统办公厅分析局制定了萧条地区发展纲要，1995 年底民族与地区政策事务部推出了危机地区发展纲要。但是这些文件均未得到政府的批准，当时形成的地区政策思路实际上被推翻。直至 1996 年 6 月，俄罗斯第 806 号总统令批准了《俄联邦地区政策主要原则》。这是俄联邦第一个以综合解决地区发展问题为目标的政府文件。

此外，整个 20 世纪 90 年代，俄罗斯还试图利用地区政策工具——自由经济区促进地区经济发展，但大部分自由经济区最终归于失败。

二 2000～2004 年的区域政策

2000 年之后，面对因苏联解体产生的众多边境地区的发展问题，俄罗斯开始注重加强边境地区与相邻地区的合作。2001 年俄联邦政府批准了《俄联邦边境合作构想》。2004～2009 年边境合作法律调控体系开始运作，该法律体系包括《协调俄联邦主体国际关系和对外经济关系联邦法》《对外经济活动国家调控基础法》《外交部联邦主体行政长官委员会建议》（2003）及《欧洲地

[①] С. Артоболевский, Региональная политика, Региональное развитие и региональная политика России в переходный период, М.: Издательство МГТУ им. Н. Э. Баумана, 2011. стр. 179 – 180.

区组织和政府边境合作框架公约》（2002）。到2008年4月，"俄白乌"边境地区工商会商业理事会正式成立。

与此同时，区域政策的另一个重点是促进区域平衡发展。但因预算不足，联邦中央对联邦主体进行投资的主要政策工具是地区经济社会发展联邦目标纲要（ФЦП）。联邦目标纲要是专门为完成国家经济和社会长期发展任务和实施大型基础设施项目而设立的。根据俄联邦预算法的规定，俄罗斯大部分国家投资须通过联邦目标纲要的形式下拨。联邦目标纲要已经成为俄罗斯区域经济政策的主要形式①。联邦目标纲要主要针对萧条地区或者地缘政治地位较为特殊的地区，如南方地区、远东和贝加尔地区、加里宁格勒州、车臣共和国和南千岛群岛；其次是与联邦中央关系特殊的地区，如鞑靼斯坦共和国和巴什科尔托斯坦共和国；最后是支持个别地区，如索契②。目前仍在各个地区实施的联邦目标纲要有：《2002～2010年及2015年前缩小俄罗斯地区经济社会发展差距联邦目标纲要》《2010～2016年印古什共和国经济社会发展联邦目标纲要》《2008～2011年车臣共和国经济社会发展联邦目标纲要》《"俄罗斯南方"联邦目标纲要（2008～2012年）》《2014年前加里宁格勒州发展联邦目标纲要》《2007～2015年千岛群岛（萨哈林州）经济社会发展联邦目标纲要》《2013年前远东和外贝加尔经济社会发展联邦目标纲要》。

因俄联邦预算法对联邦目标纲要的制定程序未做规定，因此直至目前，联邦目标纲要一般是由相应的国家机构按自己的内部规程编制，之后提请政府批准。正因为如此，联邦目标纲要作为国家主要投资政策工具的透明度颇受诟病。当然，联邦目标纲要项下投资中，除了国家投资外，一般都会吸纳52%的预算外资金，即私人资本。

2003～2004年，拉平预算保障水平是预算间关系的主要内容。联邦预算通过预算间转移支付的主要工具——联邦地区财政援助基金（ФФПР）向预算

---

① А. Гранберг, Основы региональной экономики. Издательский дом ГУ ВШЭ. Москва, 2004. Стр. 423 – 426, стр. 430.

② А. Малчинова, Доктрина регионального развития Российской Федерации: макет-проект, Центр проблемного ан. и гос. -упр. Проект, М.: Научный эксперт, 2009.

保障水平较低的地区提供了大量资金，但是这并未能遏制经济社会发展的不平衡趋势。

三 2005年之后的区域政策

2004年9月，俄联邦地区发展部成立，预示着俄罗斯对地区政策的重视程度进一步提高。主要原因有两个。一是发现经济增长并未能缩小地区之间在经济社会发展程度上的差异。2005～2007年，俄罗斯就地区政策目标是缩小地区发展差异还是培育增长极展开了激烈的讨论，最后达成了共识：地区间发展差距的扩大会对地区经济社会发展产生不良的影响，联邦地区政策的社会目标与经济目标并不冲突，解决社会问题能有效促进经济发展。首先，联邦权力机构不能拒绝对问题严重地区的财政援助，特别是俄罗斯宪法规定的对公民的社会保障义务；其次，问题严重地区存在较高的失业率，在经济增长时期这使得其他地区劳动力不足的问题多少能够有所缓解，但是经济危机时期联邦预算就需要支付高额的失业补助；再次，地区间经济社会发展水平上的巨大差异、问题地区的长期失业会使人口大量向发展状况较好的城市流动，这些城市为应对人口的大量流入引发的交通拥堵、能源基础设施不足、生态污染和住房不足等问题需要大量的资金投入；最后，问题地区的社会和政治紧张会对整个国家产生影响，投资吸引力所受到的影响首当其冲①。第二个原因是经济增长使联邦预算中积累了一部分投资资金，这部分资金不能仅按产业部门分配，同时也有必要按地区分配。为此，当时确定了地区政策需要解决的三个问题：平衡政策与刺激政策的平衡问题；地区发展优先方向选择问题；中央和地区利益的协调问题。

在平衡政策与刺激政策的平衡上，逐渐减少平衡政策的"手动操作"，联邦预算转移支付中从联邦地区财政援助基金中支出的比例（主要用于拉平预算保障水平）逐年下降，从2000年初的占60%～70%降至2007年的34%，再到2009年的23%。与此同时，社会保障性转移支付（对残疾人和老战士的

---

① О. Кузнецова, Федеральная региональная политика в России: современное состояние и перспективы, Региональные исследования №1 (22). № 1, 2009.

优惠）增加。主要原因是福利货币化改革之后，大多数地区难以承担其分内的社会保障义务，需要联邦预算资助。由此一来，拉平预算保障水平的政策依旧发挥着较大的作用。2005~2008年，5%最富地区和5%最穷地区的人均收入水平差距从4.1倍降至2.8倍，而10%最富地区和10%最穷地区的人均收入水平差距从2.8倍降至2.3倍。

与此同时，侧重刺激政策，新的地区投资政策工具出现。2006年1月1日，俄罗斯联邦投资基金成立。该基金起初归经济发展与贸易部管理，2007年秋转归地区发展部管理。俄罗斯联邦投资基金通过投资配套的交通、生产生活配套基础设施和能源基础设施来支持国家和地区的具体投资项目。俄联邦国家投资基金项目分两类：一类是地区级项目，另一类是国家级项目。对两类项目中最低投资金额、私人投资在其中所占的最低比例、项目融资最高年薪以及国家可能投资的额度均有明确规定（见表6-1）。

表6-1 俄罗斯联邦国家投资基金项目

标　准	地区级项目	国家级项目
项目最低投资金额（亿卢布）	5	50
私人投资最低比例（%）	50	25
项目融资最高年限（年）	5	5
国家投资总额	根据额度而定	未设限

俄罗斯联邦国家投资基金出资的项目主要由俄联邦地区发展部来筛选与监督，项目审批一般要经过五个程序。

一是向地区发展部提交项目文件。提交的文件包括申请、计划书和项目财务模式说明。二是项目鉴定。收到项目文件后，俄联邦地区发展部把相应文件提交相关机构进行鉴定。鉴定机构有三个：首先是制定相应领域国家政策和法律条文的联邦权力执行机构抑或是国家原子能公司；其次是俄罗斯经济发展部（仅针对国家级项目）；最后是作为俄联邦政府独立财务顾问的俄罗斯外经银行。上述三个机构从接受相关文件之日起，在一个月内向俄罗斯地区发展部提交结论报告。三是投资委员会开会审议。俄联邦地区发展部组建项目筛选投资委员会，委员会成员由相关联邦权力执行机构代表组成。投资委员会开会对所提交项目进行审议，在外经银行对某些项目做出否定结论的情况下，投资委员会亦有权选择该项目作为国家投资基金投资项目。地区发展部在投资委员会开会后十天内，将投资委员会的决议刊登在俄联邦地区发展部的官方网站上。四是提交政府委员会审核。俄联邦地区发展部向政府委员会提交投资委员会会议决议、政府拟批准投资项目决议草案、俄罗斯地区发展部对预算资金投资基础设施项目的资金使用效率的评估报告。政府委员会在审核上述文件后，做出是否同意用俄联邦投资基金支持该项目的决议。如果项目经政府委员会审核通过，则形成政府决议。五是签署投资协议。政府决议生效后两个月内，项目有关参与方签署投资协议。

但是，俄罗斯联邦投资基金的运作存在几个问题。一是项目投资门槛设定的问题。对于国家级项目，设定的最低投资额为50亿卢布，很多大型项目远远超过该门槛，有的甚至需要俄罗斯联邦投资基金倾尽一年的积累，对此，俄罗斯联邦投资基金很难承受；而对地区级项目设定的门槛是不低于五亿卢布，很多地区难以拿出这样的项目。二是投资项目筛选程序和基金的运行状况不透明。三是项目审批程序复杂。

与此同时，鼓励建设地区"产业集群"的政策也逐渐出炉。"集群"的概念第一次出现在2006年4月俄罗斯教育和科学部制定的《俄联邦2015年前科学与创新发展战略》中。《2006~2008年俄罗斯经济社会发展中期纲要》进一步肯定了"集群"在地区经济发展中的作用："建立生产集群对提高地区经济竞争力和实现经济结构多元化具有决定性作用。"《2020年前俄联邦经济社会长期发展战略构想》又一次明确了"集群"的具体作用："通过建立地区生产集群网形成新的经济社会发展中心是经济发展的主要方向之一。"2008年俄罗斯经济发展部通过了集群政策构想，并推出了各联邦主体实施集群政策的方法建议①。截至目前，各联邦主体中，仅有九个推出了自己的集群建设构想和战略，很多联邦主体虽然提出要建立产业集群，但是还没有具体的实施计划（见表6-2）。

---

① Методические рекомендации по реализации кластерной политики в субъектах Росиийской Федерации (26.12.2008 №615 - ак/д19).

表6-2 联邦主体集群政策形成及实施情况

联邦主体	法规	集群类型	发展机制
圣彼得堡市	《2020年前及未来俄联邦制药和医疗产业发展联邦目标纲要》《圣彼得堡市建立制药业集群构想》(2010年4月22日圣彼得堡市政府令第419号)	制药业集群	"21世纪医疗-制药规划"非商业合伙公司"诺伊多夫"经济特区"新奥尔洛夫斯科耶"经济特区普希金工业区
萨马拉州	《2020年前俄联邦汽车工业发展战略》	萨马拉-陶里亚蒂汽车制造业集群	
利佩茨克州		家用电器生产集群	经济特区
卡卢加州	《2020年前俄联邦汽车工业发展战略》	汽车制造业集群	创新发展机构-卡卢加州创新发展中心(俄罗斯创新地区协会)
阿尔泰边疆区	《"制药-2020"俄联邦制药业发展战略》《"保留比斯克俄联邦科学城地位"联邦政府令》(2011年3月29日第216号)	阿尔泰生物制药集群	"阿尔泰生物制药集群"非商业合伙公司经济特区
雅罗斯拉夫尔州	《2015年前集群政策构想》《2020年前及未来俄联邦制药和医疗产业发展联邦目标纲要》	制药业集群	地区发展公司
	《关于雅罗斯拉夫尔州建立和发展旅游休闲产业集群协调委员会政府令》(2009年8月14日第850号)	旅游休闲集群	雅罗斯拉夫尔州建立发展旅游休闲产业集群协调委员会
伏尔加格勒州	《2009~2012年伏尔加格勒州亚麻综合体发展长期目标纲要》	亚麻产业集群	
斯维尔德洛夫斯克州	《斯维尔德洛夫斯克州集群政策草案》	IT产业集群	
		制药业集群	
乌里扬诺夫斯克州	《2009~2011年"乌里扬诺夫斯克州-航空都市"州级长期目标纲要》	航空集群	
鞑靼斯坦共和国	《2011~2015年经济部门和社会领域集群发展构想》	IT产业集群	

续表

联邦主体	法规	集群类型	发展机制
沃罗涅日州	《2011~2013年沃罗涅日州集群建立和发展部门目标纲要》 沃罗涅日州IT产业集群构建和发展构想草案(2012年)	油气和化工设备生产集群 航空制造集群 电子集群 机电集群	创新和发展机构
莫斯科市	《莫斯科市中小企业集群政策构想》		经济特区
巴什科尔托斯坦共和国	《巴什科尔托斯坦共和国集群政策》 《2012年前巴什科尔托斯坦共和国集群政策实施行动计划》		巴什科尔托斯坦共和国集群发展中心
堪察加边疆区	《堪察加边疆区集群政策边疆区法》草案		

资料来源：С. Котлярова, Практика формирования кластеров в регионах России, Региональная экономика: теория и практика, 24 (255) 2012.

此外，2005年以出台《俄罗斯联邦经济特区法》（以下简称《特区法》）为契机，开始了新的经济特区建设实践。

第二节 主要区域政策工具——经济特区

经济特区是指一国为吸引外商投资、促进出口、实现国际经济合作而特别设立的区域，在该区域内实行特殊的经济管理体制和特殊政策，主要包括税收减免优惠和良好的基础设施条件。俄罗斯建立经济特区的实践发端于苏联时期，在20世纪90年代建立过一些自由经济区，但因为各种原因这些实践基本归于失败。2005年以《特区法》出台为契机，俄罗斯开始了新一轮的经济特区建设。

一 20世纪90年代的自由经济区实验

自20世纪90年代初开始，基于通过体制机制创新、加快区域经济发展的目的，俄罗斯先后设立了不同形式、不同规模的自由经济区。然而，在具体实践过程中，由于没有强有力的法律法规作为保障，绝大部分自由经济区未能充分发挥预期的作用，因而难以为继，被迫取消。

(一) 自由经济区的建立与立法实践

20世纪90年代初，俄罗斯的自由经济区得到一定程度的发展。从1990年建立第一个自由经济区——纳霍德卡自由经济区起，至1992年底，俄罗斯先后建立了十多个形式不一、规模不等的自由经济区，分布在列宁格勒、维堡（列宁格勒州）、绿城、克麦罗沃、诺夫哥罗德、加里宁格勒、萨哈林、赤塔、阿尔泰边疆区、犹太自治州等地区。设立自由经济区的主要目的是通过投资和创新，建立现代企业制度，完善基础设施建设，推动各区域的经济发展。

除上述自由经济区以外，俄罗斯先后还存在过几十个享有税收优惠的区域，但它们的法律地位与经济地位都较低，仅能在联邦主体有权管辖的范围内享受某些优惠。一类是具有地区性免税功能的免税区。区内企业缴纳的税收应纳入联邦预算的不能减免，只是在地区有权决定的税收领域给予某些优惠。此类免税区有六个，包括卡尔梅克共和国（1993年）、印古什共和国（1994年）、阿尔泰共和国（1994年）、阿尔泰边疆区（1996年）、阿加布里亚特自治区[①]（1996年）和乌格利奇市（1996年）等。例如，当时全俄利润税税率为30%，其中11%的税收纳入联邦预算，纳入地区预算的利润税率不得超过19%，因此，在"阿尔泰"经济区注册的公司只需缴纳应纳入联邦预算的利润税，税率为11%，应纳入阿尔泰地区预算的利润税（税率为19%）可免缴，同时，免缴财产税和地方税。在卡尔梅克自治共和国注册的外国公司只需每年向地方预算上缴5000欧元，可免缴其他所有地方税。外国公司在享受上述优惠后能免缴40%~50%的纳税费用。另一类是在封闭式行政区域组织设立的免税区，即过去军工企业根据规定程序得到财政部批准后予以注册成立的区域，该类封闭性区域不仅有权征收地方税，还可征收共和国税及联邦税，因此可以提供各种税收的优惠。当时此类封闭性区域有40多个，如斯涅任斯克和萨罗夫[②]封闭性行政区。

---

① 2008年并入外贝加尔边疆区。
② 1995年封闭性行政区地位被取消。

实际上，在自由经济区的建立过程中，一直伴随着自由经济区的立法尝试。苏联解体后的1992年底，俄罗斯政府部门提交了《自由经济区法》草案，规定可以建立两种类型的自由经济区：海关保税区和出口加工区。但由于杜马和政府始终意见相左，该草案在1994～1995年虽历经几次修改和审议，却终未获得通过。

（二）绝大部分自由经济区的撤销

在法律迟迟未获通过的情况下，经济危机的加剧和预算赤字的持续增长迫使俄罗斯政府重新审议并调整了先前给予自由经济区的优惠政策，自由经济区的优惠政策遭到逐渐被取消的命运。1994年取消了纳霍德卡自由经济区原有的关税和税收优惠政策；1995年3月通过总统命令废除了列宁格勒州扬塔里自由经济区的关税优惠政策；1997年俄罗斯政府做出专门决定，取消了原给予印古什经济特惠区的税收优惠。至2000年底，俄罗斯政府已将大部分自由经济区、免税区和封闭式行政区撤销完毕。现只有1991年建立的加里宁格勒自由经济区和1999年底建立的马加丹自由经济区硕果仅存。

（三）硕果仅存的加里宁格勒经济特区和马加丹经济特区

20世纪90年代末，加里宁格勒经济特区和马加丹经济特区之所以能够保留下来，很大程度得益于有效的法律保障。

《俄联邦加里宁格勒特别经济区法》于1996年1月颁布，是俄罗斯历史上第一次确立自由经济区特惠地位的联邦法律。该法律明确了在该经济区内投资和经营活动、海关管理、外汇管理和监督、税收调节和银行活动条件等方面的制度。其中规定，所有行业的企业和组织，包括外国投资者，均可在经济区内开展经营活动，除俄罗斯法律规定的特殊情况外，不需要就某种经营活动另行申请许可，但以下几个方面除外：军工部门；放射性物质、有毒物质、麻醉剂和酒精的生产；电力部门；贵金属和宝石的开采和加工；联邦所属资源产地石油和天然气的开采；交通和通信；大众传媒、电影出租和摄制等。有关自由关税区的关税制度如下：经济区内生产的运往国外的商品，在办理海关手续时免征关税和其他税费（海关规费除外），对此类商品不进行非关税调节；从其他国家运进经济区的商品也免征上述税费，但对某些商品和服务的进口可以实行数量限制；经济区内生产的运往俄罗斯境内其他地区和关税同盟境内的商品免缴进口税和其他税费（海关规费除外），对此类商品也不实行非关税调节；从其他国家运进经济区，而后运往俄罗斯其他地区以及关税同盟境内的商品（在区内加工的商品除外），在办理海关手续时征收关税和其他税费，对此类商品可以实行非关税调节；从其他国家运进经济区，而后运往国外的商品（包括在区内加工过和没加工过的商品）在过关时免征关税和其他税费，此类商品的进口和出口不实行数量限制。同时，规定了确认商品是否是在经济区内生产的认定标准：商品加工部分不低于30%；电子商品和复杂家用电器加工部分不低于15%；加工后在海关税则中序号发生变动的商品。此外，还有对出口商品、工程和服务所得外汇收入不实行在俄罗斯国内外汇市场上强制结汇的规定，区内所有结算只用卢布进行等。

《俄联邦马加丹特别经济区法》于1999年6月颁布，有效期至2014年12月31日。该法律对该特别经济区的税收优惠政策做了如下规定：特别经济区的投资者在特别经济区和马加丹州境内进行经济活动时可免缴应向联邦预算交纳的税额（联邦养老基金和社会保险基金缴费除外），有效期至2005年12月31日；从2006年1月1日至2014年12月31日，特别经济区的投资者在特别经济区和马加丹州境内进行经济活动时，投资于马加丹州境内发展生产和社会领域的可免缴所得税；特别经济区投资者将因生产所需而购买的外国商品从特别经济区输出到马加丹州其他地区在马加丹州境内使用时，免交进口关税和进口环节税（海关规费除外），如上述外国商品经过加工后已符合俄罗斯联邦海关法规定的深加工标准，可视为俄罗斯商品，在输往俄罗斯联邦其他海关境域时免缴进口关税及进口环节税。特别经济区深加工的标准是：商品加工后改变商品税则序号（商品分类编码）；根据完成生产情况或技术工序，看其是否足以认定商品产自经济特区；改变商品价值，商品加工（工艺处理）增值部分不少于该商品价格的30%（属于电子和复杂技术的商品不少于15%）。

在联邦法律的保障下，加里宁格勒经济特区的发展取得了一定的成效。2006年1月，《加里宁格勒州经济特区法及其修订》第16号联邦法生效。

新修订的经济特区法规定，经济特区入驻企业根据俄联邦税法典享受利润税优惠，在特区注册后的六年内免缴利润税，7~12年内利润税减半。截至2010年底，在加里宁格勒州特区注册的企业有77家，协议投资额613.37亿卢布①。投资项目主要集中在加工、建筑、休闲和文化综合体以及交通通信领域，约有1.3万人在经济特区注册企业以及为注册企业提供财产租赁的企业工作。

马加丹经济特区的地位则岌岌可危。2006~2008年，马加丹经济特区工业企业产值仅为688.4亿卢布，亏损企业高达42.3%。截至2010年，马加丹经济特区仅有265家注册企业。2009年底，俄联邦审计署对马加丹经济特区的审计结论是：经济特区效率低下，促进生产力发展、发展金融和商品市场的主要目标均未实现。主要问题是地理位置欠佳，投资吸引力差②。2010年3月，国家杜马最终取消了对2007年提交的《马加丹经济特区法及其修正案》的审议。这意味着到2014年底，马加丹的经济特区制度可能被取消，因为根据1999年的《俄联邦马加丹特别经济区法》，马加丹经济特区的有效期至2014年底。

(四) 对20世纪90年代自由经济区实践的总结

一言以蔽之，该时期自由经济区的运作处于试验阶段，在拓展对外经济合作中未能充分发挥预期的作用。主要原因可以概括为四点。一是法律真空。当时有关自由经济区的法律法规未能及时出台，自由经济区的特惠地位没有能够从法律上得到最终确认。在实践中，自由经济区的优惠政策多是根据政府决议或总统令运作，因而各行其是、管理混乱和半非法操作的情况不胜枚举。二是缺乏必要的资金支持。自由经济区建立过程中，俄罗斯经济处于危机时期，应有的经济基础和启动资金难以保障，致使多数自由经济区徒有虚名，未能真正建立起来。三是不法操作问题。某些不法商人利用自由经济区缺乏法律监督的漏洞，将其作为非法逃税、隐瞒收入及将收入转移到国外的渠道。四是投资者

---

① Г. Белоглазова, В Калининградской особой экономзоне зарегистрирован 77-й резидент, http://www.rg.ru/2011/12/12/reg-szfo/rezident-anons.html.

② Вопрос о существовании в Магаданской области Особой экономической зоны остается открытым, http://severdv.ru/news/show/?id=37856.

权益保障的缺失。在这些自由经济区中，投资者的权益不能得到有效保障，吸引外资成效甚微。

二 2005年之后的经济特区实践

进入21世纪以后，为改善投资环境，加大引资力度，优化经济结构，带动制造业和高新技术产业发展，培育区域经济增长点，俄罗斯加快了特区建设步伐，并且于2005年7月，正式颁布了《俄罗斯联邦经济特区法》，从而开始了新一轮经济特区建设实践。

（一）新一轮经济特区建设的特点

一是各方积极参与，筹建阶段效率较高。与20世纪90年代俄罗斯首次建设自由经济区时政府内部意见不统一的情况不同，这次特区建设是在总统普京首推，政府、议会、商会各方面积极参与下进行的，因而筹建速度迅速。从2005年7月议会通过《俄罗斯联邦经济特区法》，到2005年11月确定首批六个经济特区的名单，仅用了四个半月的时间。特区筹建得到了代表企业界利益的俄罗斯工商总会的积极支持。工商总会不但参与了《俄罗斯联邦经济特区法》制定的全过程，而且还积极参与制定了关于建立港口型经济特区和旅游休闲型经济特区的法律修正案。此外，工商总会积极配合政府开展经济特区的招商引资工作，与政府联合举行投资推介会。

二是产业导向突出，特区面积、实施期和最低投资额都有明确的法律规定。为发挥各地区的独特优势，俄罗斯陆续确定了四种经济特区类型：工业生产型、技术推广型、旅游休闲型和港口物流型。根据《俄罗斯联邦经济特区法》的规定，工业生产型特区面积在20平方公里以内，实施期为20年，主要从事工业品制造和组装，入驻企业投资额不少于1000万欧元，且第一年投资额不得少于100万欧元；技术推广型特区面积在三平方公里以内，实施期为20年，主要吸引信息技术类企业以从事科研并实现成果产业化，不过特区内不允许从事矿藏开采、废旧金属加工、黑色及有色金属制品加工和生产以及奢侈品（汽车除外）的生产；旅游休闲型特区可由一个或多个地区参与，实施期为20年，根据2006年6月通过的《俄罗斯联邦特区法修正案》，设立旅游休闲型经济特区的目的在于促进旅游业发展和旅游资源的有效开发，旅游休闲型经济特区分为海滨类旅游经济特区和高山滑雪类旅游经济特区两种形式；港口物流型经济特区的面积在50平方公里以内，在俄联邦境内的海港、河港以及航空港区域内建立，有效期为49年，主要从事货物装卸、仓储、售前服务、船舶维修等业务活动，可以引入私人投资；建设新海（河）港特区的基础设施投资应在35亿卢布以上，建设新航空港特区基础设施投资应在17.5亿卢布以上，改扩建现有基础设施投资应在1.05亿卢布以上。

三是内外资享受同等待遇，管理机制较为完善。内资和外资企业同等待遇，只要是区内企业，均可享受到相应的优惠政策。此外，俄罗斯还建立了以中央垂直监管为主、各利益主体共同监督的管理体制。特区日常的运行管理工作由俄罗斯联邦经济特区管理署（2005年8月成立）在各特区设立的分支机构，即特区管理分署负责，管理分署也负责为企业提供各种服务。同时，在每个特区里都建立了监督委员会，由联邦经济特区管理署、地区政府、地方政府、区内企业派出的代表共同组成，以保障经济特区建设工作的公开透明。监督委员会有三项职能：协调联邦权力执行机构、联邦主体国家权力执行机构、地方自治机构、经济特区经营主体之间的利益；对经济特区设立协议的执行情况进行监督，同时还监察地区服务性建筑项目资金的使用情况；审议和批准经济特区发展前景规划。2009年，俄罗斯联邦经济特区管理署撤销，有关职能由俄罗斯经济发展部经济特区和项目融资司负责承担。

四是中央和地方政府共建经济特区基础设施，注重依托人力资源优势。特区的规划、交通和相关社会基础设施建设由联邦、联邦主体和地方预算联合出资。俄罗斯政府经济发展部经济特区和项目融资司负责利用国家各级预算经费，安排各特区基础设施的设计和建设。为实施这项规定，俄罗斯联邦成立了经济特区股份有限公司，专门管理特区内的不动产项目，国家拥有该公司100%的股份。此外，在特区的选址上，注重依托人力资本优势。经济特区，特别是技术推广型经济特区大多建在临近高校的区域，而且所处联邦主体的人口受教育程度相对较高，具有现实的和潜在的人力资源优势（见表6-3）。

表6-3 俄罗斯经济特区人力资源情况

经济特区	地区平均工资	相邻高校	联邦主体受过高等教育人口/经济自立人口
技术推广型特区			
绿城经济特区（莫斯科市）	30000卢布（970 $;710 €）	莫斯科大学、莫斯科鲍曼国立技术大学、莫斯科国立无线电、电子和自动化大学、莫斯科国立实用生物技术大学等	3.9%
杜布纳经济特区（莫斯科州）	20000卢布（650 $;480 €）	杜布纳自然、社会和人类大学	0.7%
托木斯克州经济特区（托木斯克州）	15000卢布（480 $;360 €）	托木斯克国立大学、西伯利亚国立医科大学、托木斯克理工大学、托木斯克国立管理系统和无线电大学	2.9%
圣彼得堡经济特区（圣彼得堡市）	28000卢布（900 $;670 €）	圣彼得堡大学、乌里扬诺夫电子技术大学、航天装备大学等	3.1%
工业生产型特区			
阿拉布加经济特区（鞑靼斯坦共和国）	16000卢布（520 $;380 €）	喀山国立设计建筑大学、俄联邦卫生部所属喀山国立医科大学、喀山国立能源大学等	2.1%
利佩茨克经济特区（利佩茨克州）	20000卢布（650 $;480 €）	利佩茨国立技术大学、利佩茨机械制造大学、利佩茨冶金学院等	1%
陶里亚蒂经济特区（萨马拉州）	16000卢布（520 $;380 €）	萨马拉国立大学等	1.8%
港口物流型特区			
"苏维埃港"经济特区（哈巴罗夫斯克边疆区）	23000卢布（740 $;550 €）	远东国立交通大学等	2.1%
东乌里扬诺夫斯克机场特区（乌里扬诺夫斯克州）	12300卢布（400 $;290 €）	乌里扬诺夫国立大学、乌里扬诺夫国立技术大学等	1.4%
摩尔曼斯克州海港特区（摩尔曼斯克州）	28000卢布（900 $;670 €）	摩尔曼斯克国立技术大学、圣彼得堡国立水运大学摩尔曼斯克分校等	1.3%

资料来源：根据俄罗斯经济发展部2009年数据整理。

(二) 2005年以来的俄罗斯经济特区发展状况

截至2012年12月,俄罗斯共设立了25个经济特区(有些已停建),其中工业生产型经济特区四个,分别是阿拉布加经济特区(鞑靼斯坦共和国阿拉布加市)、利佩茨克经济特区(利佩茨克州格里亚津斯基行政区)、陶里亚蒂经济特区(萨马拉州)、上萨尔达("钛谷")经济特区(斯维尔德洛夫斯克州);技术推广型(创新型)经济特区四个,分别为绿城经济特区(莫斯科市"绿城"行政区)、杜布纳经济特区(莫斯科州杜布纳市)、托木斯克州经济特区(托木斯克州)、圣彼得堡经济特区(圣彼得堡市南郊);港口物流型经济特区三个,分别是"苏维埃港"经济特区(哈巴罗夫斯克边疆区)、东乌里扬诺夫斯克机场特区、摩尔曼斯克州海港特区;旅游休闲型经济特区14个:首批批准建设的七个旅游休闲型经济特区分别是位于阿尔泰边疆区的"青绿卡通河"特区、阿尔泰共和国的"阿尔泰山谷"特区、伊尔库茨克州的"贝加尔湖之门"特区、布里亚特共和国的"贝加尔湖港"特区、滨海边疆区的"俄罗斯岛"特区[①]、斯塔夫罗波尔边疆区的"尤察大温泉"特区和加里宁格勒州的"库尔斯沙嘴"特区;2010年批准设立的七个位于北高加索联邦区,将建成高山滑雪旅游集群,分别是阿迪格共和国的拉戈纳吉、卡巴尔达-巴尔卡尔共和国的厄尔布鲁士-别津吉、卡拉恰耶夫-切尔克斯共和国的阿尔黑兹、北奥塞梯-阿兰共和国的马米松、达吉斯坦共和国的马特拉斯、印古什共和国的措利和阿尔穆西的高山滑雪场。目前,各特区共有注册企业326家,其中的外资参股企业有57家,来自世界21个国家和地区,包括日本横滨橡胶公司、比利时贝尔卡特公司、法国圣戈班集团、日本五十铃公司、瑞士诺华制药公司等大型跨国企业。企业协议投资额达4000亿卢布(约合130亿美元),将创造五万多个就业岗位。

三 当前经济特区发展面临的困境

从四类经济特区的发展状况来看,除了三个工业生产型经济特区部分实现产出之外,技术推广型经济特区、港口物流型经济特区发展情况不尽如人意,

---

[①] 俄罗斯岛位于符拉迪沃斯托克南600米的日本海的大彼得湾,占地面积97.6平方公里,居住着5200人,主要是军人及其家属。之前岛上建有军事设施,入岛须凭特别通行证。

旅游休闲型经济特区仅有位于阿尔泰边疆区的"青绿卡通河"特区开始运营，很多经济特区并不具备投资吸引力。具体而言，俄罗斯经济特区发展存在如下问题。

（一）行政审批程序冗长，基础设施项目建设进展缓慢，特区建设用地大多尚未到位

因俄罗斯经济发展部对规划项目清单审批不及时，在396个规划建设的特区基础设施项目中，投入使用的仅有58个，占比15%。照此速度，基础设施能否在2015年之前完工是个问题。特别是经济特区建设用地大多还没有到位。截至2011年，部分建设经济特区所需的土地和不动产项目的转让协议条款尚未准备好，特别是在莫斯科市、阿尔泰共和国、布里亚特共和国、俄罗斯岛、乌里扬诺夫斯克州和哈巴罗夫斯克边疆区，此类问题非常突出。建设经济特区所需的1.15万公顷土地中，仅利用了35%。此外，北高加索旅游集群部分规划地块位于自然保护区内，如何进行合理合法地开发，在法律上还存在盲点。

（二）预算资金使用效率不高，企业经济效益欠佳，预期目标未能实现

俄罗斯审计署对2006~2011年用于经济特区建设的国家资金使用效率进行了审计，审计结果显示，五年间各级预算共计拨款为878亿卢布，花费为463亿卢布，资金使用率仅为53%。此外，特区企业经济效益欠佳，工业生产型经济特区，一卢布预算资金投入能带来1.9卢布的经济效益，技术创新型经济特区，一卢布预算资金投入仅能带来0.3卢布的经济效益。截至2011年7月，在经济特区注册的288家企业中，仅有206家公司开始运营，私人投资总额仅为362亿卢布，预期的吸纳私人资金和创造就业机会的目标没有实现。

（三）个别旅游休闲型经济特区建设面临停建的风险

在北高加索旅游集群项目中原先位于克拉斯诺达尔边疆区的特区在地方政府的建议下已于2010年停建。因为缺少投资者，斯塔夫罗波尔边疆区的"尤察大温泉"特区、伊尔库茨克州的"贝加尔之门"经济特区和加里宁格勒州的"库尔斯沙嘴"经济特区也面临停建的风险，俄罗斯经济发展部曾宣布，如果这些特区在2011年9月份未能吸引到实际的投资，将中止其的建设。三个特区的共同问题都在于区位的选择上。由于特区选址均出自地方官员之手，投资者并不感兴趣。如斯塔夫罗波尔边疆区的"尤察大温泉"特区从2007年2月开始建设，由24个"景点"组成，其中13个在选址上都不能得到投资者认同。2007~2008年联邦预算和边疆区预算拨款三亿卢布进行相关工程和交通基础设施建设，之后联邦预算停止注资，特区发展的资金筹措完全由地区财政负担。2010年，斯塔夫罗波尔边疆区预算投资7860万卢布修建疗养设施，2011年又投资1500万卢布兴建下水道。鉴于已经投入了一部分资金，为了使前期投入不至于浪费，边疆区政府正在争取保留该特区，首先是建议把该特区纳入"北高加索"旅游休闲集群建设计划之中；其次是协同俄罗斯经济发展部继续做潜在投资者的工作，争取找到新的投资者；最后是请求联邦政府将期限放宽到2012年4月。伊尔库茨克州的经济特区如果建在黑貂山高山滑雪场区域，则投资吸引力会更差。因为黑貂山高山滑雪场区域的山坡地带当前每日接待游客的数量仅为3000人，大部分游客仅在休息日来此，而且只能住在山脚下的小城贝加尔斯克。如果国家投资修路，则投资者就会投资建设别墅村、娱乐中心和新的升降系统，滑雪场也将一年四季运营。目前铺设道路的计划虽然已纳入联邦专项纲要，但是与特区建设进度并不匹配，因为特区早已宣布建立，而该道路铺设计划订于2015年才开始实施。因此，还需成立由俄罗斯经济发展部、财政部和交通部组成的部门间工作组，以便对计划进行协调。2012年12月，俄罗斯政府宣布终止加里宁格勒州"库尔斯沙嘴"经济特区的建设，主要原因是该特区未能吸引到任何一家注册企业，吸引私人投资未见成效。其他两个特区是改址还是停建尚没有具体定论。

（四）北高加索地区的特区建设面临掣肘因素较多

按照计划，北高加索高山滑雪旅游集群的建设高峰期是2013~2017年，2019年最终建成，计划年吸引游客1000万，国家投资600亿卢布用于交通和公用基础设施建设，并拨款1000亿卢布为私人投资提供70%的国家担保。北高加索地区的特区建设由"北高加索度假村"公司（北高加索旅游集群项目管理公司）负责。"北高加索度假村"公司是俄罗斯"经济特区"公司与对外经济银行和储蓄银行合作成立的专门项目公司。2011年6月，在圣彼得堡经济论坛上，"北高加索度假村"公司与法国"Caisse des Dépôts et Consignations"公司签署协议,建立合资公司参与旅游项目建设。合资公司的正式名称是"高加索国际发展公司"。合资公司注册资金1000万欧元,俄方占51%的股份,法方占49%的股份。目前北高加索地区的特区建设除了大环境竞争力不足,如经济发展水平较低、居民受教育程度不高、基础设施建设不足、民族极端主义事件频发等,还有很多微观层面上的问题。首先是各方的责权划分。因北高加索旅游集群处于几个联邦主体的管辖区内,需要与各联邦主体签署协议,对联邦政府、联邦主体政府、地方自治政府和"北高加索度假村"公司的权责进行划分,直至"北高加索度假村"公司对纳入旅游集群内的经济特区具有正式的管理权,这可能将会经历一个较为冗长的过程。其次是法律方面的制约因素。鉴于项目投资的回报期较长,现行的特区优惠政策对投资者没有吸引力,需要对特区法进行修订。再次是项目建设与交通基础设施配套问题。北高加索旅游集群内的经济特区都建在离国家中心区较远的地方,游客需要乘坐飞机抵达,但是航空公司必须在有客源保障的情况下才会开设航班。为保障客流量,特区项目规划可能需要在满足高端客户需求的同时,还要考虑大众消费者的消费能力。最后是项目的可行性问题。目前规划的项目中,仅有两个具有一定的高山旅游业发展基础:卡拉恰耶夫－切尔克斯共和国的阿尔黑兹目前有几个舒适程度不一的为各类旅游者设立的旅游基地,其中包括登山者、高山旅游者、漂流爱好者等;阿迪格共和国的拉戈纳吉的高山旅游虽然处于自然发展状态,但还是有几个旅馆和旅游基地。其他的三个地区连高山旅游业发展的基本条件都不具备:卡巴尔达－巴尔卡尔共和国的厄尔布鲁士－别津吉仅有一个小村落别津吉;北奥塞梯－阿兰共和国的马米松属于边境地区,尚没有旅游设施,而且没有通车;达吉斯坦共和国的马特拉斯没有高山滑雪轨道,旅游季节不能保证一直有自然降雪的覆盖。余下的措利和阿尔穆西位于恐怖主义爆炸不断的印古什共和国境内,有几个旅游者会去尝试"魂飞魄散"之旅,投资者的"胆识"又从何而来,不得而知。

四 现有经济特区优惠政策

目前,俄罗斯对特区投资者提供的优惠政策主要包括以下几个方面。

税收优惠政策。《俄罗斯联邦经济特区法》规定,经济特区入驻企业可享受的税收优惠政策包括:利润税由20%(其中的18%纳入地区预算,2%纳入联邦预算)降到15.5%~16%;五年内免征财产税(俄罗斯财产税平均税率为2.2%,鞑靼斯坦共和国的特区和托木斯克州特区可免十年);五年内免征土地税(土地税率为1.5%,鞑靼斯坦共和国可免十年);五年内免征交通工具税(鞑靼斯坦共和国的特区和托木斯克州特区可免十年);在进口用于本企业生产需要的货物时,可以免缴俄联邦进口关税和增值税,或在货物输出俄联邦关境时予以退税;区内生产的商品可免税出口;专门为创新型特区企业的强制养老保险缴费设置了过渡期,过渡期从2011年开始,到2019年止[①]。投资者在注册后可免缴交通工具税(通常的税率是110~150卢布/马力)(见表6-4)。

财政优惠政策。加速和简化对企业用于科研和试验等研发费用支出的确认程序。特区企业在优惠期内计算利润税时,科技研发活动的费用可作为成本扣除,其中包括科研和实验失败所花的费用。另外,工业生产型特区和旅游休闲型特区企业可以按高折旧率对固定资产加速折旧,但折旧率不得超过法定折旧率的两倍。

特别行政服务。降低行政门槛,提供海关、税务、移民注册等"一站式"服务。在每个经济特区都设立行政商务中心,设立办事处、展览和会议中心,税务局、海关、移民局、房地产局、国家建筑监管机构、国家保险基金及其他机构,进行联合办公,以实现有效协调。此外,办事处还为房地产建筑单位进行注册;安排颁发建筑许可证;提供建筑项目设计方案的国家鉴定;办理水、电、暖等基础设施项目入网手续;提供特区内房地产数据库的信息;建立税务和会计报表制度,保证强制保险缴费按时缴纳,并保证每个给付环节得以顺利进行;经济特区管理公司为入驻企业提供办公场所租赁服务等。

根据有关专家评估,以上优惠政策可使特区内企业的经营成本降低30%左右。

---

① 2010年之前为统一社会税,税率为26%,对经济特区的税率为14%。从2010年1月1日起,俄罗斯取消统一社会税,改为强制保险缴费。

表6-4 各经济特区税收优惠政策一览表

税种（一般税率）	缴费名称	优惠税率			优惠期限
		技术推广型（创新型）特区			
		2011年	2012~2017年	2018年	2019年
强制保险缴费（34%）	俄联邦养老基金（%）	8.00	8.00	13.00	20.00
	俄联邦社会保险基金（%）	2.00	2.00	2.90	2.90
	俄联邦强制医疗保险基金（%）	2.00	4.00	5.10	5.10
	地区强制医疗保险基金（%）	2.00	0.00	0.00	0.00
	总计（%）	14	14	21	28
利润税（现行税率20%：18%纳入地区预算，2%纳入联邦预算）		可以降低纳入地区预算部分的税率，但不得低于13.5%，纳入联邦预算部分的税率为2%			联邦主体法律确定的优惠期限
托木斯克州经济特区		15.5%			从登记为特区企业起10年
绿城经济特区		15.5%			截至2016年1月1日
杜布纳经济特区		15.5%			从企业注册之日的下个季度的第一天开始起算，到2010年12月31日止
圣彼得堡经济特区		15.5%			特区存续期限（20年）
财产税（税率由联邦主体法律确定，但不得高于2.2%）					
托木斯克州经济特区		免财产税			免5年
绿城经济特区		0%			10年
杜布纳经济特区		0%			5年
圣彼得堡经济特区		0%			5年
交通工具税（税率由各联邦主体法律根据不同车种、不同马力等确定）					税收优惠由设立特区的联邦主体法律确定
托木斯克州经济特区		0%			10年
绿城经济特区		0%			5年

续表

税种（一般税率）	优惠税率	优惠期限
杜布纳经济特区	0%（轻型轿车、船舶、航空器除外）	从企业注册之日的下个季度的第一天开始起算，到2010年12月31日止
圣彼得堡经济特区	0%（船舶、航空器除外）	5年
土地税（税率1.5%）	免土地税	免5年
托木斯克州经济特区	0%	5年
绿城经济特区	0%	5年
杜布纳经济特区	0%	5年
圣彼得堡经济特区	0%	5年
工业生产型特区		
利润税（现行税率20%：18%纳入地区预算，2%纳入联邦预算）	可以降低纳入地区预算部分的税率，但不得低于13.5%，纳入联邦预算部分的税率为2%	联邦主体法律确定的优惠期限
阿拉布加经济特区	15.5%	截至2016年1月1日
利佩茨克经济特区	16%	从获取利润起算，5年止
财产税（税率由联邦主体法律确定，但不得高于2.2%）	免财产税	免5年
阿拉布加经济特区	0%	10年
利佩茨克经济特区	0%	5年
交通工具税（税率由各联邦主体法律根据不同车种、不同马力等确定）	税收优惠由设立特区的联邦主体法律确定	联邦主体法律确定的优惠期
阿拉布加经济特区	0%	10年
利佩茨克经济特区	0%	5年
土地税（税率1.5%）	减免土地税	免5年
阿拉布加经济特区	0%	10年
利佩茨克经济特区	0%	5年

续表

税种（一般税率）	旅游休闲型特区	优惠税率	优惠期限
利润税（现行税率 20%：18% 纳入地区预算，纳 2% 入联邦预算）	可以降低纳入地区预算部分的税率，但不得低于 13.5%，纳入联邦预算部分的税率为 2%		2017 年 12 月 31 日止
"阿尔泰山谷"特区		15.5%	特区存续期内（20 年）
"青绿卡通河"特区		15.5%	特区存续期内（20 年）
"贝加尔湖之门"特区		15.5%	5 年
"贝加尔湖港"特区		15.5%	特区存续期内（20 年）
"尤蔡大温泉"特区		16%	
财产税（税率由联邦主体法律确定，但不得高于 2.2%）		免财产税	
"阿尔泰山谷"特区		0%	5 年
"青绿卡通河"特区		0%	5 年
"贝加尔湖之门"特区		0%	5 年
"贝加尔湖港"特区		0%	5 年
"尤蔡大温泉"特区		0%	5 年
交通工具税（税率由各联邦主体法律根据不同车种、不同马力等确定）	税收优惠由设立特区的联邦主体法律确定的优惠期		联邦主体法律确定的优惠期
"阿尔泰山谷"特区	降低一切交通工具税率		特区存续期内（20 年）
"青绿卡通河"特区			
"贝加尔湖之门"特区	地区法规未规定税收优惠		
"贝加尔湖港"特区			
"尤蔡大温泉"特区			
土地税（税率 1.5%）	减免土地税		免 5 年
"阿尔泰山谷"特区		0%	5 年

204

第六章 区域政策演变与区域发展战略选择

续表

税种（一般税率）	优惠税率	优惠期限
"菁绿卡通河"特区	0%	5年
"贝加尔之门"特区	0%	5年
"贝加尔湖港"特区	0%	5年
"尤蔡大温泉"特区	0%	5年
港口物流型经济特区		
增值税（对港口型经济特区企业）的现行税率为18%	特区企业提供服务的增值税率为0%	特区存续期内（49年）
利润税（现行税率20%；18%纳人地区预算，2%纳人联邦预算）	可以降低纳人地区预算部分的税率，但不得低于13.5%，纳人联邦预算部分的税率为2%	联邦主体法律确定的优惠期限
东乌里扬诺夫斯克机场特区		
"苏维埃港"经济特区	地区法规暂时未规定税收优惠	
财产税（税率由联邦主体法律确定，但不得高于2.2%）	免财产税	免5年
东乌里扬诺夫斯克机场特区	0%	5年
"苏维埃港"经济特区	0%	5年
交通工具税（税率由各联邦主体法律根据不同车种、不同马力等确定）	税收优惠由设立特区的联邦主体法律确定	联邦主体法律确定的优惠期
东乌里扬诺夫斯克机场特区	地区法规未规定税收优惠	
"苏维埃港"经济特区		
土地税（税率1.5%）	减免土地税	免5年
东乌里扬诺夫斯克机场特区	0%	5年
"苏维埃港"经济特区	0%	5年

注：位于萨马拉州的工业生产特区、摩尔曼斯克港口型特区、滨海边疆区的旅游休闲特区、北高加索特经济特区的税收优惠政策还未确定。
资料来源：俄罗斯经济发展部。

205

俄罗斯经济特区建设面临的困境表明，现有的特区优惠政策对投资者尚缺乏足够的吸引力。2012年4月经俄联邦委员会批准的特区法修正案却并未在优惠政策上做文章。目前仅有萨马拉州政府计划在2018年前将陶里亚蒂工业生产型经济特区入驻企业应纳入地区预算部分的利润税税率降为零（其他特区的优惠税率为13.5%）。总体而言，虽然俄罗斯特区政策可能向更有利于投资者的方向倾斜，这种趋势值得期待，但俄罗斯整体投资环境的改善或许对于投资者来说更加重要。

第三节　区域长期发展战略体系构建

2000~2008年，俄罗斯经济持续增长，政府开始关注长期经济社会发展战略问题，在区域发展领域也不例外。区域经济发展战略是对区域经济长远发展的全局性谋划，是一个地区在特定的历史时期中，区域经济发展的总目标、总任务、发展模式、发展重点以及为此所采取的重大规划布局与对策措施。俄罗斯构建区域经济社会长期发展战略体系的主要动因在于：各地区立足地理位置优势加紧参与世界经济一体化，黑海周边国家，特别是土耳其的强劲发展势头有可能使南方联邦区在黑海区域经济空间内屈居次要地位；亚太地区国家对东西伯利亚和远东地区的经济吸附能力增强；俄罗斯周边的地缘政治形势发生了较大变化，出现了地缘政治利益的分化；个别边境地区存在特殊的政治与社会不安定因素，对国家安全构成了严重威胁；北方地区经济社会发展长期停滞，但其资源储备与生态带对国家具有特殊意义；欧洲部分老工业区对西伯利亚和远东的能源与原料资源的依赖性下降，主要依靠欧洲部分北部地区的资源。当然，"在地区发展多样化中寻求统一，保持和巩固经济和国家的完整性则是俄罗斯区域发展战略最重要的宗旨"[①]。

2008年11月，俄联邦政府批准了《俄罗斯2020年前经济社会长期发展战略构想》。战略构想确定了2020年前俄罗斯经济社会发展目标，对国家未来

---

① 〔俄〕A. 格兰贝格：《俄罗斯的区域发展战略》，《东欧中亚市场研究》2001年第2期，第31页。

发展模式做出了选择,并指出了发展路径。其中,有关区域发展部分明确了国家区域政策目标,规定了国家区域政策的主要任务,确立了地区政策主要原则,并对经济超前增长区域和主要经济区的发展进行了规划。随即,俄罗斯地区发展部成立了战略规划司,负责制定八大联邦区经济社会长期发展战略,并为联邦区各联邦主体权力机构制定各自地区的发展战略提供互动平台。

截至 2011 年底,八大联邦区的长期经济社会发展战略相继出台:《2025年前远东和贝加尔地区经济社会发展战略》(2009 年 12 月经俄联邦第 2094 号政府令批准)、《2020 年前西伯利亚联邦区经济社会发展战略》(2010 年 7 月 5 日,第 1120 号)、《2025 年前北高加索联邦区经济社会发展战略》(2010 年 9 月 6 日,第 1485 号)、《2020 年前伏尔加沿岸联邦区经济社会发展战略》(2011 年 2 月 7 日,第 165 号)、《2020 年前南方联邦区经济社会发展战略》(2011 年 9 月 5 日,第 1538 号)、《2020 年前中央联邦区经济社会发展战略》(2011 年 9 月 6 日,第 1540 号)、《2020 年前乌拉尔联邦区经济社会发展战略》(2011 年 10 月 6 日,第 1757 号)、《2020 年前西北联邦区经济社会发展战略》(2011 年 11 月 18 日,第 2074 号)。八大联邦区的长期经济社会发展战略分析了各联邦区经济社会发展的现状、存在的问题以及发展条件;根据俄罗斯发展的优先方向和现实发展特点,结合联邦区各地区的竞争潜力确定了发展目标和任务;设定了 2020 年(2025 年)前发展方案并对经济社会发展情况进行预测;确定了各经济部门和社会领域的发展任务、优先方向、指标体系、发展机制,并分析了资源保障能力。至此,全俄以及联邦区层次的地区长期经济社会发展战略体系出炉,各联邦主体的长期发展战略多数已由联邦主体权力机构批准,有的则正在制订或审议中。俄罗斯地区长期发展战略体系在联邦层面、联邦区层面和联邦主体层面逐渐形成。如下对其要点做简要概述。

一 确立了国家区域政策的原则、目标与任务

国家区域长期发展政策主要原则是统筹联邦中央、地区和地方有关区域发展的战略与规划,使其协调一致;增加对地区的财政支持,缩小地区间发展差异;发展地区基础设施,提高地区经济的竞争力,同时解决好地区社会保障问

题；有效分配各级权力机构的权力，平衡联邦中央、联邦主体和地方自治机构的财权和事权；保障地区和市政机构的财政收入与其权利和义务的对等，在地区和市政预算中增加自有资金来源。

国家区域政策目标是促进俄罗斯各联邦主体的均衡发展，缩小各地区在经济社会发展和居民生活质量上的差距，创造条件使各地区有足够的资金保障居民生活达到应有的水平，提高地区经济竞争力并且实现综合发展。

国家区域政策主要任务是根据各个地区的竞争优势，联邦、地区和地方统一协调，促进产业发展，提高社会服务水平，形成新的地区增长点；根据地区发展优先方向，兼顾各地区的资源条件，包括人口资源条件，协调国家的基础设施投资以及企业的投资战略；利用有效的社会政策和财政政策机制缩小各地区居民在生活水平和生活质量上的差距，保障各地区居民生活达到法律所规定的基本水平，保障居民获得高质量的教育、医疗和文化服务；完善刺激机制，鼓励联邦主体国家权力机构和地方自治机构有效发挥职能，最大限度地为地区经济社会综合发展创造条件。

可见，战略确立的地区政策目标是试图在如下两个方面取得平衡：一是对具有竞争优势的地区实行支持政策，以此带动边远地区的发展；二是缩小地区间差异，培育人力资本，即实行平衡政策。

二 实现多极化发展

利用大型城市集聚区经济增长强劲，人口和投资吸引力强，地区中心城市的城市功能多样化，服务业和工业生产对经济增长的强劲支撑力，石油天然气工业和冶金工业集中地区的资金实力，欧洲部分港口地区的地理位置优势，南方等地区自然资源独特、自然景观较好和历史文化传统较厚重的优势实现国内区域多极化发展，形成新的地区和跨区域增长中心，实现空间多元化发展。发挥人居环境质量高、人力资本发展潜力大、创新和教育基础设施较好的大型城市集聚区的科技和教育潜力，在城市化水平较高的地区构建地区生产集群，专业从事高科技领域产品生产，如航空业、造船业、原子能工业、新材料生产、信息与电信业产品的生产；在开发程度较低的地区建立利用现代技术专业从事原料深加工和能源生产的生产集群；在自然气候条件独特的地区设立和发展旅游休闲区，提供高质量的旅游休闲服务，依托 2014 年冬季奥运会，在黑海海滨建立和发展旅游休闲区，在阿尔泰、贝加尔、堪察加半岛、北方地区利用经济特区机制建立和发展类似的旅游休闲区；在国家交通主干线上发展大型交通物流和生产中心，特别是具有较大通行能力、连接主要经济增长中心、并能组建融入世界运输体系的交通干线；保持文化多样性，保留北方、西伯利亚和远东地区少数民族原住民的传统生活方式和劳作方式。

三 依托各联邦区优势进行产业布局

俄罗斯欧洲中心部分面向欧洲市场；北高加索与外高加索和近东国家相邻，民族政治形势复杂；欧洲部分北部地区是俄罗斯的资源区与主要海运基地之一；乌拉尔与西西伯利亚是俄罗斯经济的资源基础，是与中亚及东南亚国家进行经济协作的技术中坚力量地区；东西伯利亚与远东，是俄罗斯的资源基地，是主要资源的新兴开发区，是与亚太地区进行合作的前哨。由此，各联邦区的产业布局轮廓基本形成。

中央联邦区。首先，把莫斯科地区打造成世界级的现代化都市区；其次，巩固中央联邦区在全俄工业和后工业发展中的领头羊地位，保持智力服务提供者、技术密集型产品生产者和高质量维修服务中心的地位。最大限度地利用首都市场容量大、历史上形成的专业化分工优势和创新资源多样化的优势，把增长带扩展到莫斯科市之外的区域。利用高速交通网络，在莫斯科城市集聚区内发展生活水平高、经营基础设施发达的区域，借助首都强劲的科教潜力和科技创新中心（科学城）潜力，如杜布纳、绿城等，合理布局加工工业领域的高科技生产综合体、现代化的交通物流综合体和管理服务综合体。发挥莫斯科作为物流中心的作用，建立贯通莫斯科和其他州区的四通八达的国际和国内运输走廊，降低运输成本，增加面向首都市场的加工工业产品的投资，促进劳动力流动。

西北联邦区。西北联邦区的优势，一是圣彼得堡城市集聚区的经济和创新潜力；二是濒临重要海上航线；三是具有发展能源、冶金、化工、森工和渔业的资源优势。圣彼得堡城市集聚区及其周边地区的增长主要依托运输、商务、高技术产业，特别是军工综合体、船舶和汽车制造业，此外还有西北联邦区传统的工业部门，如机械制造、仪表、电子技术、冶金、化工和生物医药等。西北联邦区独特的地缘政治和经济地位优势决定其主要的功能是发展俄罗斯与欧盟及其邻近国家的经济关系，需要发展交通基础设施、跨境合作，并使一部分企业为对外经济关系服务。联邦区在未来自然资源开采中将发挥重要作用，特别是在对北极地区的资源开发中。南部区域产业结构较为齐全的城市和城市集聚区将侧重发展进口替代型加工工业，北部区域分布的产业结构单一的城镇将主要发展采矿业和原料初加工工业。

南方联邦区。具有发展农业和休闲旅游业的良好自然气候条件；移民吸引力较强，包括对高素质人才的吸引力；与哈萨克、乌克兰接壤，海上航线连接地中海、亚速海-黑海和里海沿岸国家，地缘政治和地缘经济地位突出；拥有相对发达的交通基础设施，其中包括硬面公路、港口基础设施、铁路、机场和管道运输网；市场容量较大；劳动力成本相对低廉；建筑材料也相对丰富。因此，南方联邦区发展的战略目标是：打造大型农工综合体集群，把南方联邦区变成国家的食品基地；通过发展国际运输走廊发挥联邦区的运输潜力；发展国际级多功能休闲综合体；实现现代化发展，走创新之路，打造新的工业区和产业集群。在滨海地区和山区集中力量优先发展旅游休闲产业，提高管理水平和服务水平。旅游休闲产业的发展将带动现代酒店业发展，从而带动相关商品生产和关联服务业的发展，有助于对食品工业和农业进行现代化改造，提高南方联邦区在国内国际市场的竞争力，带动轻工业、交通以及建筑业的发展。在拥有加工工业发展潜力的地区，经济发展的重点是应用新技术和新装备生产高附加值产品。罗斯托夫州和克拉斯诺达尔边疆区南部大型城市集聚区的科研和教育潜力是发展新兴经济部门——信息产业和生物技术产业的基础，可以提供工程、金融和商务服务，进行基础和实用研究，并将成为南方联邦区的创新经济平台。

北高加索联邦区。北高加索是俄罗斯生态环境最好的地区。国家对北高加索联邦区的支持政策是通过投资，增强各联邦主体的自给能力，促进该地区融入俄罗斯整体经济体系乃至世界经济体系。优先发展的行业是农工综合体和旅游业。

伏尔加沿岸联邦区。依托对大型工业的现代化改造以及在城市集聚区发展现代服务业，实现创新发展。改进经营管理方式，吸引外资并进行技术研发，应用新技术生产具有竞争力的工业产品。提高机械制造行业的竞争力，其中包括航空航天、汽车制造、化工和石化工业。强化地区间分工，以世界创新技术为基础，依托地区工业中心的科研基地实现地区间联合发展。

乌拉尔联邦区。主要规划三个产业部门的发展。采矿业，油气开采业首当其冲。应用现代技术，利用喀拉海亚马尔大陆架和鄂毕湾的石油天然气田发展石油天然气产业集群，在北乌拉尔地区发展石化工业，使秋明石油天然气创新中心成为石化工业高新技术的提供者。其次是对工业进行现代化改造，本着节约原则并利用环保技术发展原料深加工产业，提高重型机械和运输设备的竞争力，提高人力资本质量。最后是在大城市集聚区发展商务、创新、教育产业和其他服务业，打造全俄或者跨地区的贸易、交通物流、金融中心。规划建立两个创新中心：一是"叶卡捷琳堡创新"综合体；二是以南乌拉尔国立大学为基础在车里雅宾斯克建立创新中心。实现基础产业的创新发展，特别是交通、重型机械制造、化工、农业、能源机械和仪表、医疗设备、冶金等部门，并建立地区生产集群。此外，打造五个发展带：一是西伯利亚区域，囊括亚马尔－涅涅茨自治区和汉特－曼西自治区已开发的主要地区；二是乌拉尔工业区，包括斯维尔德洛夫斯克州全境、秋明州西部和西北部、车里雅宾斯克州（南部地区除外）和库尔干州西北部；三是亚马尔半岛区，位于亚马尔－涅涅茨自治区北部；四是乌拉尔东坡地区，涵盖亚马尔－涅涅茨自治区西部、汉特－曼西自治区西部和斯维尔德洛夫斯克州北部地区；五是南乌拉尔农业区，覆盖库尔干州全境、秋明州和车里雅宾斯克州南部地区。

西伯利亚联邦区。规划三个发展带：北极发展带、北部发展带和南部发展带。加强地质勘探力度，增加自然资源产地数量，恢复和发展北海航线，保护自然环境，延续北方少数民族文化，这将是北极发展带的主要发展方向。北部发展带囊括伊尔库茨克州北部、布里亚特共和国北部、外贝加尔北部的工业区，主要发展电力技术和电子、汽车制造、航天、化工和原子能工业。南部发展带是"产学研"一体化培育创新潜力的重要区域，将为工业转型提供重要支持，对提高经济竞争力、构建创新发展战略区、保障俄罗斯在亚太地区及在中亚国家地区的地缘政治利益发挥重要作用。因此，将依托俄罗斯科学院、俄罗斯医学科学院和俄罗斯农业科学院西伯利亚分院，在伊尔库茨克、克麦罗沃、克拉斯诺亚尔斯克、新西伯利亚、鄂木斯克、托木斯克高等学校基础上建立国立研究型大学，研制具有世界水平的新技术，进行工业应用，实现"产学研"一体化，使创新成为经济增长的主导因素，逐渐形成新经济部门，对经济和社会传统服务部门进行现代化改造，增强竞争力。

远东联邦区。远东联邦区拥有丰富的自然资源（鱼类资源、森林资源、石油天然气和矿产资源），邻近海洋及亚太地区国家。远东地区长期发展的关键问题是解决天然气气化问题，形成统一的能源分配系统；优化运输费和电费，建设新海港并对原有港口进行现代化改造，发展集装箱运输，建立连接远东主要中心城市的统一的运输信息系统，并进而融入全俄乃至世界运输体系。大城市现代化将是服务业和工业齐头并进。通过发展职业教育，研发海洋开发和自然资源开采技术，其中包括生物技术、纳米技术和水下机器人等发挥符拉迪沃斯托克和哈巴罗夫斯克城市集聚区的创新潜力。远东城市集聚区、岛屿地带，包括萨哈林群岛、堪察加半岛和千岛群岛以及太平洋海港区应打造生物资源集群，主要从事水生物资源的开采、加工以及海水养殖。对机械制造业进行技术改造，增强飞机制造、船舶制造和船舶修理行业的竞争力。

四　明确了地区政策的"立足点"

俄罗斯地区政策的立足点有四个。一是发挥城市集聚区优势，加快大型中心城市及周边地区的发展；增加国家向大城市集中区域的基础设施投资；缩小国家大部分居民从事经营活动的距离，降低交通成本；提高城市集聚区从本地区之外吸纳移民的能力。二是积极发挥地理位置优势，利用西北联邦区与欧洲发达国家接壤的优势，降低边境障碍，改善投资环境，吸引资金流入；发挥远东联邦区滨海过境运输优势，降低吸引投资的制度性障碍，加大国家对基础设施的投资。三是利用资源优势，发挥黑土区和欧洲南方地区土地资源优势，发展农业和食品加工工业；发挥欧洲北方地区、西伯利亚和远东的资源开采优势。四是综合运用地区政策和社会政策促进边远地区的发展。地区政策致力于发展交通基础设施，降低交通成本，促进人口区际流动，形成稳定的迁居体系；发展增长区域的能源基础设施，保障能源供应；发展中小企业支持地区中心城市的发展。社会政策则是通过优化教育和医疗体系培育人力资本，鼓励各地区根据人口分布情况形成有效的社会服务网；对弱势群体实施专项社会救助；提高各地区居民的生活水平和生活质量。

总之，俄联邦中央力图逐渐强化对地方经济社会发展的干预力度，实现经济区域布局的统一性与完整性，实现新的一体化，优化人居环境，加强基础设施建设，培育新的地区经济发展中心和经济发展带，形成地区间的联动扩散效应。实现共同发展和创新发展是俄罗斯地区经济社会长期发展战略的主要方向。

第七章
落后地区发展战略与政策

俄罗斯八大联邦区中，发展最为落后的是北高加索地区和远东地区。研究俄罗斯在北高加索地区实施的战略和政策，可以为我国落后边境少数民族地区发展政策的制定提供借鉴。而远东地区与我国相邻，研究俄罗斯的远东开发政策，对我国更好地参与远东开发同样具有一定借鉴作用。

第一节 北高加索地区发展战略与政策

北高加索地区属于边境地区，濒临里海，素来以地缘政治地位重要、自然资源丰富、历史文化传统厚重、民族宗教问题复杂等著称。北高加索的特殊之处还在于该地区是俄罗斯唯一一个在社会动荡、民族和宗教矛盾频发的环境下进行转型的地区[1]。近年来，北高加索地区成为威胁俄罗斯民族安全、联邦领土完整和经济发展的最薄弱环节，有人甚至称其为"帝国的盲肠"。

一 北高加索地区经济社会发展中存在的主要问题

北高加索联邦区具有发展农工综合体、旅游业、疗养业、电力、采掘、加工工业和中转运输的良好条件，但自然优势尚未被充分利用，主要原因是经济

---

[1] С. Лепина, Стратегические приоритеты социально-экономического развития республик северного кавказа: пути и методы их достижения, М.: Издательство ЛКИ, 2010.

情况不佳，社会政治形势不稳定，缺乏投资吸引力。

（一）居民收入水平低且灰色收入所占比重较高

1999~2008年，北奥塞梯-阿兰共和国、卡拉恰耶夫-切尔克斯共和国的人均地区生产值是全俄平均水平的30%~40%，印古什共和国和卡巴尔达-巴尔卡尔共和国的人均生产值也与全俄平均水平的差距越来越大。仅从轻型汽车保有量看，北高加索各联邦主体收入水平不高的状况就可见一斑（见表7-1）。居民收入中的，灰色收入占较高的比例。如2008年达吉斯坦共和国居民收入中的48%属于其他收入（包括灰色工资收入）（全俄平均水平为26%），经营性收入占13%（全俄平均水平为10%），社会福利补贴占17%。而同样是欠发达地区的印古什共和国，其居民总收入中，灰色收入占38%，经营性收入占12%，社会福利补贴占17%（见表7-2）。

表7-1 北高加索各联邦主体轻型汽车保有量

单位：辆/千人

年份	1990	2000	2005	2008	在全俄排名
全俄	59	131	169	214	
斯塔夫罗波尔边疆区	79	136	176	206	31
卡拉恰耶夫-切尔克斯共和国	76	93	137	177	63
北奥塞梯-阿兰共和国	68	109	142	175	64
卡巴尔达-巴尔卡尔共和国	73	95	108	139	75
印古什共和国	50	57	58	89	80
车臣共和国	50	—	48	70	81
达吉斯坦共和国	37	47	55	68	82

资料来源：根据俄罗斯国家统计局数据整理。

表7-2 2008年北高加索各联邦主体居民收入结构

单位：%

	经营收入	劳动收入	社会福利补贴	财产收入	其他收入（包括灰色工资收入）	
					2008年	2000年
全俄	10	45	13	6	26	28
斯塔夫罗波尔边疆区	14	35	16	3	31	30
北奥塞梯-阿兰共和国	19	30	17	2	32	23
卡巴尔达-巴尔卡尔共和国	28	21	13	2	37	34
卡拉恰耶夫-切尔克斯共和国	16	27	17	3	37	26
印古什共和国	12	33	15	3	38	29
达吉斯坦共和国	13	21	17	1	48	28

资料来源：根据俄罗斯国家统计局数据整理。

(二) 劳动力市场状况堪忧

第一是失业率高。截至2010年5月,北高加索地区总失业人口(按国际劳工组织标准计算)为76.66万,占经济自立人口的18%(俄联邦的平均失业率为8.2%)。印古什共和国的失业率高达53%,车臣共和国为42%,达吉斯坦共和国为17.2%。从登记失业率看,状况更糟,2008年,车臣共和国的登记失业率为63.2%,虽然近两年有所下降,但截至2010年9月仍高达48.3%,印古什共和国如上两年的失业率分别为23%和22%(见表7-3)。

表7-3 北高加索各联邦主体登记失业率

单位:%

	2008年	2009年4月	2009年9月	2010年2月	2010年9月
俄罗斯	2.0	3.0	2.7	3.1	2.1
达吉斯坦共和国	3.6	4.0	3.8	3.8	3.4
印古什共和国	23.0	15.4	19.4	22.3	22.0
卡巴尔达-巴尔卡尔共和国	5.9	6.9	5.7	5.7	3.3
卡拉恰耶夫-切尔克斯共和国	2.6	3.6	3.8	3.4	3.3
北奥塞梯-阿兰共和国	3.1	4.2	3.4	4.5	3.8
车臣共和国	63.2	61.6	55.0	59.3	48.3

资料来源:根据俄罗斯国家统计局数据整理。

第二是"自我就业率"高。自我就业有两种类型:一是在无法人身份的企业就业,如在私人农场工作和从事家庭经营;另一种是为个体经营者工作。车臣共和国和达吉斯坦共和国的"自我就业率"高达47%~48%。

第三是在中小企业就业人员比例过低。2009年,达吉斯坦共和国、车臣共和国和印古什共和国,在中小企业就业人员仅占4%~5%,远远低于全俄18%的平均水平(见表7-4),主要原因是北高加索地区的经营环境较差。

第四是农村失业率远远高于城市失业率,失业人口中有一半是年轻人,而且失业人员中,失业时间较长者所占比例高,超过了全俄平均水平。如失业超过一年的失业者占比达27.7%,而全俄仅为12.2%。

表7-4 2008年北高加索各联邦主体就业人员分布

单位：%

	企业就业人员	在无法人资格企业就业的人员	受雇于自然人	中小企业就业人员（2009年俄国家统计局估算数据）	经过国家登记的个体经营者（2010年初）
俄罗斯	82	8	11	18	6
北奥塞梯-阿兰共和国	78	12	11	9	6
斯塔夫罗波尔边疆区	73	13	14	16	8
卡巴尔达-巴尔卡尔共和国	68	20	12	8	9
卡拉恰耶夫-切尔克斯共和国	65	20	15	11	9
印古什共和国	64	28	8	5	12
车臣共和国	54	28	18	4	12
达吉斯坦共和国	52	26	23	5	7

资料来源：根据俄罗斯国家统计局数据整理。

（三）产业结构低度化

北高加索地区产业结构呈现出农林业产值所占比重高于工业产值，国家管理部门和社会服务领域产值占地区生产总值比重超过一半以上的特点。以2008年为例，北高加索联邦区的农业产值占地区生产总值的比重达22%，加工工业产值占地区生产总值比重不足15%；国家管理部门和社会服务领域产值占地区生产总值比重达55%。这与俄罗斯整体产业结构相比形成较大的反差，2008年，全俄经济上述三个平均指标分别为5%、19%和16%。而且北高加索联邦区各共和国之间在产业结构上也存在较大差异（见表7-5），特别是在工业上呈现出不同的发展态势。1999~2008年，卡巴尔达-巴尔卡尔共和国因食品工业的发展，工业生产出现超高水平的发展，此外，由于近几年联邦中央对军事工业综合体财政拨款的增加，达吉斯坦共和国的工业也呈现较好的发展态势，与此同时，北奥塞梯-阿兰共和国的工业则处于停滞状态，印古什共和国的工业也正陷入"去工业化"的泥沼。

表 7-5　2008 年北高加索各共和国产业结构

单位：%

	农林业	工　业	市场服务业	非市场服务业
全俄各地区均值	4.5	32.3	43.7	12.5
达吉斯坦共和国	14.1	8.5	41.0	16.4
印古什共和国	8.8	4.6	21.9	54.3
卡巴尔达-巴尔卡尔共和国	21.7	13.8	33.0	23.8
卡拉恰耶夫-切尔克斯共和国	21.5	23.5	24.6	23.3
北奥塞梯-阿兰共和国	17.9	17.0	30.7	26.3
车臣共和国	7.9	8.0	23.2	40.3

资料来源：根据俄罗斯国家统计局数据整理。

（四）对联邦补贴的依赖程度高，但联邦转移支付使用效率不高

首先是该地区预算严重依赖俄联邦预算的转移支付。近十年以来，联邦预算每年拨给北高加索联邦区各联邦主体的财政援助款项明显增加。特别是印古什共和国和车臣共和国，其联合预算收入中，来自联邦预算的转移支付占 90% 以上。即使在金融危机比较严重的时期，来自联邦预算的转移支付依旧保持了较高的比例。2010 年，在转移支付额度整体下降的背景下，政治问题比较严重的印古什共和国和车臣共和国的转移支付额度基本未变，而卡拉恰耶夫-切尔克斯共和国获得的转移支付额度更是有所增加（见表 7-6）。在北高加索各联邦主体中，车臣共和国因政治情况较为复杂，获得的联邦补贴最多，从而使其地区预算收入与人口是其两倍多的斯塔夫罗波尔边疆区相当。从人均联合预算收入指标看，车臣共和国不仅远远高于北高加索联邦区其他联邦主体，也高于南方联邦区平均值，甚至高于全俄各地区的平均值（见表 7-7）。

其次是地区投资高度依赖联邦预算资金。北高加索地区对经济部门的投资规模较小，未及全俄平均水平的一半。2006 年以来，因联邦预算投资增加和国家垄断部门资金的进入，投资出现明显增长。例如，达吉斯坦共和国因实施能源和基础设施项目，投资出现了较快的增长。2008 年金融危机之前，卡巴尔达-巴尔卡尔共和国和印古什共和国的投资也出现了小幅增长。车臣共和国

表7-6 2008~2010年联邦预算转移支付在北高加索各共和国联合预算中占比

单位：%

联邦主体	占比 2008年	占比 2009年	占比 2010年 1~8月	变化趋势 2009年相比2008年	变化趋势 2010年1~8月相比2009年
印古什共和国	91	91	90	113	104
车臣共和国	91	91	89	101	99
达吉斯坦共和国	73	79	75	132	91
卡拉恰耶夫-切尔克斯共和国	71	71	69	116	115
北奥塞梯-阿兰共和国	72	67	63	78	88
阿迪格共和国	62	63	59	116	88
卡巴尔达-巴尔卡尔共和国	57	57	58	117	92
全俄地区均值	19	27	25	134	97

资料来源：根据俄罗斯财政部数据计算。

表7-7 2009年人均地区联合预算收入

单位：万卢布

车臣共和国	5.1	斯塔夫罗波尔边疆区	2.4
卡拉恰耶夫-切尔克斯共和国	2.9	达吉斯坦共和国	2.4
印古什共和国	2.8	南方联邦区	2.8
卡巴尔达-巴尔卡尔共和国	2.5	俄各地区均值	4.2
北奥塞梯-阿兰共和国	2.4		

资料来源：根据俄罗斯财政部数据计算。

未公布投资数据，但是因联邦预算转移支付的大量流入，该共和国成为事实上的引资鳌头。不仅是车臣共和国，印古什共和国和达吉斯坦共和国的投资也主要来自联邦预算。当然，车臣共和国预算资金在投资额中的占比也较高，但是这部分资金事实上也可以看做联邦预算的资金投入，因为在车臣共和国预算中，90%的资金来自联邦预算的转移支付，而非自有资金。实际上，大量预算资金的投入，是俄联邦权力机构对政治形势较为复杂的地区所实施的主要政策工具之一。金融危机时期，因大量来自来俄联邦预算资金的注入，车臣共和国、印古什共和国和达吉斯坦共和国投资所受影响不大。

最后是联邦预算对北高加索各联邦主体预算的转移支付大多缺乏透明度。联邦预算对北高加索各联邦主体转移支付的类型主要有：支持就业市场的津贴、通过住房公用事业改革基金拨付的款项、通过联邦专项纲要的拨款、保障预算平衡的补贴、拉平预算保障水平的补贴以及其他类型的转移支付。2009年，拉平预算保障水平的补贴在各联邦主体预算收入中均占较高的比例（见表7-8）。北高加索各共和国对来自联邦预算转移支付资金的使用与俄罗斯其他地区不同：一是用来积极发展教育、医疗以及对住房公用事业的改革；二是将大量资金花在国家管理上，北高加索联邦区各共和国在社会给付方面的支出增加的同时，国家管理方面的支出则几乎没有减少（见表7-9）。

表7-8 2009年联邦预算拉平预算保障水平的补贴在地区预算收入中占比

单位：%

俄各地区均值	6	卡拉恰耶夫-切尔克斯共和国	37
车臣共和国	19	北奥塞梯-阿兰共和国	27
印古什共和国	48	卡巴尔达-巴尔卡尔共和国	33
达吉斯坦共和国	49	斯塔夫罗波尔边疆区	17

资料来源：根据俄罗斯财政部数据计算。

表7-9 2010年1~9月北高加索各共和国联合预算支出与2009年同期之比

单位：%

	支出总额	国家管理	国民经济	住房公用事业	教育	医疗	社会政策支出	其中社会给付
俄罗斯各地区	106	102	97	95	108	102	121	125
印古什共和国	109	102	171	75	135	101	122	128
卡拉恰耶夫-切尔克斯共和国	108	98	114	56	113	100	161	172
卡巴尔达-巴尔卡尔共和国	102	96	78	108	108	112	112	113
北奥塞梯-阿兰共和国	101	54	102	102	98	125	125	129
达吉斯坦共和国	98	102	65	85	110	94	114	115
车臣共和国	97	113	65	99	121	86	106	106

资料来源：根据俄罗斯财政部数据计算。

（五）人口状况喜忧参半

北高加索联邦区的人口增长较快。1990～2009 年，人口增加了 168 万，截至 2010 年初，北高加索联邦区的人口已达 1343.7 万。北高加索联邦区人口增长较快主要源于出生率高、死亡率低和居民寿命长，这三项指标在俄罗斯各联邦区中均居第一位。以 2009 年为例，北高加索联邦区出生率较高的联邦主体有车臣共和国（出生率为 29‰）、印古什共和国和达吉斯坦共和国（出生率均为 18‰）。北高加索联邦区的平均死亡率为 8.7‰（全俄平均水平为 14.6‰），其中死亡率最低的是印古什共和国、车臣共和国和达吉斯坦共和国，这三个地区的死亡率分别仅为 3.7‰、5.3‰和 6.1‰。

人口呈现低龄化态势。高出生率使北高加索联邦区人口中儿童所占比重增加（2006 年初为 18.6%），适龄劳动人口中年轻人占比增加。比较明显的是车臣共和国、印古什共和国和达吉斯坦共和国，上述三个联邦主体的适龄劳动人口中，年轻人占比分别为 32.9%、28.9% 和 25.4%。

在人口大量流失的同时，北高加索地区依旧面临劳动力过剩问题。20 世纪 90 年代以来，由于邻近国家的热点地区军事冲突不断，再加上复杂的族际关系，使得北高加索联邦区人口流出问题较为严重，与此同时，宜人的气候条件又使该地区成为移民的流入地区。以 2008 年为例，北高加索联邦区对外净移民 1.19 万人，其中达吉斯坦共和国流失人口 9800 人，卡巴尔达－巴尔卡尔共和国 2900 人，北奥塞梯－阿兰共和国 2700 人，卡拉恰耶夫－切尔克斯共和国 1900 人，车臣共和国 1000 人；移民增加的地区是斯塔夫罗波尔边疆区和印古什共和国，分别增加了 5500 人和 900 人。尽管如此，北高加索联邦区依旧存在劳动力资源过剩的问题，每年需要对外劳动移民的规模达到 3 万～4 万人。

（六）民族成分复杂，宗教极端主义和民族仇恨根深蒂固

1989～2002 年，30 万俄罗斯族人口（占该地区总人口的 27.5%）离开北高加索联邦区各联邦主体。近十年来，虽然俄罗斯族人口流失速度略有下降，但北高加索联邦区人口的民族结构却发生了较大的变化。俄罗斯民族在北高加索联邦区居民中所占比重大幅下降。与此同时，少数民族原

住民所占比重增加。最明显的是车臣共和国和印古什共和国，这里的非车臣族人和非印古什族人大幅减少，有些专家甚至把这些共和国视为单一民族地区。截至2010年，北高加索联邦区居住着274.3万俄罗斯族人（占总人口的29.9%），148.52万车臣族人（16.2%）、78.53万阿瓦尔族人（8.5%）、51.17万卡巴尔达族人（5.6%）、48.88万达尔金族人（5.3%）、47.65万奥塞梯族人（5.2%）、46.22万印古什族人（5%）、39.91万库梅克族人（4.3%）、35.95万列兹根族人（3.9%）、18.76万卡拉恰耶夫族人（2%）、14.8万拉克族人（1.6%）、10.68万巴尔卡尔族人（1.2%），此外还有其他少数民族居民。

北高加索联邦区各民族之间在沙俄时代就结下宗教、种族仇怨。斯大林时期民族宗教政策的失误，如强行整体迁移北高加索个别少数民族人口等，使少数民族与俄罗斯主体民族之间的罅隙更深，再加上两次车臣战争的阴影，助长了该地区民族主义和宗教极端主义的盛行。当前，又由于地区内部贪污腐败加剧，土地关系没有理顺而产生大量民族冲突。此外，因公民意识弱化、高失业率和居民的社会保障不足，极端思想容易滋生，再加上一系列极端国际组织的挑动，北高加索地区的一些极端势力重新划分联邦主体行政疆界、谋求"独立"的企图仍然强烈，从而导致北高加索地区民族政治和宗教局势紧张，恐怖事件时有发生。

（七）城市化存在较大隐忧

传统上作为农业区的分工地位使北高加索联邦区的城市化水平较低。1989~2009年的数据显示（见表7-10），20世纪90年代以来，北高加索各共和国出现了城市人口占比下降的逆城市化趋势，但与西方国家的逆城市化有所不同的是，这种逆城市化主要是由苏联解体后经济出现动荡和俄罗斯族居民大规模迁出所造成的。截至2009年初，北高加索联邦区农业人口占51.1%（全俄为26.9%），达吉斯坦共和国、印古什共和国和卡拉恰耶夫-切尔克斯共和国的农业人口占比为56%~57%，车臣共和国高达64.7%。大量农业人口生活在交通基础设施不发达的地区，居民生活水平不高。

表 7-10　北高加索地区各共和国城市人口在总人口中占比（年底数据）

单位：%

年份 \ 地区	俄罗斯	达吉斯坦共和国	印古什共和国	卡巴尔达-巴尔卡尔共和国	卡拉恰耶夫-切尔克斯共和国	北奥塞梯-阿兰共和国	车臣共和国
1989	73.4	43.2	41.3	61.1	48.6	68.6	41.3
1990	73.8	44.0	27.8	61.0	49.1	69.1	47.8
1995	73	43.4	41.8	57.2	45.7	69.0	38.6
1998	73.2	41.0	41.6	57.3	44.3	68.6	32.8
2000	73.2	42.4	42.6	56.6	43.9	66.2	33.5
2001	73.3	42.6	42.6	56.6	43.9	65.7	33.8
2002	73.3	42.8	42.4	56.6	44.1	65.4	33.7
2003	73.4	42.8	42.5	58.4	44.1	65.4	33.7
2004	73.0	42.7	42.6	58.9	44.1	65.4	34.0
2005	72.9	42.7	42.7	58.5	44.1	64.7	34.3
2006	73.0	42.6	42.9	58.5	44.0	64.4	34.4
2007	73.1	42.5	42.9	58.5	43.7	64.3	35.1
2008	73.1	42.4	43.1	56.1	43.8	64.3	35.3
2009	73.9	42.4	43.1	56.0	43.4	64.4	36.4

资料来源：根据俄罗斯国家统计局数据计算。

虽然迄今为止北高加索地区整体城市化进程停滞不前，但与俄罗斯大多数地区从农村向城市移民的潜力释放殆尽有所不同，北高加索地区由于农村居民所占比重仍然较大，人口密度也比一般地区高，因而其城市化还有较大空间。由于社会上对农业劳动缺乏尊重，加之农村缺少现代化的生活设施和青年人感兴趣的社会环境以及就业岗位，农村青年不断离开村庄。城市化进程对北高加索地区的社会关系产生了一定的影响。一方面，城市化进程弱化了传统大家族的内部关系（如通过与异族通婚等），突破了传统乡土社会的各种束缚，扩大了信息交流空间，为人们提供了各种各样的机会；另一方面，农村居民向城市的持续流入，又在一定程度上导致城市中形成了农村社会的制度基础，因为农村居民进城大多是依靠已迁入城市的亲属或者同村人构成的社会关系网，经常是整个家族迁入城市，垄断城市的某些行业或者某些细分市场，从而使农村的制度基础在城市中得以复制。正如俄罗斯学者 A. 特雷维什指出的那样："与西方国家不同，俄罗斯的城市整体与农村及农村生活方式的决裂程度较低，快速的城市化，正如拉美国家一样，使城市如同超常发育的青少年，长高了，但却并不成熟……还需要携带农村的元素：人本身、生活方式及其生活环境。"[1] 农村大家族观念得以延续并继续被珍视，家族式"自上而下的权力阶梯"也被保留下来，这对青年人的自我实现造成了极大的制约。由于2/3强的北高加索联邦区居民是年轻人（约280万），如果这些年轻人未能与主流家族攀上关系，则"自下而上的社会阶梯"对他们而言已经关闭，在这种情况下，这些人如果不能到北高加索以外地区的大城市发展，而是继续留在原地，则在民族宗教关系较为复杂的背景下，容易产生严重的社会问题。

就城市功能而言，北高加索的城市仅存在两种功能：一是中转功能，即在很大程度上是为农村经济服务的消费市场，为农民购房储蓄和投资创造条件；二是寄生虫功能，北高加索各共和国高度依赖联邦预算资金，权力机构和官僚机构都集中在城市，因而来自联邦预算的资金大多集中在城市，而贪污腐败的存在又使很大一部分预算资金落入所谓的精英手中，城市成为这些寄生虫式的精英炫耀性消费的场所。而城市所应具备的生产者功能在北高加索地区的大部分城市中并没发挥出来[2]。

（八）社会服务水平较低

首先是医疗体系发展水平较低。北高加索所有联邦主体都存在医院和诊所不足、医生及中级医疗救护人员缺编的问题。2009年，北高加索联邦区仅有681家医疗保健机构，414个诊所，1740个助产点，204个急救站。人均医生保有量为3.8‰，低于俄联邦4.41‰的平均水平；中级医护人员的保有量为8.16‰，也低于俄联邦9.41‰的平均水平。此外，在卡巴尔达-巴尔卡尔共和国、北奥塞梯-阿兰共和国、车臣共和国和斯塔夫罗波尔边疆区，社区内科大夫和儿科大夫缺乏及急救医生不分科问题严重。年轻专家外流使该地区的医疗服务质量面临较为严峻的考验。肿瘤病、心血管外科、外伤和整形、神经外

---

[1] А. Трейвиш, Город, район, страна и мир, Развитие России глазами страноведа, М.: Новый хронограф, 2009.

[2] И. Стародубровская, Н. Зубаревич, Д. Соколов, Т. Интигринова, Н. Миронова, Х. Магомедов, Северный Кавказ: модернизационный вызов, М.: Издательский дом «Дело» РАНХиГС, 2011.

科、眼科疾病等地区多发病是医疗救助的重点。直至2009年，设备水平较为先进的医疗机构——隶属于俄联邦卫生与社会发展部的北高加索综合医疗中心才投入运营。

其次是教育水平不高。北高加索地区经济自立人口的受教育程度比俄联邦平均水平略低。就业人口中，受过高等教育的人口占比为26.2%（全俄平均水平为27.1%），受过中等职业教育的占比为22.2%（全俄平均水平为26.7%）。教育机构发展不足，尤其是学前教育机构不足的问题较为严重。卡巴尔达-巴尔卡尔共和国、印古什共和国、车臣共和国、北奥塞梯-阿兰共和国、达吉斯坦共和国和斯塔夫罗波尔边疆区的中级职业教育机构数量仅为全俄平均水平的5/9~10/23，而且大多数联邦主体的高等教育机构数量也低于全俄平均水平。仅有卡巴尔达-巴尔卡尔共和国、北奥塞梯-阿兰共和国的高等教育机构数量是全俄平均水平的1.5倍。教育机构不足造成了全日制普通教育机构学生人数的下降。学前教育教师水平亟待提高，中学普通教育也存在教育人才严重不足和技术设施老化问题。此外，在旅游业、疗养业、国家管理、食品工业、农业、建筑业和医疗等能够推进经济快速增长的行业，相关专家的培训水平也亟待提高。

再次是住房保障水平总体较低，且各联邦主体之间差异较大。2008年，住房保障水平较好的联邦主体，如北奥塞梯-阿兰共和国的人均住房面积是26.1平方米，斯塔夫罗波尔边疆区和卡拉恰耶夫-切尔克斯共和国的人均住房面积分别为21.2平方米和20.1平方米，与全俄平均水平持平（全俄平均水平为22平方米）。状况较差的卡巴尔达-巴尔卡尔共和国和达吉斯坦共和国，人均住房面积仅分别为16.9平方米和16.5平方米，而印古什共和国和车臣共和国的人均住房面积为全俄最低，分别仅为10.9平方米和13.4平方米。住房的基础配套设施也参差不齐。2008年，在全俄住房中，装备自来水的房屋占76%，北高加索联邦区的所有联邦主体中，虽然装备自来水的房屋约占90%，但是在达吉斯坦共和国和印古什共和国，装备自来水的房屋仅占54%和57%。装设下水管道的住房在北奥塞梯-阿兰共和国占96%，印古什共和国、卡巴尔达-巴尔卡尔共和国和斯塔夫罗波尔边疆区也达到全俄平均水平，约为70%，但是达吉斯坦共和国和车臣共和国低于全俄平均水平，分别仅占42%

和34%。此外，北高加索地区的住房建设速度也低于全俄平均水平，2009年每千人新建住房面积为302平方米，仅为中央联邦区的一半。究其原因，一是居民的支付能力不足；二是信贷市场不发达，特别是住房按揭贷款市场不发达；三是住房价格较低与房屋造价较高的矛盾。在北高加索各共和国，75%~100%的住房都是居民用自有资金或者借贷资金而建（全俄平均为42%）。按人均贷款额计算，北高加索联邦区在俄罗斯排行倒数第一，2008年人均贷款额为6100卢布，是全俄平均水平的1/3。从住房价格看，阿迪格共和国、达吉斯坦共和国、北奥塞梯－阿兰共和国、卡拉恰耶夫－切尔克斯共和国的房价分别是全俄均价的61%、52%、43%和29%。[1] 而建筑材料昂贵和建筑公司专业技术设备不足导致建房成本较高。如在卡拉恰耶夫－切尔克斯共和国建造一平方米住房的造价是3.45万卢布，而全俄平均水平仅为3.03万卢布。有关专家预测，未来几年，北高加索联邦区的住房需求将进一步增加，其主要预测依据是现有住房面积不足和人口的增长。根据预测，2010~2020年北高加索联邦区人口将增加80万，到2020年，要使人均住房面积达到22平方米，则需要新建6000万平方米住房。如果按现有的建设速度，到2020年前仅能建造700万平方米住房。

最后是体育文化基础设施保障水平低于其他联邦区。2005年之后，北高加索联邦区的图书馆、文化休闲机构、儿童艺术学校、剧院和演出场所的数量急剧减少，文化机构的物质技术设施状况堪忧：30%以上的大楼处于危旧状态，需要大修；仅有13.4%的图书馆配备了个人电脑，仅有4.4%的图书馆能够上网；缺少配备专门音响设备的现代化影院。此外，文化人才素质较低的问题未得到改善，文化机构的工作人员仅有30%受过高等职业教育。

二 北高加索地区经济社会长期发展战略

虽然由于民族宗教和政治形势等方面的影响，北高加索地区当前的经济社会发展水平与俄罗斯其他地区相比仍然有一定的差距，但其在资源、工农业、

---

[1] И. Стародубровская, Н. Зубаревич, Д. Соколов, Т. Интигринова, Н. Миронова, Х. Магомедов, Северный Кавказ: модернизационный вызов, М. : Издательский дом «Дело» РАНХиГС, 2011.

旅游业、交通、电力与通信等方面仍然具有较大的发展潜力。而且北高加索这一边疆民族地区的稳定与发展事关俄罗斯国家主权与领土完整，正如俄罗斯总理普京所言："如果把北高加索分裂出去，则其他民族地区也会如法炮制，这对俄罗斯所有公民都将是巨大的灾难。"[①] 对北高加索地区的综合治理进程，实质上就是要探索出一条适合俄罗斯国情的落后边疆地区的发展之路，这关乎俄罗斯未来的政治、经济、外交与社会生活。有关联邦中央对北高加索地区的综合治理举措在本书第二章已有详述，本节仅从《2025年前北高加索联邦区经济社会发展战略》的角度，对俄罗斯对边疆少数民族地区的综合治理的新探索予以剖析。

为促进北高加索地区发展，2010年9月，第1485号联邦政府令批准了《2025年前北高加索联邦区经济社会发展战略》（以下简称《战略》），该战略预示俄罗斯对边疆民族地区的战略正在逐渐从制度改革和改善投资环境转向发展经济。

（一）《战略》的主要目标与优先方向

《战略》提出的主要目标是实现北高加索各联邦主体的跨越式发展、创造新的就业岗位、提高居民生活水平。国家对北高加索各联邦主体支持政策的优先方向是通过促进中小企业、农工综合体、建筑、旅游综合体、能源和交通产业的发展，增加北高加索各联邦主体的预算收入，进而发展医疗、教育、科技、住房公用设施和体育健身设施，保持北高加索各民族文化的遗存并使之得到发展，加快该地区融入俄罗斯整体经济体系乃至世界经济体系的步伐。

（二）《战略》的三种发展方案

《战略》按照近期、中期和远期前景设定，对各种形式的国家援助进行了预设，并提出了消极、中性和乐观三种发展方案。三种方案参照的因素主要包括：俄罗斯联邦在能源、科学、教育、高技术和其他领域比较优势的实现程度；加工业创新程度和劳动生产率提高状况；交通和能源基础设施的发展情况；人力资本质量的提升程度和中产阶级的形成规模；欧亚经济空间一体化的深度。

---

① 2011年12月20日普京在北高加索联邦区发展会议上的发言。

消极方案。主要是完成北高加索区域内现行联邦专项纲要目标，使联邦区各项主要社会经济指标达到全俄平均水平。按此方案发展，北高加索联邦区能发挥经济比较优势的长期项目和规划将难以实施；严重的居民贫富分化将导致社会基础设施现代化建设停滞；加工工业竞争力下降，进口快速增长；营商环境不良状况持续；人力资本质量下降；民族关系紧张，恐怖势力活跃，宗教极端主义盛行；大多数部门的生产率与国外的差距继续保持或者持续加大；经济结构难获改善或者继续恶化，机械制造业和其他中高技术行业萎缩，农业和原料工业难以实现技术更新和改造；居民生活质量和中小企业发展均不会出现较大改观。

消极方案下，北高加索联邦区的各项社会经济指标呈现如下状况：地区生产总值在全俄GDP中的比重从2008年的2.1%增加到2025年的2.5%；2008~2025年地区生产总值的年均增幅为5.7%；地区人均生产总值从2008年的7.9万卢布增加到2025年的13.3万卢布；月均名义工资从9600卢布增加到1.4万卢布；失业率从16%降至14%；联邦区联合预算人均收入从5100卢布增加到14600卢布；工业生产增加7.3%；贫困人口占比从16.5%降至12.6%；固定电话用户从104.4万增加到263万；移动电话用户从903.8万增至1778.5万；电力需求从240亿千瓦增至430亿千瓦；硬面公路从277.6公里/1000平方公里增至292.6公里/1000平方公里。

中性方案。未来五到十年，对最具吸引力的经济部门——旅游业造成威胁的安全保障问题可以解决，私人投资也可以进入其他领域。优先发展方向将是农工综合体、冶金、原料能源综合体以及化工、石油加工行业和机械制造业。国家支持的重点将是改善大型企业的投资环境，国家重点拨款支持基础设施项目建设，实施中小企业发展支持规划。为此，需要实现农工综合体、原料能源综合体和机械制造业综合体的技术改造，提高竞争力；发展相应交通基础设施，实现北高加索地区的联运潜力；完成现行北高加索联邦区所有联邦纲要目标；逐渐缓解族际紧张关系，减少恐怖活动，增强该地区各联邦主体的投资吸引力。

中性方案下，主要经济社会指标的设定如下：2010~2025年地区生产总值实现年均6.7%的增长率，工业生产增幅年均达8.7%；人均地区生产总值从 2008 年的 7.9 万卢布增加到 2025 年的 17.2 万卢布；月均名义工资从 9600 卢布增加到 18600 卢布；失业率从 16% 降至 9%；贫困人口占比从 16.5% 降至 10.9%；联邦区联合预算人均收入从 5100 卢布增加至 17500 卢布；人均住房面积从 17.1 平方米增加到 20 平方米；医院病床数量从 79 个/万人增加到 80 个/万人；门诊服务接诊率从 174 次/万人增加至 200 次/万人；高级医疗人员保障水平从 41 名/万人增加至 43 名/万人；中级医护人员保障水平从 87 名/万人增加到 90 名/万人；固定电话用户从 104.4 万增至 313.1 万；移动电话用户从 903.8 万增加到 2117.3 万；中小企业数量从 3.4 家/千人增加到 17 家/千人；中小企业就业人员从 31.7 万增加到 99 万（占就业人数的 23%）；中小企业创造的产值在地区生产总值中所占的比重增至 25%~35%；电力需求从 240 亿千瓦增至 600 亿千瓦。

乐观方案。目标是使北高加索联邦区成为俄罗斯乃至独联体国家医疗旅游和高山旅游中心；成为绿色食品的最大供应地；成为连接俄罗斯与地中海和外高加索地区国家的发达交通枢纽；成为最富吸引力的居住地。为此，需要积极发展旅游综合体；缩小关键产业部门生产率与全俄平均水平的差距；实现社会基础设施全面现代化，其中包括教育、医疗、住房设施现代化，降低死亡率，特别是母婴死亡率，提升人力资本质量，提高生活质量标准，为公民追求自我实现创造条件，提供安全保障，创造良好生态环境；打造新的经济增长中心，缩小落后地区与其他地区的差距；积极进入俄罗斯乃至世界市场；切实改善投资环境，积极吸引外资；实现交通体系超前发展，满足经济和居民对高质量交通服务和交通基础设施的需求；实现社会政治和民族关系的稳定；提高国家管理效率，缩小腐败规模，提高国家支出效率；为私人投资创造优惠条件；加快中小企业发展；建立就业促进机制。

乐观方案下，预期经济社会指标是：2010~2025 年，地区生产总值的年均增幅达 7.7%；人均地区生产总值从 2008 年的 7.9 万卢布增加到 2025 年的 21.9 万卢布；月均名义工资从 9600 卢布增加到 23800 卢布；创造至少 40 万个工作岗位，失业率从 16% 降至 5%；贫困人口占比从 16.5% 降至 9.2%；联邦区联合预算人均收入从 5100 卢布增加至 120400 卢布；社会服务领域在经济结构中占比从 22% 降至 17%，农业综合体、工业、旅游业和建筑在经济中的占比从39%提高到47%（其中加工业、建筑和旅游业占比从21%增至28%）；人均住房面积从17.1平方米增加到24.4平方米；医院病床数量从79个/万人增加到81个/万人；门诊服务接诊率从174次/万人增加至207次/万人；高级医疗人员保障水平从41名/万人增加至44名/万人；中级医护人员保障水平从87名/万人增加到94名/万人；全面消除学前教育机构不足问题；固定电话用户从104.4万增至363.2万；移动电话用户从903.8万增加到2456万；提高预算保障能力，达到人均4.8万卢布，降低联邦预算转移支付额度，来自联邦预算的补贴在地区预算收入中的比重从66%降至43%；中小企业数量从2008年3.4家/千人增加到17家/千人；中小企业就业人员从31.7万增加到99万（占就业人数的23%）；中小企业创造的产值在地区生产总值中所占的比重增至25%~35%；电力需求从240亿千瓦增至700亿千瓦。

乐观方案确定了农工综合体、工业产业和旅游业发展的优先方向。其中，农工综合体发展的优先方向包括：提高农业生产企业知名度；鼓励农业生产企业走向俄罗斯乃至邻国的大型销售市场；鼓励投资对现有经营实体进行现代化改造，并建立新的经营实体；完善土地改良基础设施；提高技术水平；把小型经营实体纳入统一的生产销售网。工业发展的优先方向是：建立新的现代化加工企业；鼓励生产者走向俄罗斯乃至国外的销售市场；对矿产基地实行有效开采，其中包括开采钛-锆矿和开发里海大陆架。旅游业的主要发展方向是：建立现代化的旅游基础设施；改善旅游业经营形象，发掘旅游潜力；保障旅游中心区的交通设施建设；为旅游者提供最高级别的安全保障；培育旅游业人才；支持中小型旅游经营业发展；注重旅游和文化资源的保护和恢复；为旅游业创造十万个新工作岗位。

乐观方案还提出了北高加索联邦区民族宗教问题的解决之路：增强对俄罗斯公民身份的认同，避免民族和宗教冲突，防止民族宗教极端主义；进行长期宣传，培养公民意识，增强民族共融性，改善北高加索联邦区在俄罗斯和外国媒体中的形象；向当地居民灌输北高加索联邦区局势不稳会对其造成巨大经济损失的思想；建立社会政治、民族和宗教活动检查体系，并采取相应的管理措施，把局势控制在有限的范围之内；减少俄罗斯族居民的流失，并鼓励流失的俄罗斯族居民回归北高加索联邦区。

（三）乐观方案的实现机制与阶段划分

《2025 年前北高加索联邦区经济社会发展战略》更倾向于北高加索联邦区的经济社会发展按乐观发展方案设定的目标发展。为解决资金不足和失业两大问题，《战略》提出了设立投资基金和劳动移民局的思路。成立投资基金的思路是：基金由国家和私人共同筹建，分行业建立，分设旅游业基金、农工综合体基金、建筑基金和中小企业基金。每个基金都由专业的管理公司管理，能对投资项目的可行性进行客观而专业的评估。在北高加索联邦区具有商业利益的大型金融公司和私人公司都可以成为基金股东。设立劳动移民局则是基于如下考虑：2015 年北高加索联邦区的失业人口将超过 40 万，从中期来看，必须向区外转移劳动力，以缓解当地的就业压力。劳动移民局的职能是在北高加索联邦区外寻找潜在雇主，首先是国家或者国家和私人合作的建筑公司；与雇主就雇用北高加索劳动力的条件进行谈判；与雇主签订统一的劳动合同；优先为失业人员推荐工作，与其签订工作合同；通过移民局的活动减少北高加索地区的失业人口，并使外国劳动力市场让渡 10% 的市场份额（约 25 万人）。

在乐观方案下，北高加索联邦区发展分两阶段进行。

2010~2012 年为第一阶段。该阶段主要为北高加索联邦区的未来发展创造必要的条件。主要任务是：支持确定最重要的优先项目；改善投资环境（财政刺激、建立法制基础等）；制定新的国家目标纲要（对现有方案进行审核）；确立发展制度并促其运行；根据战略确定的优先方向确定一揽子新投资项目。

2013~2025 年为第二阶段。吸引私人投资，对现有生产设施进行现代化改造并创造新的就业机会；完成筛选出来的投资项目；大力发展社会项目，如住房规划、医疗和教育基础设施发展规划等；整合投资项目，形成地区产业集群，提升北高加索联邦区投资吸引力。

2010 年 12 月，北高加索联邦区社会经济发展问题政府委员会成立，委员会由普京亲自领导，副主席由俄副总理、北高加索联邦区总统特命全权代表赫罗波宁担任。2011 年 7 月，俄罗斯地区发展部为了配合《战略》的实施，拟定了《2025 年前北高加索联邦区的联邦专项发展规划》，发展规划计划投资 5.5 万亿卢布，但至今尚未被俄议会通过。

第二节　远东地区开发战略与政策

远东是俄罗斯占地面积最大的联邦区。自沙俄时代起，出于经济利益与地缘政治的考虑，俄罗斯就开始了对远东地区的开发。到苏联时期，因重工业和军事工业发展的需要，对远东地区的开发达到了高潮。苏联解体后，在向市场经济转型过程中，随着大量优惠政策的取消，远东地区发展遭遇到了前所未有的困难，无论是人才吸引力，还是投资吸引力都大幅降低，不仅与其他地区的发展差距越来越大，而且与俄罗斯整体经济与社会发展的疏离程度也越来越高，在这种背景下，俄罗斯联邦政府基于地区经济平衡和国家安全考虑，通过制定一系列战略和规划，重新掀起了远东地区开发的浪潮。

一　沙俄向远东地区的扩张

从历史上看，俄国向亚洲的扩张，即向西伯利亚和远东的扩张始于俄国贵族富商斯特罗干诺夫家族对毛皮贸易所带来的利益的追求。西伯利亚和远东盛产黑貂、旱獭、水獭、狐狸、灰鼠等软毛皮兽，因气候严寒，皮毛质地极好，在欧洲市场上广受欢迎。以煮盐和垦荒致富的斯特罗干诺夫家族于1581年秋季命令以叶尔马克为首的家族武装力量越过乌拉尔山进攻西西伯利亚汗国[1]。由此开始了俄国的东方征服史。

皮毛贸易吸引了两类移民，一类是私人企业家，由商人和猎商（从产地获取毛皮的商人）组成，另一类是政府雇员，随着中央政府卷入皮货贸易并成为最大的皮货商，政府需要派雇员到东方开发当地的皮毛财富以保护政府利益[2]。由此可见，对贵重毛皮的追求是俄国向东方扩张的初始动力。

从1586年开始，俄国军队在西伯利亚地区不断构筑堡垒，移民垦殖，到1639年，俄国已基本上征服了西伯利亚。1643年，雅库茨克督军派文书官波雅尔科夫率哥萨克组成的远征队侵入黑龙江流域，并于1646年返回雅库茨克。

---

[1]　王希隆：《中俄关系史略（一九一七年前）》，甘肃文化出版社，1995，第12~18页。
[2]　〔美〕乔治·亚历山大·伦森编《俄国向东方的扩张》，商务印书馆，1978年2月。

继雅尔科夫之后入侵黑龙江流域的是叶罗菲·哈巴罗夫的远征队。俄国入侵黑龙江流域导致中俄雅克萨军事冲突，并最终以签署中俄《尼布楚条约》（1689年）和《恰克图条约》（1727年）的方式划出了中俄两国的边境线。鸦片战争后，俄国又开始了对黑龙江流域的入侵活动。1858年，中俄签订《瑷珲条约》。根据该条约，俄国占据了黑龙江以北、外兴安岭以南60余万平方公里的中国领土，只将江东六十四屯留作中国居民居住之地，而乌苏里江以东约40万平方公里的中国领土被定为"中俄共管"区域。《瑷珲条约》签署后不到半个月时间，俄国又利用英法联军进逼天津的机会，施展外交讹诈手段，迫使清政府签订中俄《天津条约》，为俄国占据乌苏里江以东及其西部的中国领土埋下了伏笔。1860年，通过签署《北京续增条约》，俄国占据了黑龙江以北至外兴安岭、乌苏里江以东一百余万平方公里的中国领土。"俄属远东省是俄国历来从中国身上咬下并嚼咽的最大一口。"[①]

沙皇俄国在扩张的同时，一直把辽阔的远东地区视为殖民地，执行"惩罚性垦殖"政策，把大赦的劳改犯、流放的政治犯和旧教徒迁移到远东地区，使该地区成了著名的苦役犯流放地，直至1900年流放制度被废除。当然，在此过程中，沙俄也采取了一些促进远东地区发展的措施。首先是在1861年沙皇亚历山大二世宣布废除农奴制后，允许"解放"的农奴有条件东移，并于当年颁布了第一个移民法——《俄人与外国人在阿穆尔省和滨海省定居条件》，用赐予土地、减免税收等优惠政策吸引国内外居民向远东地区迁徙并在此定居，其后的20年间，从俄国欧洲省份及西伯利亚向远东移民14414人[②]。其次是修建西伯利亚大铁路。1892年，维特在被任命为代理交通大臣和代理财政大臣后，开始关注远东，并于当年的11月向沙皇提出"关于修建西伯利亚大铁路的措施"的报告。西伯利亚大铁路于1891年始建，1916年全线通车。该铁路把西伯利亚和远东与俄罗斯欧洲部分连接起来，并带来了铁路沿线的经济大繁荣，对远东地区发展起到了重要作用。最后是20世纪初实施的斯托雷平土地改革。改革致力于彻底改变原有的村社制度，把土地分给农民作为

[①] 奎斯特德：《1857~1860年俄国在远东的扩张》，商务印书馆中译本，1979。
[②] А. Петров, История китайцев в России 1856–1917 годы, Санкт-Петербург. ООО «Береста». 2003. стр. 20.

私有财产，并建立家庭自耕农经济。斯托雷平改革使农村出现了资本主义的阶级分化，失地农民大量向西伯利亚和远东流动。与此同时，斯托雷平实行覆盖范围广泛的移民政策，把不满沙皇统治的农民迁往西西伯利亚、远东和突厥斯坦草原等边远地区。

二 苏联时期对远东的开发

苏联时期，特别是大规模工业化时期，政府大规模勘探并开采远东地区自然资源，发展重工业和军事工业，并斥巨资修建贝阿铁路，兴建新兴城市，由此掀起了新的远东移民浪潮。当然，苏联开发远东不仅仅是为获取经济资源和实现某种经济目标，更多是出于对地缘政治目标和解决人口问题的考虑①。高工资待遇、舒适的社会服务环境、以较快的速度分配住房等优惠待遇，对吸引人才和稳定远东地区人口数量发挥了积极作用。到20世纪末，远东地区人口总量达到800万。

苏联开发远东的政策工具是目标纲要。根据1930年苏共中央政治局和苏联国民经济委员会的决议，1930~1940年开始实施在远东打造军事工业综合体的纲要。大量的人力物力和财力集中在造船、黑色冶金、飞机制造、民用和军用机械、仪表制造和采矿等企业上。此外，还投入大量资金发展铁路交通和海港设施。在第二次世界大战之前的十年间，全苏6%以上的基本建设投资投向了远东地区。远东形成了强大的专业从事造船和飞机制造的军事工业综合体以及采矿业综合体。

第二次世界大战后，因国家需要重建在战争中遭受重创的地区，对远东的投资水平下降。与此同时，远东的资源产品也遭受到了来自东西伯利亚价格相对较低的资源产品的竞争。直至20世纪60年代，远东作为一些工业部门新原料基地的吸引力才又开始大幅提升。1967年7月，苏共中央和苏联部长会议通过了《关于继续发展远东经济区和赤塔州生产力措施决议》②，之后《远东

---

① П. Минакир, О. Прокапало, Программы и стратегия развития российского Дальнего Востока, Проблемы Дальнего Востока, №5, 2011.

② Решение партии и правительства по хозяйственным вопросам. М., 1966 – 1968. Т. 6. С. 473 – 486.

经济区和赤塔州生产力综合发展纲要》出台。但后来此纲要确定的目标并未完全实现。

为提高远东经济的竞争力，1987年，苏联颁布了《2000年前远东经济区、布里亚特苏维埃社会主义自治共和国和赤塔州生产力综合发展长期国家纲要》。纲要希望改变过去由中央分配基本建设资金的状况，并力争向社会发展领域倾斜。但因地区投资资金不足等原因，机械制造业未能取代采矿部门成为远东地区经济增长的新动力。戈尔巴乔夫也曾试图制定远东发展战略，把远东作为通向快速发展的亚太地区的窗口，但是当时苏联国内复杂的政治形势、严峻的经济状况、纷杂的社会矛盾、尖锐的民族冲突导致这一战略制定被搁浅。

总体而言，苏联对远东地区的开发存在诸多失误。首先是对远东开发的定位存在问题。苏联对远东的开发是以获取国家建设急需的能源原材料和资金为主要目标，侧重开采自然资源和发展交通基础设施，致使该地区经济结构单一，长期扮演国家原料供应地的角色。其次是忽视民生领域发展。把轻工业发展作为解决职工家属就业的从属部门，一直未给予应有的重视，远东所需的大宗轻工业产品大部分需要从其他地区调配。此外，对教育、医疗等社会服务基础设施的重视程度不够，导致高素质人才流失。再次是急功近利，不计成本地进行开发。在矿产资源开发上，不顾自然气候条件的制约，侧重开发富矿，忽视对资源含量相对少但开发条件较好的矿区的开发。为开发自然气候条件复杂地区的矿产资源，国家投入大量人力和资金进行交通等基础设施建设，不仅前期投入较高，而且有些项目因受自然条件制约不得不中途停工。最后是忽视生态安全和可持续发展。许多冶金和能源大型项目在决策过程中缺乏对生态环境因素的考虑，随着项目的运营，废气、废水、废物排放不断增多，环境污染日趋严重，对远东地区的可持续发展造成了影响。

三 苏联解体后俄罗斯对远东的开发

苏联解体后，在向市场经济转型过程中，远东地区无法再享受苏联时期的各种优惠政策。资金缺乏、技术落后、基础设施老化、人才流失等问题成为困扰远东地区经济社会发展的瓶颈。对能源原料出口的过度依赖，使远东地区经济结构失衡问题日益严重，远东地区与西部地区的差距也越来越大。从1994年开始，远东地区开始实施针对个别地区的专项纲要，如为萨哈林州制定了千岛群岛专项发展纲要。之后，针对联邦主体的专项纲要开始陆续出台，如1995年推出了萨哈共和国专项发展纲要和其他地区的发展纲要。1996年，俄联邦政府通过了《1996~2005年远东和外贝加尔经济社会发展联邦目标纲要》，试图实施"重返太平洋"战略。但1996~2000年，联邦预算对纲要的拨款仅占承诺数额的5.2%，地方预算拨款只占计划的17%[①]。

进入21世纪以来，随着俄罗斯经济整体状况好转，在亚太地区发挥更大影响力成为俄罗斯主要的战略诉求之一。而俄罗斯在亚太地区的影响力将取决于其东部地区的开发速度和规模。为加快远东地区发展，2002年推出了新版的《1996~2005年和2010年前远东和外贝加尔经济社会发展联邦目标纲要》，30多项联邦专项纲要也渐次实施，国家基础建设投资总额达277亿卢布。此外，在联邦目标投资纲要之外，还拨付了121亿卢布的资金用于投资[②]。但是由于纲要中形式化的东西居多，主要目的是向联邦预算伸手要钱，纲要制定和完成情况的监督职能归属模糊，纲要措施与计划不匹配，因此，所有联邦发展纲要平均仅能完成40%~60%，对远东地区经济社会发展未能产生实质性的推动作用。

2007年11月，俄联邦政府第801号令批准《2013年前远东和外贝加尔经济和社会发展联邦专项纲要》。2009年底，第2094号俄联邦政府令又批准了《2025年前远东和贝加尔地区经济社会发展战略》。以上两份文件的签署，预示着远东新一轮开发的开始。

[①] Дальний Восток и Забайкалье – 2000. Программа экономического и социального развития Дальнего Востока и Забайкалья до 2010 года. М.，2002. C. 12.

[②] *Н. Кузнецова*，Условия и перспективы стратегии социально-экономического развития Дальнего Востока，Стратегическое планирование на межрегиональном，региональном и городском уровнях：каким будет Дальний Восток после кризиса. Серия 《Научные доклады：независимый экономический анализ》，№ 207.，Московский общественный научный фонд；Дальневосточный центр экономического развития；Дальневосточный государственный университет，2010.

四 当今俄罗斯积极开发远东的原因

当前俄罗斯之所以积极开发远东，主要出于如下四个方面的压力。

（一）远东人口状况堪忧

人口数量持续大幅下降。远东人口从1990年的810万降至2010年的630万，降幅达22.2%，是全俄人口平均降幅的四倍以上。目前远东地区的人口数量仅为全俄总人口的4.5%，人口密度为1.1人/平方公里，相当于东北亚国家的1%。主要原因是转轨之后，远东地区经济状况不佳，人口大量流失。流失的人口中，对外移民人口占57.5%，自然流失人口占42.5%。对外移民多为适龄劳动人口，受教育程度较高，其中不乏优秀专家。远东地区人口减少的趋势还将进一步持续。根据预测，到2015年，远东地区人口在全俄人口中的比重将降至4.39%，2021年降至4.2%，2031年降至4.1%。其中男性公民减少的趋势更令人担忧。到2031年，男性在远东总人口中所占比重将降至46.8%。即未来的20年间，远东男性人口将减少24万。主要原因之一是远东地区人口预期寿命与全俄平均水平存在较大差距，特别是男性公民。2000~2015年，远东地区预期寿命与全俄平均水平的差距从2.17岁增加至4.5岁，其中男性人口的预期寿命差距从1.73岁增加至4.3岁（见表7-11）。

表7-11 远东地区与全俄平均预期寿命比较

单位：岁

年份	2000	2005	2006	2007	2015
全俄人口	65.34	65.3	66.6	67.8	73.3
全俄男性人口	59.03	—	—	—	68.5
远东人口	63.17	62.2	62.9	63.4	68.8
远东男性人口	57.3	56.16	57.95	58.42	64.2

资料来源：М. Терский, Стратегия развития Дальнего Востока России: экономика «шагреневой кожи», Стратегическое планирование на межрегиональном, региональном и городском уровнях: каким будет Дальний Восток после кризиса. Серия «Научные доклады: независимый экономический анализ», № 207. Москва, Московский общественный научный фонд; Дальневосточныйцентр экономического развития; Дальневосточный государственный университет, 2010.

人口老龄化问题严重。苏联时期远东地区的人口流动性较强，很多人退休后离开远东到各民族共和国和俄罗斯中部地区生活。当时远东的社会服务基础设施和住房市场的压力都较小。21世纪初，情况发生了实质性的变化，远东地区人口老龄化问题凸显。时至今日，65岁以上人口在远东人口中的比重已近22%。预测显示，未来20年，远东地区超过劳动年龄以上的人口数量在总人口中所占比重将出现较快增长。2010~2031年，远东地区65岁以上人口将增加38万，在地区总人口中所占的比重将增至约30%（见表7-12），而低于劳动年龄的人口数量将减少75万。

表7-12 2010~2031年65岁以上人口在远东总人口中所占的比重

单位：%

年份	2010	2011	2012	2013	2014	2015	2021	2026	2031
比重	20.7	21.17	21.67	22.18	22.64	23.12	25.5	26	28.8

资料来源：М. Терский, Стратегия развития Дальнего Востока России: экономика «шагреневой кожи», Стратегическое планирование на межрегиональном, региональном и городском уровнях: каким будет Дальний Восток после кризиса. Серия «Научные доклады: независимый экономический анализ», № 207. Москва, Московский общественный научный фонд; Дальневосточныйцентр экономического развития; Дальневосточный государственный университет, 2010.

劳动力短缺。在人口数量减少和人口老龄化的双重作用下，远东地区劳动力短缺问题较为突出。2006~2007年，远东地区的劳动力缺口已达3.18万，其中劳动力最为短缺的是社会服务部门（医疗、社会保障、教育和科技部门），短缺率达23.4%，工业部门的短缺率为17.1%，建筑部门为12.1%，住房公用事业服务部门为8.9%，管理部门达7.3%，交通和通信行业为5.4%，农业部门为4.9%。今后劳动力短缺问题将会更加严重。根据预测，到2025年，远东地区适龄劳动人口将减少66.5万。其中滨海边疆区和哈巴罗夫斯克边疆区人口数量下降趋势最为明显（见表7-13）。

在人口总量减少、经济自立人口数量减少以及人口老龄化等多方面因素的影响下，就业人口的负担将会进一步增加，社会服务基础设施的负担也会增加，主要是医疗服务和住房。如果这种趋势继续蔓延，有关专家预测，远东地区生产总值年均下降幅度将达1.6个百分点。

表7-13　2011~2025年远东联邦区各联邦主体劳动年龄人口减少情况

单位：万人

地区\年份	2011~2015	2016~2020	2021~2025	2011~2025
楚科奇自治区	-0.29	-0.14	0.03	-0.4
犹太人自治州	-0.75	-0.49	0	-1.24
萨哈林州	-3.38	-2.19	-0.78	-6.35
马加丹州	-1.61	-1.21	-0.9	-3.72
阿穆尔州	-5.95	-2.89	-0.86	-9.7
哈巴罗夫斯克边疆区	-6.34	-4.63	-2.6	-13.57
滨海边疆区	-11.71	-8.91	-4.59	-25.21
堪察加边疆区	-1.83	-1.48	-0.74	-4.05
萨哈共和国	-2.86	-1.52	1.22	-3.16
远东联邦区	-33.82	-23.46	-9.22	-66.5

资料来源：М. Терский，Стратегия развития Дальнего Востока России: экономика «шагреневой кожи»，Стратегическое планирование на межрегиональном, региональном и городском уровнях: каким будет Дальний Восток после кризиса. Серия «Научные доклады: независимый экономический анализ»，№ 207. Москва, Московский общественный научный фонд；Дальневосточныйцентр экономического развития；Дальневосточный государственный университет, 2010.

（二）远东地区在俄罗斯总体经济空间中的影响力日益缩减

远东地区在全俄国民生产总值和固定资产投资中所占比重逐年下降。远东联邦区在全俄国民生产总值中所占的比重从1995年的6.11%降至2008年的4.28%（见表7-14），而且所占比重下降发生在远东地区生产总值绝对值逐年增加的背景下，2000~2008年，远东地区生产总值绝对值增加了2.6倍。从固定资产投资来看，远东地区在全俄固定资产投资中所占比重从1995年的5.22%增加至2008年的6.41%，但是在全俄固定资产总值中所占比重却从1995年的7.13%降至2008年的5.04%（见表7-15），即固定资产投资的增长率难以弥补固定资产的折旧率。

表7-14　1995~2008年远东地区在全俄生产总值中所占的比重

单位：%

年份	1995	2000	2001	2002	2003	2004	2005	2006	2007	2008
比重	6.11	5.36	5.46	5.38	5.22	4.85	4.58	4.4	4.33	4.28

资料来源：根据俄罗斯国家统计局数据整理。

表7-15 1995~2008年远东地区在全俄固定资产和固定资产投资中所占的比重

单位：%

年份	1995	2000	2001	2002	2003	2004	2005	2006	2007	2008
在固定资产总值中占比	7.13	6.55	6.22	5.63	5.75	5.71	5.33	5.23	5.12	5.04
在固定资产投资中占比	5.22	4.6	5.7	6.45	6.2	7.6	7.65	6.99	6.25	6.41

资料来源：根据俄罗斯国家统计局数据整理。

（三）与俄罗斯整体经济与社会的疏离程度日益提高

因特殊的地理位置和经济结构，远东的经济体系相对封闭，有着相对独立的当地市场，与俄罗斯整个经济空间的联系相对较弱，而与国外的联系则比国内更为紧密。远东地区在经济社会发展上与俄罗斯的疏离可以从交通运输量的变化上予以体现。远东地区运往俄罗斯其他地区的货运量在其货运总量中所占比重不断下降，从1995年的34.6%降至2008年的10.96%，下降了23.64个百分点（见表7-16）。而且通过远东地区交通线运输的货物总量在全俄运量中的占比也呈下降趋势。1995~2008年，远东在全俄铁路运量中所占比重从4.45%降至4.05%，下降了0.4个百分点，同期公路运量占比从10%降至2.07%，下降了7.93个百分点（见表7-17）。主要原因是俄罗斯其他地区对来自远东的原料产品的需求下降。

表7-16 1995~2008年从远东地区运往俄罗斯其他地区的货运量在远东总运量中占比

单位：%

年份	1995	2000	2001	2002	2003	2004	2005	2006	2007	2008
比重	34.6	14.2	13.8	13.43	13.02	12.63	12.08	11.92	11.45	10.96

资料来源：根据俄罗斯国家统计局数据整理。

表7-17 1995~2008年远东地区在全俄铁路和公路总运量中占比

单位：%

年份	1995	2000	2001	2002	2003	2004	2005	2006	2007	2008
铁路	4.45	4.09	4	4.23	4.33	4.3	4.56	4.33	4.2	4.05
公路	10	3.95	3.94	3.6	3.25	2.78	2.68	2.29	2.14	2.07

资料来源：根据俄罗斯国家统计局数据整理。

远东地区到俄罗斯其他地区的客运量占比也呈现下降趋势。1995年，远东地区运往俄罗斯其他地区的客运量在其客运总量中占7.56%，2008年占2.34%，下降了5.22个百分点（表7-18）。远东地区到俄罗斯其他地区客运量减少，既有经济原因也有社会原因。首先是俄罗斯其他地区对远东产品需求下降导致商务旅行的缩减。其次是远东人口中流动性较强的男性人口所占比例逐年下降，其他地区年轻专家基本上不到远东地区工作，导致走亲访友出行的减少。最后是距离亚太地区国家较近，远东地区旅游市场转向亚太地区国家，到俄罗斯其他地区旅游休闲的人数减少。

表7-18　1995~2008年从远东地区运往俄罗斯其他地区的客运量在远东客运量中占比

单位：%

年份	1995	2000	2001	2002	2003	2004	2005	2006	2007	2008
比重	7.56	3.2	3.13	2.94	2.86	2.74	2.67	2.58	2.45	2.34

资料来源：根据俄罗斯国家统计局数据整理。

（四）远东地区经济对邻近国家的依赖程度越来越强

在远东地区工业中，采矿业和原料初加工工业所占比重较高，机械制造业缺乏竞争力，30%的地区生产总值都依赖能源原材料出口。在远东地区出口商品中，原料能源产品、木材和纸浆制品超过70%（见表7-19），机械设备、交通工具所占比重不超过3%（20世纪90年代初机械设备、交通工具的出口在远东出口总额中曾占34%以上）。在远东地区进口商品中，机械设备和运输工具、金属及其制品占比超过一半（见表7-20）。远东地区的对外贸易伙伴国多为亚太地区国家，2009年第一季度的数据显示，远东地区的主要贸易伙伴国为中国、日本、韩国、美国等邻近国家（见表7-21）。

表7-19　2009年远东地区的出口商品结构

单位：%

商品分类	原料能源产品	金属及其制品	木材和纸浆制品	食品和农业原料
比重	65.5	4.4	8.8	16.6

资料来源：根据俄罗斯国家统计局数据整理。

表7-20 2009年远东地区的进口商品结构

单位：%

商品分类	机械设备和运输工具	金属及其制品	食品和农业原料	纺织品和鞋类
比重	42.5	8.7	16.4	18.2

资料来源：根据俄罗斯国家统计局数据整理。

表7-21 2009年第一季度远东地区的主要贸易伙伴国

单位：%

国别	中国	日本	韩国	美国	列支敦士登	德国	其他国家
比重	29.4	24.5	26.4	4.3	3.4	1.7	10.2

资料来源：根据俄罗斯国家统计局数据整理。

五 《2013年前远东和外贝加尔经济和社会发展联邦专项纲要》要点（以下简称《纲要》）

《纲要》的总体目标是在保障俄联邦地缘战略利益和安全的前提下，发展远东和外贝加尔区域的重点行业，建设必要的基础设施，营造良好的投资环境。主要任务是通过保持现有和增加新的就业岗位，稳定地区人口，并力促人口增长；消除区域经济发展的基础设施限制；落实一系列基础设施建设和社会领域发展的项目。

涉及的主要领域包括：能源工业、交通基础设施、社会领域、水利环保事业以及通信和电信系统。在能源工业领域，主要是消除电网"瓶颈"，优化电力配置，提高电能和热能的利用效率，保障对电站和居民点的天然气供应等。在交通领域，资金将主要集中在地区级公路（即保障联邦级公路与居民点和重要经济设施之间联系的公路）的建设和改造上，发展地区间航运基础设施，改造港口设施，建设铁路交通设施。在社会领域，新建和改造重要的卫生、文化和体育设施。在水利环保领域，通过落实一系列综合措施，发展水利事业，实施环保项目，保护居民点免遭洪水和其他自然灾害侵袭。在通信领域，致力于保障通信和电信系统的稳定。

落实《纲要》的资金总额（包括《子纲要》《把符拉迪沃斯托克市发展

成为亚太地区国际合作中心纲要》等）达 6919.95 亿卢布（通过《子纲要》拨款 2841.57 亿卢布）。其中，来自俄联邦预算的资金达 5320.60 卢布，各联邦主体预算出资 570.26 亿卢布，地方自治机构预算拨款 42.80 亿卢布，吸纳预算外资金 986.29 亿卢布。6870.60 亿卢布用于基本建设投资，2.7 亿卢布用于科研和实验设计，46.65 亿卢布用于其他支出。

在《纲要》实施期间，预计实现以下主要指标：创造就业岗位 6.99 万个；地区生产总值增长 1.6 倍；启运货物量提高 1.3 倍；固定资本投资额增长 2.5 倍；经济自立人口增加 10%；失业率下降 1.7%（按国际劳工组织方法计算）。《纲要》期结束时，地区生产总值增量达 8006 亿卢布以上，预算收入增加 2069 亿卢布，其中联邦预算收入增加 1350 亿卢布。

六 《2025 年前远东和贝加尔地区经济社会发展战略》要点（以下简称《战略》）

《战略》的政策思路如下。

（一）地缘政治和地缘经济利益并重，全面提升远东和贝加尔地区的国内国际地位

《战略》意在提升远东和贝加尔地区的国内国际地位。其战略思维可以简略概括为：以全球化视角，立足远东和贝加尔地区的资源与地缘优势，瞄准亚太地区，加快俄罗斯融入亚太地区经济空间的步伐，保证俄罗斯出口市场多元化，防止国家对远东和贝加尔地区的经济和政治影响力下降，遏制远东和贝加尔地区人口下降趋势，维护俄罗斯的地缘政治与地缘经济利益。

（二）倚重远东和贝加尔地区的资源和地理位置优势

远东和贝加尔地区具有俄罗斯其他地区无法比拟的优势。首先是资源优势。该地区拥有大型的油气、氦、煤、黄金、铜、金刚石、黑色金属、有色金属和稀有金属、磷钙铀、锡、萤石等矿藏；资源开采量在全俄占有较高的比重，如锡开采量为全俄的 100%，金刚石超过 98%，黄金占 67.5%；水生物资源、水力资源、森林、旅游及其他资源也较为丰富，如水产品捕捞量占全俄的 65%。其次是得天独厚的地理位置。远东和贝加尔地区毗邻经济飞速发展的亚太地区；过境运输潜力巨大；拥有漫长的海岸线和国境线，具有良好的港口基础设施，有利于开展国际经济合作。

（三）充分认知远东和贝加尔地区发展中面临的挑战与威胁

一是工业生产不发达，技术比较落后，特别是加工工业比较落后。这些问题突出表现在劳动生产率和能耗指标上。远东和贝加尔地区的人均劳动生产率仅相当于日本的1/4，美国的1/6，韩国的2/5，澳大利亚的1/5，同时也低于全俄平均水平；单位GDP初级能耗是全俄平均水平的2.5倍，单位GDP电能消耗是全俄平均水平的1.8倍，而单位GDP石油消耗则是全俄平均水平的两倍。二是人口流失严重，人力资源不足。因社会环境状况欠佳，居民收入水平严重落后于俄罗斯中心地区，从1991年起，远东和贝加尔地区的人口大量向外迁徙，导致人口持续减少，下降速度超过了全俄的平均速度。1991~2007年，远东地区的联邦主体人口数量减少150万，贝加尔地区流失人口数量超过60万。时至今日，远东和贝加尔地区的人口密度仅相当于俄罗斯平均人口密度的1/7，而且在人口密度方面还存在明显的地域差异：滨海边疆区南部人口密度接近20人/平方公里，而在自然条件适合农业生产的地方，如南部低海拔地区、山谷、山间盆地，人口密度仅约为1人/平方公里。三是交通网络不发达，运输服务水平较低。虽然远东和贝加尔地区占俄罗斯国土总面积的45%强，但是铁路的运营里程仅占俄罗斯铁路运营总里程的13.8%，公路里程占9.5%，内河通航里程占28.7%，每万平方公里铁路运营网密度相当于全俄平均水平的1/3.6，公路运营网密度仅相当于全俄平均水平的1/5.6。而且，因道路、交通设施和机车车辆陈旧，磨损率高达50%~70%，造成道路运输安全隐患，多式联运发展水平低下，难以形成有效的物流系统，影响了俄罗斯连接亚太国家和欧洲的过境运输潜力，使俄罗斯逐渐丧失在该领域的传统竞争优势。此外，交通网络不发达和运输服务水平低还造成另外的不良后果，那就是大幅度增加了远东和贝加尔地区与俄罗斯其他地区间的客货运输成本，致使该地区经济孤立于俄罗斯其他地区。

（四）通过实施"加速战略"缩小地区差距，并确定阶段性发展任务

《战略》确定，2025年之前，远东和贝加尔地区发展的总体战略目标是通过实施"加速战略"，即2011~2025年，使该地区各联邦主体的GDP增长速度超过全俄GDP平均增速的0.5个百分点，以推动相关联邦主体创造出经济较为发达、生活条件比较舒适的发展环境，使该地区经济社会发展达到全俄平

均水平，并使收入低于最低生活保障线的居民比例从24.5%降至9.6%，从而实现稳定人口数量的地缘政治发展任务。

同时，《战略》还确定了阶段性的发展任务。

2009~2015年为第一阶段。该阶段的任务是使远东和贝加尔地区的投资增速超过全俄平均水平，使居民就业率略有提高，并通过推广节能技术、新建基础设施项目、在经济较发达地区发展工业和农业项目等，形成一批新的区域发展中心。

2016~2020年为第二阶段。通过吸引国内外投资，兴建大型能源项目，弥补基础设施的不足；提高交通运输潜力，增加客、货过境流量，完成主干交通网，其中包括公路、铁路、机场和海港等的建设；增加原材料深加工产品的出口比重。

2021~2025年为第三阶段。将以巩固俄罗斯在世界经济中的领先地位以及使远东和贝加尔地区深度融入世界经济空间的视角，看待该地区的经济社会发展。为此，该阶段的发展任务是：发展创新型经济，加入国际分工体系，增强本地区在高科技、知识型经济、能源和交通运输方面的竞争潜力；实施大型油气开采、加工和供应项目；完成能源、运输领域的大型项目；巩固俄罗斯在前沿科研领域的领先地位；快速发展人力资本，逐步提高国家和个人在教育和医疗卫生事业上的投入，达到发达国家水平，确保教育和医疗卫生领域居于领先地位。

（五）明确了战略实施主体，并辅之相应的配套战略和特殊的政策措施

《战略》明确规定了联邦行政机构和联邦主体行政机构的职责，同时把联邦各部门的战略规划，联邦主体、市级行政机构的经济社会战略，各级的国土规划文件以及大企业的战略发展规划作为配套规划，纳入总体战略，形成了远东和贝加尔地区发展的系统性战略规划文件。其中，远东和贝加尔地区的12个联邦主体，包括萨哈（雅库特）共和国、哈巴罗夫斯克边疆区、滨海边疆区、阿穆尔州、堪察加边疆区、马加丹州、萨哈林州、犹太自治州、楚科奇自治区、布里亚特共和国、伊尔库茨克州、外贝加尔边疆区各自的经济社会发展纲要作为《战略》的其中一章，单独列出。

此外，《战略》还为远东和贝加尔地区融入俄罗斯整体经济空间制定了特殊的政策措施，提供了相应的支持手段。如制定特殊的价格、缴费、关税、税收（包括增加局部地区的个别税种）和财政预算政策，为实现该地区与俄罗斯其他地区的经济、社会一体化扫除障碍；吸引俄罗斯联邦投资基金、俄罗斯风险投资公司参与该地区的某些重点投资项目，并采取信贷优惠和贷款贴息的方式予以扶持；实施联邦政府对远东和贝加尔地区重点行业的支持政策，使特定行业及企业通过提高装备竞争力实现生产现代化；通过完善社会基础设施、提供退休保障、发展职业教育、支持俄罗斯少数民族原住民传统的生活方式等措施，留住远东和贝加尔地区的劳动力人口，并吸引高技能人才。

（六）规划基础设施建设，交通、能源、信息传媒先行

在地区交通设施建设方面，将优先发展骨干交通网。大力发展西伯利亚大铁路；实现远东地区公路的一体化，并使之融入俄罗斯主干公路网；发展俄罗斯的骨干航空网络，使伊尔库茨克机场、哈巴罗夫斯克机场和符拉迪沃斯托克机场成为国际航空枢纽；优先建设集装箱运输等现代化设施，实现港口专业化，打造运输－物流综合体系，建设港口型经济特区，发展"北方航道"，为开采北极（包括大陆架）油气资源以及海上出口提供交通运输保障，保证北方地区重要社会物资的运输，并为日后发展大规模区域内运输和过境转运业务奠定基础；建设"东西伯利亚－太平洋"（继续可延伸到到"东方石油管道"）管道系统（年输油能力为8000吨），确保形成一批新的石油开采和运输中心，保证俄罗斯向亚太地区能源市场供应石油，并在这一地区逐步发展俄罗斯统一的天然气供应系统。

在能源基础设施方面，致力于满足新用户的长期电力需求，除了新增发电能力外，将进行大规模的电网建设，并强化西伯利亚大铁路和贝加尔－阿穆尔铁路干线沿线的电网，以提高供电效率，保证可靠的电力供应。

在地区信息通信基础设施方面，将建立创新、高效的电信部门；扩大通信渠道的传输能力；在人口密集地区铺设光纤传输线路和无线终端通信线路；依靠卫星通信系统实现偏远地区的通信保障；在与中国和日本交界的地区，建立国际高速通信通道，保证可靠、高质的通信服务；在国际合作的框架下建设滨海边疆区、萨哈林州与日本之间的高速通信线路；向地球同步轨道发射通信卫星群，以确保远东北方地区、北极地区的可靠通信和电视广播服务；铺设

"奥哈－乌斯季博利舍列茨克"和"乌斯季博利舍列茨克－马加丹"海底光纤传输线路。

（七）实现以人为本的发展理念，稳定本地人口，并吸引外来人口

远东和贝加尔地区的中长期发展离不开劳动力资源的支撑。为此，《战略》力图实现以人为本的发展理念，采取切实措施稳定本地人口，并吸引外来人口。着力点放在教育、医疗、文化体育、社会保障四个方面。在教育领域采取的主要措施包括：建立对教育领头人的扶持机制；在教育领域引入新的经济机制，鼓励创新；各级预算联合出资建设、改造教育设施；发展远程教育；为北方少数民族原住民儿童建立流动学校；高薪吸引高素质的合同制教师。在医疗方面，力争提高居民的预期寿命，降低婴儿、儿童和产妇的死亡率，降低患病率。在文化和体育方面，保护远东和贝加尔地区的民间传统文化，确保对民俗传承者的扶持，大力推广民间创作；提高居民定期参加体育锻炼的兴趣，倡导把体育运动作为健康生活方式的理念，并调动资金在州、区中心的小区和近郊建设面积为1.5~5公顷的居民休闲、体育综合设施。在社会保障方面，通过对票价进行补贴，降低远东和贝加尔地区居民乘坐飞机、火车的价格；通过制定有关城市建设的法律法规，使用现代技术降低建筑成本、采用现代节能的建筑方案、发展建房筹资的市场机制等支持居民改善居住条件；为留住人才，对于在该地区定居且有意继续居住下去的俄罗斯公民，将提供0.3公顷以下的免费土地用于私人建房；打破住房公用事业领域的垄断，完善住房付费和公用事业服务系统，用特许经营方式吸引私人资本进入该行业，引入住房公用事业领域的自愿认证体系，并对住房公用事业综合性基础设施进行现代化改造；进一步采取措施，吸引国外同胞回到远东和贝加尔地区定居。

（八）筛选出能源、交通、采矿等13个基础经济部门进行重点规划

对能源、交通、采矿、林业、渔业、农业、冶金、化工、机械制造、建筑、旅游、水利、环保13个经济基础部门，规划出各部门的发展目标并制定相应的产业发展政策。

能源部门，主要支持电力和天然气行业的发展。电力行业的发展目标是：发电量和电网建设符合地区对电能的长期需求；加强电网间合作，提高供电可靠性；尽量减少电力在输送过程中的损耗；减少电力生产单位能耗；平衡和优化发电燃料结构；增加替代和可再生能源的利用；在新建或重建现有电力设施时，增加对环保技术的利用。国家支持远东和贝加尔电力发展的措施包括：对于主干电网建设和建造新能源设施，国家通过现代金融机制进行拨款，其中包括专项纲要机制、参股、贷款支持、租赁及其他机制；对居民和其他消费者的电力支付，联邦预算出资予以补助，以降低关键经济部门工业用电的生产成本，同时扶助低收入群体；采用税收刺激手段鼓励投资；在投资回收期较长的基础设施方面，加大对电力创新项目的和投资以及拓展集中供电区域、开发新电力区、平衡发电燃料中油气和非油气燃料的使用、提高电能效率、发展电力储备和实行电力设施环保等领域，推广公私合营机制；继续规范电力市场关系，设定未能享受电力批发价格区域的电力功率，增加电力消费者和生产者签订直接合同的机会，同时推广支持机制，鼓励使用可再生能源；联邦政府采取相应措施规划出台电力出口政策，保障电力出口价格不低于对远东消费者的电力指导价。远东和贝加尔地区天然气行业的发展目标是在国家东部地区形成统一的天然气供应系统。为此，《战略》认为，需要规划和采取国家扶持措施。扶持措施包括税收优惠，构建天然气市场，鼓励消费者使用天然气（如通过对消费者和供气企业提供专项补助，降低终端天然气消费者的天然气使用价格），平衡俄罗斯联邦整体经济空间的经济发展条件，提升远东和贝加尔地区的竞争力；降低该地区实施油气项目所需而俄罗斯又无法生产的设备的进口关税率；降低该地区天然气的出口关税率。

交通部门，主要规划铁路、公路、航空和内河运输。对铁路机车车组进行升级和改造，建立集卫星导航、数字传输和信息加工技术为一体的现代交通调度系统，使远东和贝加尔地区的铁路总运量在2025年前增加50%~70%；大力发展集装箱运输，使集装箱制造技术能满足现代多式联运的需要，在港口和铁路对接点建立物流区，提高集装箱过境运输服务的竞争力，建立集寄件人、收件人和其他集装箱运输参与人共同参与的个性化物流监测系统；构建现代汽车运输系统，形成具有竞争力的专业运输市场，减少货运成本；在城市和城市集聚区发展现代公共客运系统，实行公交优先；支持地方航空基础设施维护，预算拨款支持航空公司发展具有民生意义的地区航线；重建内河航道，提高运营质量，满足因陆上和航空运输不足，地区人口对内河运输的需求。

采矿部门，减少地下资源开采许可证的申领时间，引入许可证竞争机制；鼓励生产高附加值的精炼产品，进行原料深加工；提供资金，配备现代化设备和高技能人才实施综合勘探；鼓励吸引私人投资。

林业部门，扩大利用贝加尔地区和远东南部地区开发程度最高、最有利于再生产区域的森林资源，增加对低档木材和软木的深加工。政府对林业发展的支持措施包括：制定必要法律法规，鼓励对森林资源的长期开发和利用，建立森林资源利用效率自主监测系统，提高森林利用率；对尚待开采的林木实行弹性租金制度，租金率与对木材加工的程度挂钩；建立特殊海关制度，降低国内短缺森工设备的进口关税，灵活调控圆木及其加工产品的进出口关税率；为新建工厂和现有工厂的技术革新进行贷款贴息；对于阿穆尔河沿岸地区和贝加尔地区的居民建造木制房屋，国家给予全额或者部分金额的财政补贴。

渔业发展方面，为建造渔船和对渔船及鱼类加工设备进行现代化改造提供贷款贴息；调整进出口关税税率；对从俄罗斯租赁公司租赁捕鱼船予以部分租金补贴；降低水生物资源及其制品在俄罗斯境内的运费；国家对成品鱼输往消费目的地的铁路运费进行调节；对渔业企业实行税收优惠；在全俄市场和全球市场打造"远东鱼类和海产品"品牌；提升远东地区在培育俄罗斯健康饮食文化中的地位。

机械制造业方面，主要发展石油和天然气管道设备、勘探设备、钻井设备和钻井维护设备、再生能源小型发电机组和维修设备的生产；发展渔业服务企业，为远东沿海地区捕鱼船只提供养护服务。主要的支持举措：一是增加国家订货；二是建设专业化机械制造科技园区，最大限度地提供税收优惠；三是发展专业化高等学校，通过发放奖学金和实施资助项目解决高技能人才短缺问题，并加强国家对企业人才培训的支持。

旅游业的发展目标是依赖远东和贝加尔地区独特的自然资源，如贝加尔湖、阿穆尔河流域、滨海边疆区和堪察加半岛的世界级疗养胜地，在俄罗斯和世界范围打造远东和贝加尔地区的旅游休闲品牌，发展多元化、有竞争力的旅游产业。着力发展文化信息游、医疗保健游、生态游和海上休闲游等旅游休闲方式，并将挑战极限、体育、探险、科考、捕鱼和其他积极的休闲形式作为未来的发展方向。同时将根据亚太地区国家居民对历史游的较大潜在需求，发展商务游、民俗游和文化历史游，规划在远东和贝加尔地区及边境地区的大型人口聚集区发展酒店业。国家促进远东和贝加尔地区旅游休闲体系发展的支持机制，主要是完善法律法规，构建金融支持系统，完善交通和公共基础设施，制定有效的人力资源政策和信息政策。

（九）重视与东北亚地区的合作，把与中国东北地区的合作作为优先方向之一

《战略》认为，地理位置决定远东和贝加尔地区对外合作的重点是与东北亚国家的经济合作。其中边境合作是保证俄罗斯联邦东部地区经济社会稳定发展的重要措施。《战略》把远东和贝加尔地区与东北亚国家边境合作的战略目标定位为：优化对外贸易结构，促进经济社会发展，提高居民生活质量，实现稳定地区人口数量的地缘政治目标。《战略》提出了远东和贝加尔地区参与东北亚国际经济合作的主要领域，包括交通、信息通信技术、能源、高科技、采矿、林业、农业、渔业、旅游业、人文合作、生态合作等。其中，把与中国东北地区的合作作为优先方向之一。在交通领域，提出深化俄中在航空领域的合作，推动俄罗斯东海岸几个大城市开设到中国的国际航线，发展现有的格罗杰科沃和外贝加尔斯克铁路边检站，建设"下列宁斯阔耶-同江（中国）"跨阿穆尔河铁路桥；在电信服务领域合作，在俄罗斯和中国边境地区将实施相关合资项目，建设俄罗斯与中国之间的国际高速通信干线，提供可靠、高质量的通信服务和网络服务。

（十）明确了《战略》的实施机制和手段

在公私合营的基础上，政府、企业和社会全面、系统、同步协作，在经济较发达地区规划实施重点投资项目。明确联邦行政机构和联邦主体行政机构的职责，使联邦各部门的战略纲要，联邦主体、市级的经济社会战略，各级的国土规划文件，以及大企业的战略发展规划相衔接，为远东和贝加尔地区的发展形成系统的战略规划文件。首先是建立特别的优惠和激励机制，保证经济和社会领域的快速发展，从而使劳动人口得以留住并吸引人口流入。其次是减少远东和贝加尔地区与俄罗斯其他地区实现经济、社会一体化的障碍，形成特殊的法律法规体系，并制定与之相适应的特殊的价格、费率、关税、税收（包括增加局部地区的个别税种）和财政预算政策，保证经济增长及经济专业化，保证产品、商品和服务的竞争力。再次是吸引俄罗斯联邦投资基金、俄罗斯风险投资公司和联邦项目参与实施某些重点投资项目,并采取信贷优惠和补贴贷款利息的方式予以扶持。最后是联邦政府将对远东和贝加尔地区重点经济行业提供支持,使特定行业及企业采用具有竞争力的技术设备并实现生产的现代化。

为配合《纲要》和《战略》的实施,目前已采取了一些具体的措施。

一是提供交通补贴,发展小型航空。从2009年开始,制定了机票补贴规划。从西伯利亚、远东和北方地区飞往俄罗斯欧洲地区将给予机票补贴。夏季对远东地区的青年人(23岁以下)和退休人员(60岁以上)实行机票价格减半。从2012年4月1日开始,55岁以上女士可以享受票价优惠。此外,针对远东地区间交通不便问题,联邦预算拨款支持购买50座以下的小飞机,三年内计划投入64亿卢布。二是成立远东和贝加尔地区发展基金。由对外经济银行出资设立的远东和贝加尔地区发展基金于2011年11月在哈巴罗夫斯克注册。三是设立远东发展部。2012年5月,俄罗斯在新政府组成部门中增设了远东发展部,伊沙耶夫被任命为首任远东发展部部长,同时兼任俄罗斯总统远东地区全权代表。四是规划建立东西伯利亚与远东发展公司。2012年1月,时任俄罗斯紧急情况部部长的绍伊古提出成立东西伯利亚与远东发展公司的建议,公司将直接隶属于总统,并将负责阿尔泰共和国、布里亚特共和国、萨哈(雅库特)共和国、滨海边疆区、哈巴罗夫斯克边疆区等16个联邦主体的投资项目的落实工作。但是目前对是否需要建立东西伯利亚与远东公司一直存在争议,直至2012年5月底,尚未签署任何指导性文件。五是拟为来远东工作的人员提供住房按揭和购车贷款优惠及安置费。该项措施正在讨论中。初步方案是:在远东地区"国家优先项目"[①]领域工作五至十年可以抵补住房按揭和购车贷款欠款;从事"社会公益活动"十年后,其无偿获得的农场经营用地(50公顷以内)的所有权可以转移;向到远东地区工业中心工作的人员提供十万卢布的安置费,其本人和家庭成员每年可享受一次到俄罗斯任何地方的往返机票。

---

① 医疗、教育、住房和农业领域。

此外，借举办亚太经合组织（APEC）第20次领导人非正式会议之机，俄罗斯极力打造远东地区形象，以吸引投资。俄罗斯为此次会议筹备共计投入资金 7000 亿卢布（约合 217 亿美元），在符拉迪沃斯托克市兴建了包括三座桥梁、一座航站楼、一条连接机场和市区的道路等在内的 50 余项工程设施。普京总统表示，希望借此次峰会，显示俄罗斯在亚太与欧洲之间可以扮演的桥梁作用。当然，这也被很多人解读为继美国战略重心重新转向亚太之后，俄罗斯向世界昭示其在亚太地区存在的方式。

如上可见，新一轮大规模远东开发的蓝图已经铺开，相关措施将陆续出台。

第八章
结　论

本书前七章概述了俄罗斯八大联邦区经济社会发展状况，并对中央与地区关系的演变及特点，地区人口状况和人口地区间流动，城市化和城市发展，农村地区、农业发展、农村与农业发展政策，区域政策演变和区域发展长期战略体系，以及落后地区发展战略与政策等做了深入的研究。在此基础上，本章对俄罗斯地区经济社会发展的特点及影响因素进行系统的总结，并对俄罗斯地区经济社会发展前景及中俄区域合作前景做出展望。

第一节　俄罗斯地区经济社会发展特点

俄罗斯地区经济社会发展的主要特点是空间经济社会发展不平衡，具体表现为经济空间和生活空间的收缩。

一　经济资源过度集中在为数不多的几个联邦主体之中

俄罗斯的经济资源过度集中于经济发达地区，这一特点可以从如下几个经济指标中得到反映。

地区生产总值。2009 年全年，莫斯科市、汉特 - 曼西自治区、莫斯科州、圣彼得堡市、亚马尔 - 涅涅茨自治区、鞑靼斯坦共和国、克拉斯诺亚尔斯克边疆区、斯维尔德洛夫斯克州、萨马拉州、巴什科尔托斯坦共和国和克拉斯诺达尔边疆区 11 个联邦主体在全俄地区生产总值中所占的比重达到 53.5%，其中近 1/3 的全俄生产总值集中在莫斯科市和汉特 - 曼西自治区。

固定资产投资。固定资产投资也集中在经济发达地区。2010年，莫斯科市、圣彼得堡市、斯维尔德罗夫斯克州、列宁格勒州、滨海边疆区、鞑靼斯坦共和国、克拉斯诺亚尔斯克边疆区、克拉斯诺达尔边疆区、亚玛拉-涅涅茨自治区、汉特-曼西自治区共吸纳了全俄43.3%的投资。

零售贸易额。2010年，全俄几乎54.4%的零售贸易额是由12个联邦主体创造的，这些联邦主体是莫斯科市、莫斯科州、圣彼得堡市、克拉斯诺达尔边疆区、罗斯托夫州、巴什科尔托斯坦共和国、鞑靼斯坦共和国、下诺夫哥罗德州、萨马拉州、斯维尔德洛夫斯克州、秋明州和车里雅宾斯克州。

工业产值。2011年，在全俄工业生产中排名靠前的地区主要有：莫斯科市、圣彼得堡市、莫斯科州、斯维尔德洛夫斯克州、鞑靼斯坦共和国、彼尔姆边疆区、巴什科尔托斯坦共和国、车里雅宾斯克州、克麦罗沃州、克拉斯诺亚尔斯克边疆区、秋明州、汉特-曼西自治区和亚马尔-涅涅茨自治区，上述13个联邦主体在全俄工业产值中所占的比重达54.4%（见表8-1）。

表8-1 2011年主要联邦主体在全俄工业产值中所占比重

联邦主体	占比(%)	联邦主体	占比(%)
莫斯科市	9.6	车里雅宾斯克州	2.9
圣彼得堡市	5.8	克麦罗沃州	2.9
莫斯科州	4.9	克拉斯诺亚尔斯克边疆区	2.9
斯维尔德洛夫斯克州	3.8	秋明州（包括汉特-曼西自治区和亚马尔-涅涅茨自治区）	11.8
鞑靼斯坦共和国	3.8		
彼尔姆边疆区	3	总　　计	54.4
巴什科尔托斯坦共和国	3		

资料来源：根据俄罗斯国家统计局数据计算。

新建住房面积。2010年，50.3%的新建住房面积集中在莫斯科州、莫斯科市、圣彼得堡市、克拉斯诺达尔边疆区、罗斯托夫州、巴什科尔托斯坦共和国、鞑靼斯坦共和国、下诺夫哥罗德州、萨拉托夫州、斯维尔德洛夫斯克州、秋明州、新西伯利亚州。

税收额。2011年1~11月，莫斯科市、汉特-曼西自治区、亚马尔-涅涅茨自治区、莫斯科州、圣彼得堡市、鞑靼斯坦共和国、萨马拉州、巴什科尔托斯坦共和国、克拉斯诺亚尔斯克边疆区、斯维尔德洛夫斯克州创造了全俄61.6%的税收（见表8-2）。

表8-2 2011年1~11月主要联邦主体在税收总额中占比

联邦主体	占比	联邦主体	占比
莫斯科市	21.0	萨马拉州	2.4
汉特-曼西自治区	15.5	巴什科尔托斯坦共和国	2.0
亚马尔-涅涅茨自治区	4.7	克拉斯诺亚尔斯克边疆区	2.0
莫斯科州	4.6	斯维尔德洛夫斯克州	2.0
圣彼得堡市	4.5	其他联邦主体	38.4
鞑靼斯坦共和国	2.9		

资料来源：http://www.economy.gov.ru/minec/activity/sections/macro/monitoring/doc20120202_05.

对外贸易。对外贸易主要集中在三类地区：一是国际交往范围较广、对外贸易额较大、对外贸易商品结构多元化程度高的地区，如莫斯科市、圣彼得堡市、鞑靼斯坦共和国、巴什科尔托斯坦共和国、萨哈（雅库特）共和国、罗斯托夫州、萨马拉州、诺夫哥罗德州、下诺夫哥罗德州、斯维尔德洛夫斯克州、哈巴罗夫斯克边疆区，2010年，莫斯科市占全俄出口总量的36.46%，进口占39.86%；二是出口导向型生产较为集中、有相当广泛的国际交往、且地处边境地带的地区，如加里宁格勒州、列宁格勒州、伏尔加格勒州、阿尔汉格尔斯克州、萨哈林州、滨海边疆区、卡累利阿共和国和科米共和国；三是具有较大的自然资源潜力、社会经济发展水平较高的地区，如秋明州、汉特-曼西自治区、亚马尔-涅涅茨自治区、涅涅茨自治区、彼尔姆边疆区。而外贝加尔边疆区、乌里扬诺夫斯克州、奔萨州、北高加索各共和国的对外贸易实力较弱。

吸纳外资。在金融危机发生之前的2004~2008年，外资主要集中在莫斯科市和圣彼得堡城市集聚区内，还有就是一些原料产区，这些地区吸纳的外资占约80%（见表8-3）。吸引外资乏力的地区主要是萧条地区，如库尔干州、伊万诺沃州、普斯科夫州、布良斯克州；发展较弱的共和国，如图瓦共和国、印古什共和国、卡巴尔达-巴尔卡尔共和国、阿迪格共和国等；还有就是东部偏远地区，如阿尔泰边疆区、堪察加边疆区、布里亚特共和国等。

表 8-3 2004~2008 年吸纳外资的主要地区

联邦主体	外资总量占比(%)	联邦主体	直接投资占比(%)
莫斯科市	47.1	莫斯科市	36.0
萨哈林州	6.8	萨哈林州	19.7
莫斯科州	5.7	莫斯科州	8.3
圣彼得堡市	5.3	鄂木斯克州	3.8
克拉斯诺亚尔斯克边疆区	4.9	圣彼得堡市	3.5
萨马拉州	2.4	车里雅宾斯克州	2.7
鄂木斯克州	2.1	列宁格勒州	1.7
车里雅宾斯克州	2.0	鞑靼斯坦共和国	1.5
斯维尔德洛夫斯克州	1.7	利佩茨克州	1.4
伏尔加格勒州	1.6	托木斯克州	1.4
总　计	79.6	总　计	79.9

资料来源：Национальный доклад к 15-й Европейской конференции министров, ответственных за региональное/пространственное планирование （CEMAT Совета Европы）, состоявшейся 8-9.07.2010 в Москве.

2009~2011 年，外商直接投资也主要集中在有限的几个地区：莫斯科市、萨哈林州、莫斯科州、圣彼得堡市、卡卢加州、亚马尔-涅涅茨自治区、下诺夫哥罗德州、列宁格勒州、涅涅茨自治区和阿穆尔州，这些地区吸纳了全俄近 3/4 的外商直接投资（见表 8-4）。

表 8-4 2008~2011 年外商直接投资地区分布

单位：%

联邦主体＼年份	2009	2010	2011
莫斯科市	36	27	22
萨哈林州	7	6	12
莫斯科州	13	16	14
圣彼得堡市	8	4	6
卡卢加州	3	8	4
亚马尔-涅涅茨自治区	0	0	4
下诺夫哥罗德州	1	5	4
列宁格勒州	2	3	3
涅涅茨自治区	3	3	3
阿穆尔州	1	2	2
总　计	74	72	74

资料来源：Н. Зубаревич, Выход из кризиса: региональная проекция, Вопросы экономики, №4 2012.

知识经济。知识经济发展水平体现在两项指标上：一是大学生数量；二是科学城数量。2010~2011学年，莫斯科市的大学生数量占全俄的16.6%，圣彼得堡占6.1%。从每万名居民中拥有的大学生数量上看，排行前十位的联邦主体是莫斯科市、圣彼得堡市、托木斯克州、萨哈林州、库尔斯克州、哈巴罗夫斯克边疆区、新西伯利亚州、沃罗涅日州、鞑靼斯坦共和国和奥廖尔州（见表8-5）。知识经济的发展程度与科学城息息相关。根据科学城发展协会的数据，俄罗斯共有75个科学城（其中，根据《俄联邦科学城地位联邦法》得到官方认可并给予财政补贴的科学城仅有14座），位于莫斯科州的有31座（其中九座拥有官方地位），最少的是北高加索联邦区和远东联邦区，仅分别拥有一座[①]。

表8-5　2010/2011学年主要联邦主体每万名居民中拥有的大学生数量

单位：人

在全俄排名	联邦主体	大学生数量
1	莫斯科市	1011
2	圣彼得堡市	883
3	托木斯克州	783
4	萨哈林州	644
5	库尔斯克州	642
6	哈巴罗夫斯克边疆区	629
7	新西伯利亚州	576
8	沃罗涅日州	571
9	鞑靼斯坦共和国	553
10	奥廖尔州	550
	全俄平均	493

资料来源：Регионы России, социально-экономические показатели, Росстат, 2011.

二　城市集聚区中心城市对本地区资源具有较强的吸附能力

俄罗斯总共有50~100个城市集聚区，其中52个为大型城市集聚区。大多数城市集聚区中心城市的人口在30万以上。83%的城市集聚区分布在俄罗

---

① http://www.naukograds.ru/.

斯的欧洲部分，另外还有25个联邦主体内没有城市集聚区①。现有大城市集聚区中，除了莫斯科市和圣彼得堡之外，在吸纳本区域之外资源方面的竞争还没有开始，但中心城市吸纳本地区资源（包括人口、加工工业、零售贸易、劳动人口、新建住房和投资）的能力较强，除了克拉斯诺达尔吸附了本地区不足1/6的资源外，其他城市均在1/4以上，萨马拉－陶里亚蒂－新古比雪夫斯克则高达62%（见表8-6）。

表8-6 现有主要大城市集聚地区中心城市吸纳本地区资源情况
（莫斯科市和圣彼得堡市除外）

单位：%

城市集聚区	%	城市集聚区	%
克拉斯诺达尔	15	沃罗涅日	40
乌法	25	萨拉托夫－恩格斯	40
罗斯托夫－巴泰斯克	27	下诺夫哥罗德－捷尔任斯克	45
喀山	30	伏尔加格勒－伏尔加斯基	51
叶卡捷琳堡	31	新西伯利亚	53
车里雅宾斯克	31	鄂木斯克	56
克拉斯诺亚尔斯克	32	萨马拉－陶里亚蒂－新古比雪夫斯克	62
彼尔姆	36		

资料来源：Н. Зубаревич, Пятнистая Россия: большие города и периферия, Поляризация пространства: сопротивляться или адаптироваться? Семинар ВШЭ Ясин, Москва, 26 апреля 2012 г.

三 地区间发展差异较大

各联邦区之间在经济竞争力上存在较大差异。从衡量经济竞争力的九项指标（就业人口人均地区生产总值、人均货币收入、生产型小企业营业额居民人均值、创新积极性指数、居民人均私人投资、地区联合预算自有收入人均值、人均出口额、员工人均利润和综合竞争力指数）看，八大联邦区存在较大的差异。整体状况较好的是中央联邦区、西北联邦区和乌拉尔联邦区，伏尔加沿岸联邦区差强人意，南方联邦区和远东联邦区较差，北高加索联邦区最差（见表8-7）。

---

① Н. Консарева, Актуальные вопросы управления городскими агломерациями, Семинар ВШЭ Ясин, Москва, 26 апреля 2012 г.

第八章 结论

表 8-7 2009 年各联邦区经济竞争力指标

单位：%

联邦区	就业人口人均地区生产总值	人均货币收入	生产型小企业营业额居民人均值	创新积极性指数	居民人均私人投资	地区联合预算自有收入人均值	人均出口额	员工人均利润（万卢布）	综合竞争力指数
俄联邦	100	100	100	100	100	100	100	6.21	0.375
中央	135.6	124.8	96.9	131.97	79.9	132.7	160.7	11.27	0.405
西北	99.2	93.4	217.4	83	118.1	220.9	111.2	6.39	0.383
南方	65.1	78.5	103.2	60.43	87.2	65.2	28.6	2.17	0.365
北高加索	44.5	71.7	55.4	44.62	31.1	32.7	17.4	0.45	0.351
伏尔加沿岸	72.8	101.1	108.5	141.25	74.3	79	50.8	3.28	0.38
乌拉尔	158.8	131.2	83.3	98.15	209.8	140.5	179.4	9.17	0.384
西伯利亚	76.6	91.5	70.8	16.73	77.5	83.4	61.4	4.06	0.339
远东	93.1	88.3	88.1	31.39	254.3	96	87.3	4.38	0.435

资料来源：Приложение № 1 к Стратегии социально-экономического развития Южного федерального округа на период до 2020 года, http://www.minregion.ru/activities/territorial_planning/strategy/federal_development/yufo/.

各联邦主体之间在生活水平上存在巨大差距，具体体现在如下指标上（见表 8-8）。

一是人均月收入。2010 年，人均月收入最高的联邦区主体是涅涅茨自治区（50843 卢布）、莫斯科市（43876 卢布）、亚马尔 - 涅涅茨自治区（41865 卢布）、楚科奇自治区（37422 卢布），人均月收入最低的联邦主体为卡尔梅克共和国（7450 卢布）、印古什共和国（7540 卢布）、图瓦共和国（10050 卢布）、马里 - 埃尔共和国（10195 卢布）。月均收入超过 3.5 万卢布（约合 1200 美元）的人口在总人口中所占比重最高的是涅涅茨自治区、亚马尔 - 涅涅茨自治区、莫斯科市和楚科奇自治区，分别达 51.2%、42.9%、39.5% 和 38.8%。最低的是卡尔梅克共和国、印古什共和国和特瓦共和国，分别仅为 0.5%、1% 和 1.4%。

二是货币收入购买力。货币收入购买力是居民货币收入与各联邦主体为有劳动能力居民确定的最低生活保障线之比。2010 年，有七个联邦主体居民的

表 8-8　2010 年俄罗斯生活水平的地区差异

指　标	状况较好地区		状况较差地区		最高值和最低值相差倍数
人均月收入（卢布）（全俄平均水平为 18881 卢布）	50843	涅涅茨自治区	7450	卡尔梅克共和国	6.82
	43876	莫斯科市	7540	印古什共和国	
	41865	亚马尔-涅涅茨自治区	10050	图瓦共和国	
货币收入购买力（倍数）（全俄平均为 2.97 倍）	7.72	涅涅茨自治区	1.43	阿迪格共和国	5.4
	5.52	秋明州	1.67	图瓦共和国	
	5.52	汉特-曼西自治区	1.73	阿尔泰边疆区	
贫困率（%），（全俄平均水平 12.6%）	7.7	亚马尔-涅涅茨自治区	37.3	卡尔梅克共和国	4.81
	7.9	涅涅茨自治区	30	图瓦共和国	
	8	鞑靼斯坦共和国	24.6	马里-埃尔共和国	
基尼系数（全俄平均为 0.421）	0.335	伊万诺沃州	0.505	莫斯科市	
	0.358	印古什共和国	0.450	萨马拉州	
	0.361	弗拉基米尔州	0.445	涅涅茨自治区、圣彼得堡市	
住房价格（卢布）（全俄平均为 48144 卢布/平方米）	144342	莫斯科市	18000	卡巴尔达-巴尔卡尔共和国	8.02
	78243	圣彼得堡市	22895	卡尔梅克共和国	
	64500	萨哈林州	23615	犹太自治州	

资料来源：根据俄罗斯国家统计局数据计算，Регионы России социально-экономические показатели，Росстат，2011.

货币收入购买力不到最低生活保障线的两倍。68 个联邦主体居民的货币收入购买力未超过全俄平均水平（最低生活保障线的 2.97 倍）。在超过全俄平均水平的 15 个联邦主体中，涅涅茨自治区最高，为最低生活保障线的 7.72 倍。此外，货币收入购买力比较高的还有秋明州（5.52 倍）、汉特-曼西自治区（5.52 倍）、莫斯科市（4.47 倍）、摩尔曼斯克州（4.02 倍）、亚马尔-涅涅茨自治区（4.42 倍）。货币收入购买力比较低的是阿穆尔州（1.84 倍）、阿尔泰边疆区（1.73倍）、图瓦共和国（1.67倍）、马里-埃尔共和国（1.86倍）、印古什共和国（1.89倍）、阿迪格共和国（1.43倍）、伊万诺沃州（1.88倍）。

三是贫困率。贫困率是指居民中货币收入低于最低生活保障线的人口所占的比重。2010年，俄罗斯官方统计的贫困人口占总人口的比重为12.6%。仅有21个联邦主体的贫困率低于全俄平均水平。其中贫困率不足10%的联邦主体为：别尔哥罗德州（8.4%）、涅涅茨自治区（7.9%）、圣彼得堡市（8.7%）、达吉斯坦共和国（9.2%）、鞑靼斯坦共和国（8%）、亚马尔-涅涅茨自治区（7.7%）。贫困率超过20%的地区有：印古什共和国（22%）、卡尔梅克共和国（37.3%）、马里-埃尔共和国（24.6%）、图瓦共和国（30%）、阿尔泰边疆区（24.3%）、阿穆尔州（24.3%）、伊万诺沃州（20.5%）。

四是基尼系数。基尼系数由意大利经济学家基尼于1912年提出，是用来定量测定收入分配差异程度的指标。该指数在0和1之间，数值越低，表明财富在社会成员之间的分配越均匀，反之则表明财富分配差异加大。2010年，全俄的基尼系数是0.421。虽然大多数联邦主体的基尼系数均低于该水平，但有11个联邦主体的基尼系数高于0.421，这几个联邦主体分别为莫斯科市、萨马拉州、涅涅茨自治区、圣彼得堡市。

五是住房价格。各个地区经济发展水平的差异也体现在住房价格上。2010年底，一级市场住房价格最高的是莫斯科市（144342卢布/平方米）、圣彼得堡市（78243卢布/平方米）、萨哈林州（64500卢布/平方米）、莫斯科州（60233卢布/平方米）；房价最低的是卡巴尔达-巴尔卡尔共和国（18000卢布/平方米）、卡尔梅克共和国（22895卢布/平方米）、犹太自治州（23615卢布/平方米）。

六是失业率。以2011年12月数据为例，正式登记的失业率不足1%的仅有克拉斯诺亚尔斯克边疆区、列宁格勒州、利佩茨克州、莫斯科州、卡卢加州、下诺夫哥罗德州、秋明州（不包括自治区）、乌里扬诺夫斯克州、萨哈林州、罗斯托夫州、汉特-曼西自治区、圣彼得堡市和莫斯科市。失业率最高的依旧是车臣共和国和印古什共和国，分别为32.6%和18.4%（根据俄总统梅德韦杰夫2011年12月24日接受俄三大电视台访谈时的说法，车臣共和国的实际失业率在 30% 左右，印古什共和国的失业率近 50%[①]）。

七是最低食品消费额。截至 2011 年 12 月，各联邦主体最低食品消费额最高的是楚科奇自治区（6532.6 卢布）、阿穆尔州（3096.7 卢布）和摩尔曼斯克州（3006.1 卢布），最低的是库尔茨克州（1971.2 卢布）、萨拉托夫州（2000.1 卢布），最高值和最低值相差 3.3 倍（见表 8-9）。

表 8-9　2011 年 12 月各联邦主体最低食品消费额比较

单位：卢布

联邦区	最低食品消费额	最高和最低地区 联邦主体	最低食品消费额
中央联邦区	2435.5	莫斯科市 库尔斯克州	2828.7 1971.2
西北联邦区	2714.5	摩尔曼斯克州 诺夫哥罗德州	3006.1 2444.8
南方联邦区	2307.3	克拉斯诺达尔边疆区 伏尔加格勒州	2457.0 2211.7
北高加索联邦区	2323.7	车臣共和国 卡巴尔达-巴尔卡尔共和国	2749.3 2193.2
伏尔加沿岸联邦区	2189.4	萨马拉州 萨拉托夫州	2419.4 2000.1
乌拉尔联邦区	2606.0	秋明州 库尔干州	2996.0 2222.9
西伯利亚联邦区	2439.2	外贝加尔边疆区 鄂木斯克州	2811.5 2010.5
远东联邦区	3608.7	楚科奇自治区 阿穆尔州	6532.6 3096.7

资料来源：Об итогах социально-экономического развития Российской Федерации в 2011 году, МинэкономразвитияРоссии, http：//www.economy.gov.ru/minec/activity/sections/macro/monitoring/doc20120202_05.

[①] http：//www.kremlin.ru/transcripts/6540.

四 人口增加的地区为数不多

以 2002~2010 年时段作为考量，从联邦区层面看，人口增长的地区仅有中央联邦区和北高加索联邦区。从联邦主体层面看，中央联邦区人口增加的联邦主体仅有莫斯科市、莫斯科州和别尔哥罗德州；西北联邦区有圣彼得堡市、涅涅茨自治区、列宁格勒州；南方联邦区有克拉斯诺达尔边疆区、阿斯特拉罕州；北高加索联邦区有达吉斯坦共和国、车臣共和国、卡巴尔达－巴尔卡尔共和国、卡拉恰耶夫－切尔克斯共和国、斯塔夫罗波尔边疆区、北奥塞梯－阿兰共和国；伏尔加沿岸联邦区仅有鞑靼斯坦共和国；乌拉尔联邦区有汉特－曼西自治区、亚马尔－涅涅茨自治区、秋明州；西伯利亚联邦区有阿尔泰共和国、特瓦共和国；远东联邦区仅有萨哈共和国。可见，除了莫斯科市、圣彼得堡市、莫斯科州、南方联邦区的个别地区以及北高加索之外，其他人口增加的地区均是北方石油开采区。

五 人口的空间集聚带动经济活动的空间集聚

在俄罗斯人口总量逐年减少的背景下，人口向中心区域集中的趋势越来越明显。2006~2008 年，净移民的 60% 集中在莫斯科市集聚区，20% 集中在圣彼得堡集聚区，其他则主要流向别尔哥罗德州、加里宁格勒州、克拉斯诺达尔边疆区。目前，人口大部分集中在大型居民点和大城市及其周边地区。1990~2009 年的数据显示，各联邦主体中，距离中心城市越近的地区，其人口密度也越大。截至 2010 年，俄罗斯 20% 的人生活在百万人口以上的特大城市，11% 的人生活在 50 万~100 万人口的大城市，9% 的人生活在 25 万~50 万人口的城市，10% 的人生活在 10 万~25 万人口的城市，26% 的人生活在农村地区（见图 8－1）。

仅从农村地区看，人口的空间集聚也越来越明显。截至 2010 年，俄罗斯有 15.3 万个农村居民点，其中 5.5 万个居民总人口不足十人，人口在 10~100 人之间的村庄有 4.7 万个，人口超过 100 人的村庄有 5.1 万个，这些较大型的村庄都集中在南方、城市郊区或者非俄罗斯民族聚居地区。13% 的村庄没有常住人口，人口不足十人的村庄占 24%。人口不足 300 人的村庄人口继续减少，3000 人以上村庄的人口在增加（见图 8－2）。

区域经济社会发展

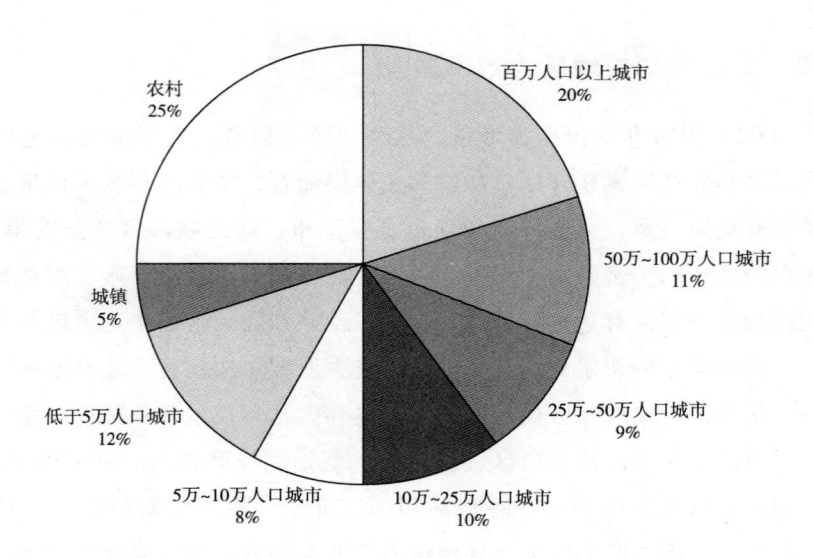

图 8-1 俄罗斯人口分布

资料来源：根据俄罗斯国家统计局数据整理。

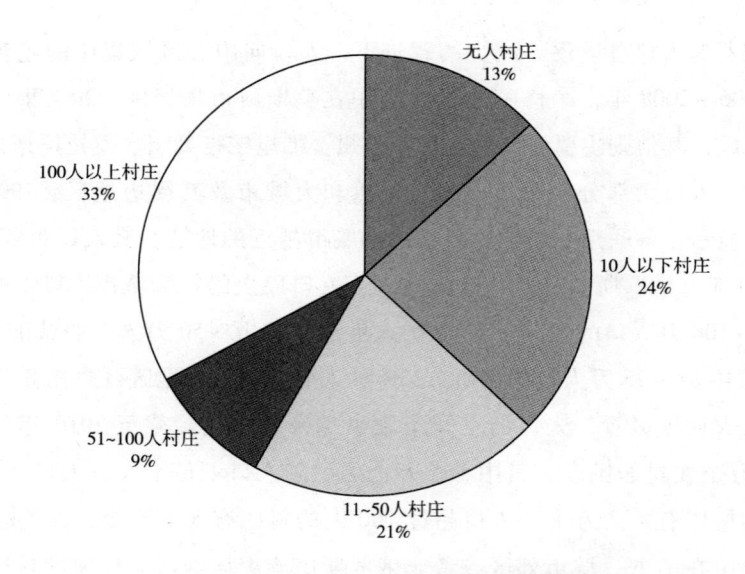

图 8-2 2010 年俄罗斯农村人口分布情况

资料来源：根据俄罗斯国家统计局数据整理。

农村人口的空间集聚带动了经济活动区域的集中,已开发地区面积正在逐渐缩小。1990~2011年,在农业产值增加的同时,播种面积和大牲畜存栏数均在下降,即农业产值在个别地区增加的同时,伴随着其他农业区的萧条,农业呈现出空间集聚趋势(见图8-3)。农业与气候条件及人口状况的相关关系越来越明显,农业正从土地密集型发展模式向区域发展、特定区域甚至小区域发展等模式转变。农业用地也从大规模利用变成了星星点点的开发,目前仅科斯特罗马州不生产农产品的农业土地就有2330万公顷,斯塔夫罗波尔边疆区未被利用的农业用地达2050万公顷。在现有地区分工和农业现代化水平的约束下,很难把所有集体农庄废弃的农业用地利用起来。

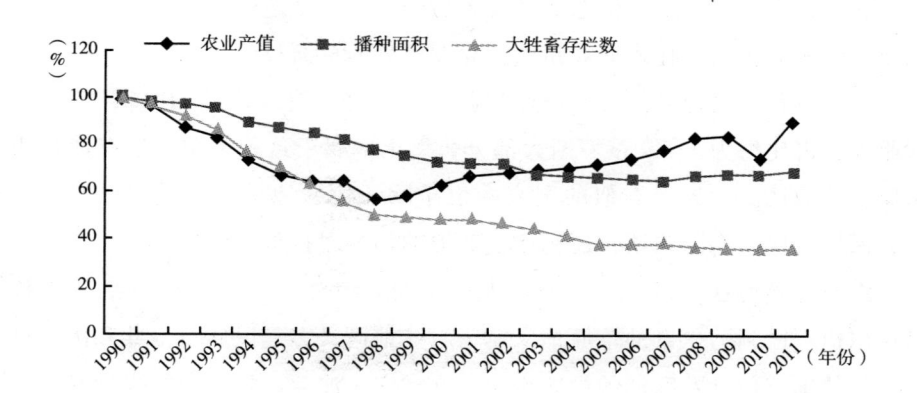

图8-3 1990~2011年俄罗斯农业产值、播种面积和大牲畜存栏数变化

资料来源:Т. Нефедова, Сжатие внегородского освоенного пространства России, Сжатие социально-экономического пространства: новое в теории регионального развития и практике госрегулирования, М. 2010, сс. 128-145.

六 各地区的工业化、城市化进度不一

按照工业化程度,有关专家把俄罗斯分成五个部分[①]。

后农业和后工业化地区。这是指农业和林业部门就业人员占比不超过5%,工业和建筑业就业人员不超过25%的地区,与西欧的一些发达国家、美

---

① Т. Нефедова, А. Трейвиш, Между городом и деревней, Мир России, №4. 2002.

国、加拿大、科威特，新加坡类似。莫斯科市和圣彼得堡属于这样的地区。

超级工业化地区。在第一产业中就业人员所占比例不超过5%～10%，第二产业就业人员占比高于1/3。世界上类似的国家和地区有德国、捷克、斯洛伐克、阿联酋、中国台湾。俄罗斯历史上的中心地区、北方和西伯利亚存在一些这样的地区，但已所余不多，如弗拉基米尔州、斯维尔德洛夫斯克州、车里雅宾斯克州、克麦罗沃州，其第二产业就业人员比例高达40%。

工业化地区。在第一产业中就业人员比例不超过5%～10%，第二产业就业人员占比略少于超级工业化地区，占比为25%～35%。世界上这样的地区较多，如西欧的半外围地区（西班牙、芬兰、匈牙利等）、澳大利亚、新西兰、巴西、南非、日本。俄罗斯具有类似产业结构的地区是东部地区，如萨哈林州、滨海边疆区、托木斯克州以及欧洲部分的莫斯科州。

向工业化过渡地区。第一产业就业人员比例不超过5%～10%，第二产业就业人员占比约为1/3。俄罗斯大部分非黑土区属于这种类型，还有就是西伯利亚南部地区。世界上类似的国家多位于欧洲边缘地带，如爱沙尼亚、爱尔兰、保加利亚、塞浦路斯，还有就是亚洲的沙特阿拉伯和韩国。

农业主导地区。第一产业就业人员比例为15%～30%。俄罗斯从克拉斯诺达尔边疆区到阿尔泰的草原地区属于农业地区，多是民族自治共和国。世界上类似的国家包括：欧洲的拉脱维亚、立陶宛、波兰、乌克兰、保加利亚、希腊，亚洲的叙利亚，非洲的南非，拉丁美洲的智利和墨西哥等国。

也有专家把俄罗斯分为四类地区[①]。

"第一俄罗斯"，即25万人口以上的城市。其中十个城市人口达百万，两个城市（彼尔姆和克拉斯诺亚尔斯克）人口接近百万。近20年来，只有在乌法、彼尔姆、鄂木斯克、车里雅宾斯克和伏尔加格勒等城市，苏联时期建立的工业企业还在经济生活中发挥着主导作用，其他城市则不再是工业城市。其中向后工业化转型较快的城市是叶卡捷琳堡、新西伯利亚、顿河畔罗斯托夫。所有百万以上人口城市的就业结构都发生了巨大的改变：在高技能"白领"、小

---

① Н. Зубаревич, Четыре России, Ведомости, http://www.vedomosti.ru/newspaper/article/273777/chetyre_rossii.

企业就业人员和公职人员中，高技能人员所占比例均有较大幅度的增加。正是这些大城市集中了所谓的"中产阶级"，也吸纳了大部分的移民。区别仅在于两个联邦级直辖市——莫斯科市和圣彼得堡市从全国各地吸纳移民，并且集中了全俄80%的净移民，而其他大城市则主要从本地区吸纳移民。"第一俄罗斯"人口占全俄人口的近40%。这些大型和超大型城市中集中了俄罗斯大部分中产阶级。

"第二俄罗斯"，即人口在2万~25万的中型工业城市，其中也有一些人口在30万~50万（切列波韦茨、下塔吉尔、马格尼托哥尔斯克和沿河切尔内）乃至70万的大城市（陶里亚蒂）。当然，在后苏联时代，远不是所有的中型城市都保留了工业城市的特征，但是在居民中，苏联时期的生活方式和精神风貌依旧。城市中就业人口大部分为"蓝领"，还有一些技能水平不高的公职人员。小企业发展状况不佳，一方面是居民购买力的需求不足，另一方面则是制度性障碍的存在（马格尼托哥尔斯克是个例外，小企业发展状况较好，主要原因是冶金行业工资水平下降催生了服务业的发展）。"第二俄罗斯"生活着全俄约25%的人口，其中10%生活在发展状况不稳定的产业结构单一城市。在经济增长时期，中型工业城市的工资增幅低于各个地区的中心城市，而在危机时期，因居民职业技能不高、流动性不强，工业部门产值下降的幅度超过地区中心城市。

"第三俄罗斯"，即农村和小城市，占全国人口的约38%。萧条的小城市和人口老化的村庄遍布俄罗斯各地，主要集中在俄罗斯中心地区，西北地区、乌拉尔和西伯利亚的工业区。农业人口主要分布在南方联邦区和北高加索联邦区，这里集中了全俄27%的农村人口。其他地区的农业人口主要集中在城市郊区的农村，特别是距离大城市较近的农村，这些地区的人口相对年轻，流动性较强，工资收入也较高。

"第四俄罗斯"。主要指北高加索和西伯利亚南部的共和国（如图瓦共和国和阿尔泰共和国），人口不足全俄的6%。这里也有一些较大的城市，但是几乎没有工业城市。如北高加索地区人口最多的马哈奇卡拉市（位于达吉斯坦共和国境内）有58万人口，加上郊区密集的人口，整个城市集聚区的人口几近百万。城市化在持续向前推进，城市里中产阶级较少，而且还处于分化过程中，有些甚至迁移到其他地区。农村人口继续增长，年轻人较多，但大部分年轻人还是选择进城生活。北高加索各共和国多为部族对权力和资源的争夺战、民族和宗教冲突所困扰，对他们而言，最重要的是来自联邦预算的援助和投资。2009~2010年，联邦预算对各共和国的转移支付使当地居民收入增长较快。2010年，北高加索各共和国获得的转移支付额高达1600亿卢布，占联邦预算对各地区转移支付额的10.7%，如果再加上对图瓦共和国和阿尔泰共和国的转移支付额，则高达12%。

第二节 影响俄罗斯地区经济社会发展的因素分析

形成于20世纪90年代的新经济地理学开始研究制度在地区经济社会发展中的作用，并奠定了理论基础。克鲁格曼等认为，两种因素决定地区发展的比较优势：一是第一自然要素，即自然资源和有利的地理位置；二是第二自然要素，即集聚效应、人力资本和制度。第一自然要素属于非永久优势，地理位置优势亦会随基础设施的发展而变化，仅依赖资源优势会导致地区发展陷入落后状态[1]。发达国家的发展实践证明：在早期工业化阶段，矿产资源和地理位置优势起重要作用，而在后工业化阶段，人力资本和制度则起主要作用。世界银行《2009年世界发展报告：重塑世界经济地理》认为，决定空间发展的主要因素有三个：密度（人口的空间集聚和规模效应，即城市集聚区发展）、距离和制度。

根据上述理论，目前，在俄罗斯地区发展中起主要作用的是资源条件、地理位置因素和集聚效应。当然，与历史原因、各地区制度转型程度、中小企业发展状况、中央与地方财权与事权的划分程度、参与国际分工的广度与深度、人口状况等因素也有一定的关系。地区生产总值在全俄居于较前位置的联邦主体中，莫斯科市、莫斯科州、圣彼得堡市、鞑靼斯坦共和国、斯维尔德洛夫斯克州、克拉斯诺亚尔斯克边疆区、萨马拉州主要依托

---

[1] P. Krugman, Geography and Trade, IT Press, Cambridge, MA. 1991.

城市集聚优势；汉特-曼西自治区、亚马尔-涅涅茨自治区则主要依靠资源优势；列宁格勒州、克拉斯诺达尔边疆区和加里宁格勒州的发展在很大程度上是地理位置优势使然，当然，加里宁格勒州的特区地位也起到了一定的作用，而克拉斯诺达尔边疆区则是因为承办2014年冬运会，其地区发展受到了较大的促进。2011年，联邦级直辖市在外商直接投资中所占的比重为45%，油气开采地区占20%，加工工业地区占10%。至于制度在俄罗斯地区发展中的作用，基本结论有以下几点。一是目前还很难夸大制度在俄罗斯地区发展中的作用，制度因素在地区发展中只起到从属作用。制度因素只有与其他因素，如地理位置因素、城市集聚效应、资源优势结合起来才能发挥作用。二是制度因素在地区发展中所发挥的作用并不稳定。以预算投资为例，在经济增长年份，预算投资大多投向了大城市集聚区，如2006~2007年，联邦预算投资的8%~10%投向了圣彼得堡市和莫斯科市，居于其后的是克拉斯诺达尔边疆区、莫斯科州和列宁格勒州，占4%~6%；2011年，联邦预算投资的20%投向克拉斯诺达尔边疆区和滨海边疆区，用于筹备索契冬运会和APEC峰会，鞑靼斯坦共和国因筹办大学生运动会获得了5%的投资；莫斯科市更换市长后，在国家预算投资中所占的比重从6%增加到10%；北高加索也获得了10%的国家预算投资（其中达吉斯坦共和国占5.5%，车臣占2.6%）。三是促进地区发展的制度环境很难得到大范围的改善。大部分地方政府缺乏全面改善制度环境的激励，只是寄希望于联邦预算的支持和局部制度创新的优势。但是局部制度改善并不能立即带来经济增长，相反却增加了行政成本，而且能够激励地区政府改善制度条件的重要前提是在各地区之间存在吸引人力资本和投资方面的竞争，但目前竞争态势尚未形成，现实的竞争只有在资源和权力"去中心化"之后才能出现。四是现实中阻碍俄罗斯地区发展的制度障碍无处不在，而且抑制作用较为明显。人力资本因素对地区小企业发展的影响是有条件的，只有较高的教育水平与良好的制度环境结合在一起，才能发挥较好的作用。托木斯克州小企业就业人口所占比例较高（约为17%），而且大多数小企业都是创新企业，就是上述因素结合的结果。

整体而言，影响俄罗斯地区经济社会均衡发展的最深层次原因如下。

一 地域广袤，但多数地区自然气候条件欠佳

人类实践证实，年平均温度低于零下2℃的地区或海拔高度超过2000米以上的地区，实际上很难维持人的正常生活，需要大量的物力、资金和智力资源投入，特别是需要进行大规模的住房和交通设施建设，这样的地区占俄罗斯总面积的2/3，即在其1700万平方公里中这样的地区几乎占到1200万平方公里[①]。

俄罗斯地区发展始终面临所谓"东-西"问题和"南-北"问题的困扰。东部的亚洲地区资源丰富，开发较晚，且开发严重不足，人口稀少；西部的欧洲地区，发展历史较为悠久，但是逐渐遭遇到水资源紧张、核心区边缘地区陷入萧条、大气与地表水污染、土地自我清洁能力下降、森林覆盖面积减少等问题。北方地区是可靠的后方，自然资源丰富，面积广阔，但是气候严寒，存在大量的无人区；南方地区面积不大，人口密度相对较高，但不太富裕，民族众多，社会欠稳定。

全球气候变暖对俄罗斯地区发展产生的影响也不容忽视。特别是近十年来，阿尔泰边疆区、阿尔泰共和国、伊尔库茨克州、外贝加尔边疆区、西伯利亚南部地区气温增幅是全球平均水平（4℃~5℃）的1.5倍。与此同时，俄罗斯中部地区的夏季气温下降了1℃~1.5℃。北方地区（约900万平方公里，占俄罗斯国土面积的54%）的永久冻土带出现部分解冻现象，承重能力发生变化，有可能引起建筑物坍塌。北方城市对全球气候变暖的影响感受较为明显，这些城市的气温增幅是莫斯科的三倍。纳迪姆（俄罗斯天然气中心城市之一）、苏尔古特（石油中心之一）、沃尔库塔（采煤中心之一）和其他城市的基础设施也都遇到了严重的问题。与此同时，主要粮食产区——西西伯利亚南部地区、罗斯托夫州、斯塔夫罗波尔边疆区、克拉斯诺达尔边疆区等的旱情加重，降雨减少，火灾风险增加。按照俄罗斯紧急状态部的数据，气温每增加1℃，火灾高发季节延续的时间就会增加4%~25%（因地区而异），火灾数量

---

① 〔俄〕德·C.利沃夫主编《通向21世纪的道路——俄罗斯经济的战略问题与前景》，陈晓旭、乔木森等译，经济科学出版社，2003年10月第一版，第91~92页。

也会增加，火灾波及面积平均将增加12%~16%。一些地区的社会经济状况很容易受到自然灾害（水灾，地震等）的影响，住房、农业和基础设施等出现周期性危机。

二 人口状况堪忧

截至2010年10月，俄罗斯常驻人口为1.429亿，居世界第八位。俄罗斯人口状况呈现以下特点。一是人口总数长期减少的趋势并未得到根本改变。2010年与2002年相比，俄罗斯人口减少230万，下降幅度达1.6%。其中城市人口下降110万，农村人口减少120万。二是人口老龄化问题严重。2002~2010年，俄罗斯低于劳动年龄的人口减少12%，适龄劳动人口减少1%，而老年人口增加约6.4%。2010年，俄罗斯拥有适龄劳动人口8800万（占61.58%），低于劳动年龄人口2310万（占16.17%），老年人口3170万（占22.18%）。按照国际惯例，当一个国家60岁以上的老年人口占到总人口的10%，或者65岁以上的老年人口达到总人口的7%，就意味着这个国家开始进入老龄化社会。照此标准，俄罗斯人口的老龄化程度堪忧。三是人口未来发展潜力不容乐观。根据联合国人口组织的预测，到2050年，俄罗斯人口将减少到1.21亿。2011年初，标准普尔评级服务公司对全球人口结构发展趋势的一份调查报告显示，到2050年，俄罗斯人口将下降到1.16亿。而根据俄罗斯学者的估算，到2050年，俄罗斯欧洲部分和亚洲部分人口将分别是1989年水平的69%和59%[①]。四是适龄劳动力减少趋势惊人。根据俄罗斯国家统计局的预测，到2015年，俄罗斯适龄劳动人口将减少500多万，到2030年，将减少约1100万（见图8-4）。

可见，广阔疆域与人口持续减少的矛盾正在困扰俄罗斯的地区经济社会发展，未来问题将会更加严峻。原因有三。一是生育率低，且仍在不断下降。俄罗斯总和生育率指标2002年是1.513，到2010年已降至1.469，而维持人口自然增长的总和生育率指标为2.2。二是死亡率偏高。俄罗斯是死亡率较高的

---

① А. Вишневский, Избранные демографические труды, Демографическая теория и демографическая история, М.: Наука, 2005.

区域经济社会发展

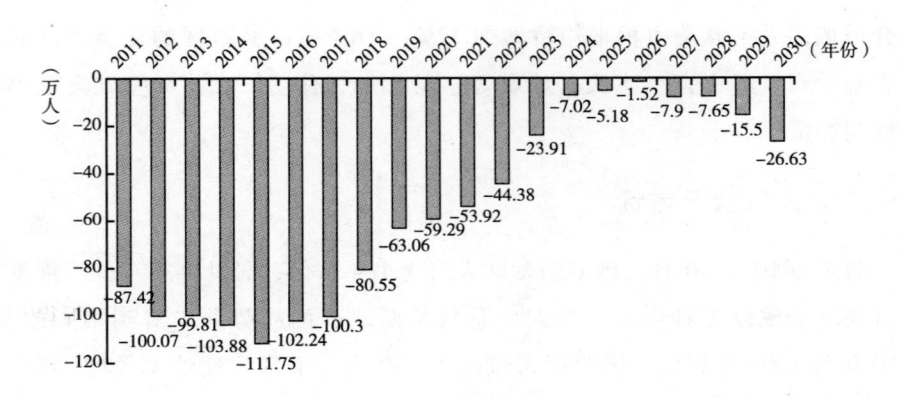

图 8－4　2011～2030 年俄罗斯适龄劳动人口年减少数量

资料来源：根据俄罗斯国家统计局预测数据。

国家之一，2009～2010 年的死亡率达 14.2‰（1990 年苏联解体前为 11.2‰）。致死原因中，排在第一位的是血液循环方面的疾病，外因居于第二位。外因致死最多的是自杀、交通事故、他杀和酒精中毒，占外因致死的 50% 以上，而且适龄劳动年龄人口中男性死亡率较高。三是对外移民规模和质量不容低估。根据俄罗斯的统计，2000～2010 年离开俄罗斯的永久移民有 80.5 万[①]。迄今为止，俄罗斯有关专家认为，分布在世界各地的俄罗斯移民有 500 万人左右。2003～2008 年，俄罗斯的对外移民（包括永久移民、工作移民和教育移民）中，受过高等教育的专家占 39%。其中，高级工程师和技术工作者占 9%，学者占 8%，商人占 5%，法律工作者占 2%[②]，并且年龄多在 30～50 岁。近年来，俄罗斯民众中对外移民的意愿更加强烈。2011 年，全俄舆情研究中心的民意调查结果显示，21% 的俄罗斯人想到国外定居，与 1991 年相比这一人数增长了 16%。

为克服人口发展的不良趋势，2007 年 10 月，俄罗斯批准了《2025 年前俄联邦人口政策构想》（以下简称《构想》）。《构想》确定的人口政策目标为：2015 年前人口数量稳定在 1.42 亿～1.43 亿，2025 年人口增长至 1.45 亿；提

[①] Доклад Госкомстата：Современная демографическая ситуация в Российской Федерации, 2010.

[②] Д. Пыльнова, Д. Шкрылев, 440 тысяч человек уехали из России за последние пять лет, Новая газета, 01.12.2008.

第八章 结论

高生命质量，使预期寿命在2015年前达到70岁，2025年增至75岁。人口政策的主要任务是减少公民的死亡率，特别是减少具有劳动能力人群的死亡率，减少母婴死亡，增进公民和青少年的健康，提高生育率等。从2007年开始，各项措施陆续出台并不断完善。主要措施是推出"多子女鼓励基金"，每月发放育儿补助，直至婴儿一岁半；实施《俄罗斯儿童纲要》，儿童纲要包括三个子纲要：《健康一代纲要》《天才儿童纲要》和《儿童和家庭纲要》。从2012年开始，根据修改后的税法典，对多子女家庭和单亲家庭实行个人所得税优惠。但就目前情况看，成效不太明显。

当然，俄罗斯也在积极吸纳外来移民，以弥补人口的减少，但效果极其有限。从1992年至2009年的数据看，多数年份移民净流入难以弥补人口的自然减少（见图8-5）。根据有关专家估计，未来20年内为完全弥补俄罗斯人口的自然损失，大约需要2500万以上的外来净移民。但俄罗斯的外来移民政策相对保守和过分理想化（为维护"国家安全利益"，优先吸纳苏联侨民返俄并填充远东等地区，防止邻近国家移民涌入，优先吸纳高素质移民）[①]，以及民众特有的排外心理，吸纳移民的工作困难重重。因此，可以预见，劳动力资源不足对俄罗斯地区经济社会发展的制约将会持续存在。

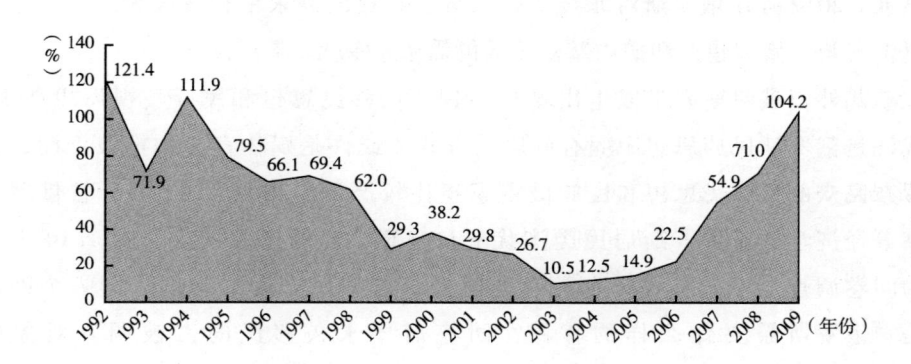

图8-5 移民净流入弥补人口自然减少的比例

资料来源：根据俄罗斯国家统计局数据。

[①] 高际香：《俄罗斯外来移民与移民政策选择》，《俄罗斯中亚东欧市场》2012年第5期。

鼓励侨民返俄定居计划存在过分理想的成分。首先是有意愿返俄的侨民潜力已不足。截至1989年，生活在苏联其他共和国的俄罗斯族居民有2530万。苏联解体之后，约550万人选择离开这些国家，其中400万人回到了俄罗斯[1]。余下的俄罗斯族人口中，根据大多数专家估计，有移民愿望的不超过400万人，而且未必全部希望"返回"俄罗斯。其次是没有充分考虑移民的经济诉求，且把安置移民的主要责任（如解决住房问题）推给了当地政府，政策目标难以实现。按计划，2012年之前，俄罗斯将吸纳44.32万俄侨回国。但从2006年夏天执行至今，只迁回同胞6.1万人，而且其中仅有1/10定居远东地区，大部分移民则选择了在中部地区定居。鉴于计划实施效果与预期存在较大差距，从2009年开始，该计划开始大幅收缩，当年的补贴也降至18亿卢布，而且在一些地区的补贴额度仅相当于当初计划的1/20~1/15。有关专家认为，该项目仅对难民有吸引力，而对其他类型的移民则不具吸引力[2]。

优先吸纳高素质移民、提高移民质量的政策，在理论上易于理解，但是也存在与现实需求脱节的问题。俄罗斯人不乐意从事的诸如建筑业和农业等技术含量低的工作，往往需要引进大量外国移民。俄罗斯卫生与社会发展部的数据显示，2012年，俄罗斯对非技术外来劳动移民的需求量相对较大，特别是对建筑安装、修理建造和矿山基建工人的需求量最大。

此外，俄罗斯人难以走出排外心理，反移民思想和民族歧视思想严重。或许是俄罗斯民族思想中固有的思维方式，或许是媒体宣传的推波助澜，俄罗斯民众的反移民思想和民族歧视思想比较严重。2008年11月，在俄罗斯高等经济学校对俄罗斯居民经济状况和健康状况的追踪调查（对1.14万人的问卷调查）中，有两个有关俄罗斯民众对移民态度的问题。第一个问题是：俄罗斯需要什么样的移民？回答需要永久移民的占被调查对象的15.4%，回答需要劳动移民的占16%，两种移民都需要的占14.4%，两种移

---

[1] Социальное и демографическое развитие России: Каирская программа действий: 15 лет спустя, Москва, 2010.

[2] А. Козенко, Гостеприимный покой. Уезжать из России нравится больше, чем возвращаться, http://sia.ru/?section=410&action=show_news&id=235003.

民都不需要的高达 37.5%。第二个问题是：如果你的邻居是一个普通的移民家庭，而且来自下列国家，你的态度是？调查结果显示，被调查者对同属斯拉夫兄弟的乌克兰移民比较有好感，对来自中亚的移民较容易接受，对来自高加索地区的移民较为排斥，而对来自东南亚国家的移民则较为反感（见表8－10）。

表 8-10 俄罗斯人对来自不同国家移民的态度

单位：%

	乌克兰	摩尔多瓦	外高加索国家	中亚国家	东南亚国家
正面印象	31	25	12	11	9
无所谓	55	56	38	40	37
负面印象	15	19	50	49	53

资料来源：РМЭЗ, ноябрь 2008 г.

第三节 俄罗斯地区经济社会发展前景展望

对于俄罗斯地区经济社会发展前景，可以得出几个基本结论：俄罗斯正在构建的多层次地区发展长期战略体系是俄罗斯国家战略在空间广度上的延展与细分，其实施效果有待进一步观察；加快北高加索地区经济社会发展和着力发展远东地区的政策将会对地区均衡发展起到一定的促进作用，但难以抑制人口和经济发展资源的空间集聚趋势。之所以得出上述结论，主要基于对以下原因的考虑。

一 地区长期发展战略过于理想化

拥有大国战略思维是俄罗斯的特点，因此有关未来发展的各种长期战略或规划总是层出不穷。这在一定程度上可以克服"没有远虑，必有近忧"的弊端。但从另一个方面来看，很多战略因缺乏对现实的理性判断，很难付诸实施，往往成为一纸空文。难怪有人说："迷恋于搞空洞计划，是俄罗斯人精神气质致命的特点。"① 《2020年前俄罗斯经济社会长期发展战略构想》有关地区发展的优先方向还只是停留在纸面上，存在战略目标不够明晰、对各个地区的竞争优势分析不足等问题。从现已出台的联邦、联邦区和联邦主体发展战略来看，实现"创新发展"似乎成了各地区的不二选择。为达到高度发达国家的水平，避免俄罗斯以发达国家原料附庸身份参与国际分工，保障俄罗斯平等伙伴的地位，必须发展高科技与技术含量高的部门，这已经成为俄罗斯各界的共识。但是"创新发展"需要巨大的资本投入，需要对工业、运输业和通信业进行现代化改造，并实现经济结构转型。然而，由于俄罗斯缺乏资金，并且获得大量外国投资的可能性较小，因此，最近十年，创新发展方案在局部城市，如中部地区、西北地区、沿伏尔加河流域、乌拉尔的一些大城市，以及一些以前专门生产科技含量高的军工产品的封闭城市实现的可行性较大，这些城市的优势就是其工业领域的科技成就目前已经处于世界水平，而在全俄全面实施"创新发展模式"则不太现实。

二 地区战略体系的构建更多是出于"自上而下"的压力

俄罗斯中央与地区关系的特点决定了大多数地区对促进本地经济发展和增加地方预算收入的兴趣，远不如对争取联邦预算投资、获取更多转移支付的兴趣大。特别是各地区对实施地区发展联邦专项纲要兴致勃勃，主要因为这是获得国家财政拨款的最佳途径。而对于联邦中央来说，要求各联邦区和各联邦主体制定本地区的经济社会长期发展战略，并有选择地实施地区发展联邦专项纲要，不仅可以保证对各类地区的扶植，更可以换取政治上的稳定。正如俄罗斯学者所言："普京区域政策的最主要方向是平衡各联邦主体间政治地位的差异，而不是经济上的差异。在这一思想的指导下成功地运行着一个新的州长任命制度，使其不再受地方的支配。而一个地区得到中央财政支援的程度直接取决于当地领导人对克里姆林宫的忠诚与否。"②

---

① 〔俄〕德·C. 利沃夫主编《通向21世纪的道路——俄罗斯经济的战略问题与前景》，陈晓旭、乔木森等译，经济科学出版社，2003年10月第一版，第87页。

② О. Прокапало, Региональная социально-экономическая динамика: Дальний Восток и Забайкалье. Хабаровск, 2005.

三 地区发展战略实施将受资金不足的制约

从2003年开始,俄罗斯固定资产投资逐年增加,2006~2010年已接近1995年的两倍(见表8-11),但依旧未能抑制固定资产磨损率逐年升高的趋势。1992年,俄罗斯固定资产磨损率为42.5%,2010年已达45.6%(见表8-12)。一般而言,固定资产磨损率达50%,即意味仅能维持简单再生产,可见,俄罗斯固定资产磨损状况已接近仅能维持简单再生产的边缘。而且有些部门的固定资产磨损率早已超过临界值,2009年,采矿部门和商业部门的机械设备磨损率已分别高达56.4%和69.2%。

表8-11 俄罗斯固定资产投资(1995年为100%)

年份	1995	2002	2003	2004	2005	2006	2007	2008	2009	2010
%	100	95.7	107.7	122.4	135.8	158.4	194.4	210.0	179.1	190.9

数据来源:根据各年俄罗斯国家统计局数据整理。

表8-12 俄罗斯固定资产磨损率

年份	1992	1995	2000	2005	2006	2007	2008	2009	2010
%	42.5	39.5	39.3	45.2	46.3	46.2	45.3	45.3	45.6

资料来源:Россия в цифрах. М.:Росстат. 2011. Стр. 74.

与世界主要国家相比,俄罗斯总投资在GDP中所占比重偏低(见表8-13)。主要原因是俄罗斯投资环境欠佳,资金外逃,外资不足。而且未来几年吸引外来投资的势头还将有所减弱,主要原因:一是国际石油天然气价格走低;二是资本外流难以得到有效遏制;三是法律欠完善,如目前在长期发展战略中极力推崇的有关"公私伙伴关系"的法律尚未出台。在私人投资和外资不足的情况下,依赖财政资金支持大规模的地区投资项目根本不现实,况且预算收入在国际石油天然气价格不振的情况下会大幅减少。有关专家估计,单单实施《2025年前远东和贝加尔地区经济社会发展战略》,就需要30万亿~32万亿卢布的固定资产投入。

表 8-13 总投资在 GDP 中所占比重

单位：%

国家\年份	2000	2001	2002	2003	2004	2005	2006	2007	2008
澳大利亚	22	22.9	24.8	25.4	25.8	27	26.9	28.3	29.7
德国	21.5	20	18.3	17.9	17.5	17.4	18.2	18.7	19
日本	25.2	24.7	23.3	22.8	22.7	23.3	23.5	23.4	23.1
韩国	31.1	29.5	29.1	29.9	29.5	29.3	29	28.5	29.3
挪威	18.4	18.1	17.9	17.3	18	18.8	19.6	21.3	20.8
保加利亚	27.1	26.5	25	22.9	22.6	22.2	21.7	21.8	21.7
美国	19.9	19.2	17.9	17.9	18.5	19.2	19.3	18.9	17.9
欧盟 27 国	20.6	20.2	19.6	19.4	19.6	20	20.7	21.3	21.1
巴西	16.8	17	16.4	15.3	16.1	15.9	16.4	17.5	18.7
中国	34.3	34.6	36.3	39.2	40.6	41	40.7	40.1	41.1
印度	22.9	23.3	23.7	24.4	27.3	30.4	32	34	34.5
俄罗斯	16.9	18.9	17.9	18.4	18.4	17.7	18.5	20.7	21.5
平均	22.1	21.7	21.3	21.4	21.8	22.4	23	23.4	23.1

资料来源：OECD Factbook 2010：Economic, Environmental and Social Statistics. -OECD. 2010.

四 北高加索地区发展战略存在诸多问题

《2025 年前北高加索联邦区经济社会发展战略》（以下简称《战略》）存在的问题包括以下几点。一是短期目标无法实现。《战略》提出，在实施的第一阶段，即 2010~2012 年，主要致力于改善投资环境，这在现实中是行不通的。影响北高加索联邦区投资吸引力的关键因素是民族之间的紧张关系、失业问题和制度问题，而这些在短时期内是根本无力解决的。二是《战略》的制定存在"不对症"问题。有关专家指出，《战略》制定的依据是官方对北高加索联邦区的统计数据，但这些数据存在较大的偏差。原因首先是北高加索地区的灰色经济在经济生活中占较大的比例，而且大量经营活动属于非法状态，包括农业、工业、建筑、交通和旅游等行业。其次是失业问题和贫困状况并未如官方统计数据显示的那么严重，在灰色经济部门就业人员获得的工资收入并不低于正规部门就业的人员，仅是缺少社会保障而已；从家庭消费水平，特别是住房、子女上大学和筹办婚礼的花费上推测，居民的收入水平并不像官方统计的那么糟糕；还有就是制约农村居民消费水平的不仅仅是收入不足问题，还有消费标准的问题①。三是对土地问题的掣肘估计不足。北高加索一些联邦主体之间没有确定行政区划界限，这种状况在一定程度上成为局势紧张的一个因素。此外，北高加索联邦区土地的所有权和使用权问题，其中包括游牧用土地的产权问题尚待明晰。2002 年 7 月颁布的第 101 号联邦法——《农用土地流转法》规定，联邦主体政府自行确定土地私有化的日程。截至目前，北高加索大部分共和国均未实行土地私有化。达吉斯坦共和国和卡巴尔达-巴尔卡尔共和国分别于 2003 年和 2004 年通过的农用土地流转法规定，农用土地私有化时间推后 49 年。车臣共和国 2007 年通过的法律则规定，农用土地私有化最早将于 2020 年 1 月 1 日前开始。北奥塞梯-阿兰共和国的土地私有化则是从 2010 年 1 月 1 日开始②。四是实施过程中财政风险、腐败风险与行政风险并存。《战略》虽然也提出支持小企业发展是经济政策的必要方向之一，但是公布的措施首先是侧重支持大项目，鼓励实施大规模投资。国家财政支持的对象具有选择性，国家将从市场上选取"优先项目"并为其提供无抵押的国家担保。在筛选"优先项目"过程中，实际上排除了对正常的市场风险进行评估的过程，容易产生暗箱操作。在腐败程度较高的市场上注入大量财政资金可能会更加助长腐败，对所有市场参与者而言，则意味着交易成本增加，处境恶化。有关专家估计，今后对腐败的"赎买"成本将会从现在占产品成本的 15%~20%，增加到 40%~45%。至于选择出的"优先项目"能否完全实现政策目标则是未知数。此外，在产权不明晰而且缺乏普遍通用的"游戏规则"条件下，大型项目不得不依靠行政资源推进，这又产生了行政风险：首先是行政资源的稳定程度欠佳；其次，对于其他希望获取土地资源的人来说，依靠行政支持获取土地资源经营者的合法性值得怀疑；最后，在获取行政资源上存在较大的竞争，有可能进一步加剧腐败。五是对实施方案各方存在意见分歧。对

---

① И. Стародубровская, Н. Зубаревич, Д. Соколов, Т. Интигринова, Н. Миронова, Х. Магомедов, Северный Кавказ: модернизационный вызов, М.: Издательский дом «Дело» РАНХиГС, 2011.
② Н. Шагайда, Оборот сельскохозяйственных земель в России: трансформация институтов и практика, Научные работы, № 142Р, Институт экономической политики им. Е. Т. Гайдара. М., 2010.

于制定与《战略》配套的国家纲要，总统普京持支持态度。但是俄前财政部长库德林认为，纲要规划期过长，资金来源不确定，未必每个项目都会吸引现实的投资者，如果预算外资金不能到位，则国家预算资金将面临较大的投资风险。俄前经济发展部部长纳比乌琳娜认为，制定2025年前的国家纲要不合逻辑，特别是在俄罗斯目前还没有2020年之后总体纲要的情况下。俄罗斯民间也不时传出"不要供养北高加索"的呼声。为此，北高加索联邦区全权代表亚历山大·赫洛波宁一再解释："国家规划的任务不是向北高加索联邦区撒钱，而是创造条件吸引投资者并发展具有竞争力的经济部门。"[1] 六是短期内消除北高加索各共和国与俄罗斯其他地区之间的发展差距无望。俄罗斯学者曾经对两个问题做过测算，第一个问题是在经济保持一定增速的条件下，北高加索各共和国人均生产总值与全俄平均水平持平需要多少年；第二个问题是在一定年份内赶上全俄人均生产总值平均值，北高加索各共和国的生产总值要保持怎样的增速。第一问题的测算结果显示：在全俄生产总值年均增速为3%的条件下，北高加索各共和国如果能够保持8%~10%的年均增速，那么卡巴尔达-巴尔卡尔共和国勉强可用15年达到目标，而印古什共和国和达吉斯坦共和国大致需要30年。在俄罗斯经济平均增速达5%的情况下，要达到上述目标，北高加索各共和国所用的时间至少还要增加五年。第二个问题的测算结果是：在全俄生产总值年均增幅为3%的情况下，北高加索各共和国人均生产总值达到俄罗斯平均水平需要25年，且年均增速不能低于9%~10%[2]。现实中，北高加索各共和国即使在社会、政治状况稳定的条件下，要保持经济8%~10%的年均增速也很困难。

五 远东开发的安全利益优先原则

由于广袤的俄罗斯大平原缺乏天然屏障，因此俄罗斯人惯用最大限度地扩大疆域、建立令人生畏的强大帝国来消除不安全感。苏联解体后，俄罗斯作为

---

[1] А. Хлопонин, Центр не собирается "забрасывать" Северный Кавказ деньгами, http://www.rg.ru/2011/10/17/reg-skfo/hloponin-anons.html.
[2] 〔俄〕德·С.利沃夫主编《通向21世纪的道路——俄罗斯经济的战略问题与前景》，陈晓旭、乔木森等译，经济科学出版社，2003年10月第一版，第441~442页。

第八章 结论

苏联的继承者，其地缘政治环境严重恶化，造成了自莫斯科公国对外扩张以来俄罗斯历史上最大的逆向地缘政治变动：俄罗斯300多年扩张所获得的地缘政治成果几乎化为乌有。俄罗斯西部边界收缩了几百公里，回到了大约16世纪末的状态[1]。波罗的海三国独立后，俄罗斯在波罗的海只剩下三个港口：圣彼得堡、维堡（部分为芬兰使用）和加里宁格勒，俄罗斯不仅丧失了一半左右的波罗的海海岸线，加里宁格勒州还成了与本土隔离的一块飞地。黑海一半的海岸线和大部分优良港口丧失，只剩下新罗西斯克和图阿普谢两个港口[2]，黑海舰队被乌克兰和俄罗斯一分为二，花费一百年时间从土耳其手中夺取的战略要地克里米亚丧失。现有的1.4万公里陆路边界线中，60%是与原苏联加盟共和国的接壤地带。尽管俄罗斯依然是世界上领土面积最大的国家，但俄罗斯民族性格深处的不安全感却开始重新回归。这种不安全感投射在远东地区开发战略上，显现出来的就是长远安全利益优先原则。正因为对远东地区的开发更多的是出于长远安全利益的考虑，因此不时会遭遇经济合理性的拷问。对于20世纪70年代苏联强制开发远东，一些学者就曾提出过反对意见，认为应当加强西部地区在深化劳动分工和促进大区专业化生产中的作用[3]。有的学者则对苏联时期开发东部地区的政策效果提出质疑："开发东部的政策进行了几十年，但是从1959年之后，中心城市大多位于乌法之南、乌拉尔山以东地区，城市化主要覆盖的是西伯利亚大铁路沿途地区。"[4] 从历史纵深角度考察，俄罗斯远东地区发展战略更多是出于对外政策目标。17～18世纪，对远东地区的开发是源自于外贸需求（皮毛、黄金、海兽等）的增长，同时也是出于与欧洲国家竞争地区性帝国的需要。19世纪对远东的开发则更多是出于与英国、德国、日本等强国争夺对中国的控制权的需要。20世纪，苏联对远东的开发则是为了构建太平洋沿岸，北到北冰洋、南到印度洋的"共产

---

[1] 冯玉军：《俄罗斯地缘政治战略取向》，《现代国际关系》1999年第10期。
[2] 方柏华：《国际关系格局》，中国社会科学出版社，2001，第266页。
[3] А. Минц, Прогнозная гипотеза развития народного хозяйства Европейской части СССР, Ресурсы, среда, расселение, М., 1974.
[4] А. Трейвиш, Остров, Россия на пороге XXI века как часть мировой экономики, Геополитическое положение России: представление и реальность. Под. ред. В. Колосова. М., 2000.

主义安全带"的需要。进入21世纪，俄罗斯意识到远东地区不能孤立发展，应搭乘亚太地区发展的快车，但又担心随着远东地区与亚太地区的经济融合度逐渐提高，其与俄罗斯整体经济发展可能会渐行渐远。俄罗斯的担心主要来自两个方面。一是经济风险。远东地区具有强大的资源优势，对外贸易目前尚局限于"用资源换商品和技术"，有可能沦为亚太地区国家的原料附庸。即使在西伯利亚大铁路沿线构筑新型工业带，进行原料深加工，俄方也认为存在较大的风险。因为不论原料的加工程度深浅与否，销售市场都是在国外，国内无法控制。二是领土安全。远东与中国接壤的边境地区人口仅相当于中国边境地区人口的1/63。中国东北三省的人口有1亿人，相当于远东地区人口的15倍。巨大的人口数量反差让俄罗斯担忧，再加上远东地区是"中国威胁论"的肇始地，俄罗斯担心中国会把远东地区作为自己消化剩余劳动力的场所，臆测中国强大后会利用人口优势，谋求远东地区领土。因此，在《2025年前远东和贝加尔地区经济社会发展战略》中，俄罗斯政府对远东的开发设想，首先是在远东地区建立新的基础设施网。第一阶段侧重发展地区交通基础设施，第二阶段发展地区航空，第三阶段则是建立新的发电企业。但是在远东广袤的空间建立新的基础设施网在经济上不太现实，因为远东的发展资源更多地集中在有限的几个大城市，很多小城市和农村居民点已空无人影或者濒临死寂。基础设施网建立的经济合理性值得商榷。为克服远东经济与俄罗斯整体经济日趋疏离的趋势，俄罗斯目前正在试图通过运费补贴，加强远东与俄罗斯欧洲部分的联系，因为远东地区距离俄罗斯欧洲部分较远，远东经济对运费的敏感度较高，如果说欧洲部分的运费每提高1个百分点，会导致欧洲地区生产成本提高0.4~0.5个百分点，而远东地区则会致使生产成本提高1.2~1.3个百分点。从经济利益考虑，这的确不是明智的做法。况且在国际市场石油价格走势较好、预算收入宽裕的情况下，进行运费补贴没有问题，但对一个资源出口型经济体而言，财政补贴在国际市场能源资源品价格走低时往往难以为继，其可持续性值得怀疑。但从拴住远东，使其暂时不至于在经济上游离于俄罗斯控制之外及维护远东长远安全利益的角度看，这样的补贴做法是比较符合俄罗斯民族性格的。尽管《2025年前远东和贝加尔地区经济社会发展战略》已经出台，但时至今日，远东地区与亚太地区国家经济关系的制度性框架尚未形成,也没有与东北亚邻国进行经济政策协调的框架协议和计划。可见,虽然远东地区具有融入亚太经济的良好条件,但却不能大规模参与亚太地区一体化进程,深层次的原因实际就是俄罗斯把安全利益放在第一位。当然,俄罗斯也希望远东适度搭乘亚太经济快车,也在极力通过符拉迪沃斯托克亚太峰会打造远东形象,尽量施展传统大国在亚太地区的影响力,但是以俄罗斯人独有的思维臆想的"安全天花板"是不能触碰的。

六 北极开发更多出于地缘战略意图

谈到俄罗斯地区发展战略,还需要提及的是北极开发。2006年之后,围绕北极大陆架油气资源开发与海上战略通道的构建,俄罗斯与环北极国家的角逐日趋激烈。俄罗斯的战略意图是保障俄罗斯在北极地区的大国主导地位,进一步实现俄罗斯在该地区的综合竞争优势。因此,俄罗斯有关北极开发的战略、政策和举措相继出台:2006年,自然资源部通过了《2020年前大陆架油气潜力勘探和开发战略》;2008年,总统梅德韦杰夫批准了《2020年前及未来俄联邦北极地区国家政策基本原则》;2010年,《2011~2020年俄联邦北极地区经济和社会发展国家纲要》出台。这实质上是对苏联时期北极战略一以贯之的延续:1926年,苏联政府曾发表《关于北冰洋内土地和岛屿为苏联领土的声明》;1989年通过的《苏联部长会议关于北极事务的决议》又一次确定了俄属北极范围。其中包括下列地区的全部或部分:萨哈共和国(雅库特)、摩尔曼斯克州、阿尔汉格尔斯克州、克拉斯诺亚尔斯克边疆区、涅涅茨自治区、亚马尔-涅涅茨自治区、楚科奇自治区,此外还包括1926年4月苏联中央执行委员会主席团决议《关于北冰洋内的土地和岛屿为苏联领土的声明》中所包括的土地和岛屿。上述地域约为584.2万平方公里,占世界极地面积的25%,其中约250万平方公里为海域[①]。

就目前而言,北极开发的经济意义甚微。北极地区每桶原油的生产成

---

① 俄罗斯加入《海洋法公约》后,俄属北极范围减少至410万平方公里,约170万平方公里的大陆架成了争议地区。*В. Селин*, Современное геоэкономическое позиционирование в российской Арктике, Вопросы экономики, №12, 2011.

本达30美元,与非洲每桶一至五美元和中东地区的每桶三美元相差甚远,保证油气开采和运输的技术条件尚不成熟。而且俄罗斯北极地区因人口持续流失,其上缴的利税与获得的转移支付严重不匹配,基础设施状况不断恶化,特别是北海航线东段的港口,因开发技术装备较为落后,俄罗斯北极大陆架开发落后于其他北极国家40年。可见,俄罗斯力推北极开发更多是出于长远的地缘战略目的。俄罗斯思想家别尔嘉耶夫或许一语中的:"没有北方地区的俄罗斯不是大国。如果北方地区没有未来,整个俄罗斯也将没有未来。"

第四节 关于中国与俄罗斯地区间合作的思考

中国与俄罗斯彼此之间是重要的邻国,基于资源互补优势,中俄两国具有开展地区间合作的广阔前景。2009年《中华人民共和国东北地区与俄罗斯联邦远东及东西伯利亚地区合作规划纲要(2009~2018年)》(以下简称《规划纲要》)签署,确定了中俄相关地区合作的八大领域:口岸及边境基础设施建设与改造,陆、江、海运输,航空运输,合作园区,劳务,边境旅游,人文和环保,并推出了地区合作重点项目目录。《规划纲要》实施以来,相关合作项目推进速度不如预期,合作潜力尚未得到充分挖掘。综合分析,主要原因有三个。一是相互对对方在合作中的角色定位存在偏差。对于俄罗斯来说,寄希望于外汇储备丰裕的中国对俄罗斯工厂、基础设施、高科技行业的投资,而且劳动力尽量不要进来,或者说仅吸纳高素质劳动力的进入。而中方一直认为俄罗斯具有比较优势的行业是矿产资源开采、森林资源开发、能源、电力以及交通等,在这些领域的投资过程中,因俄罗斯相关劳动力短缺,需要中方劳动力的进入。二是合作的积极程度不对等。中方的合作意愿强于俄方。为贯彻落实中俄地区合作规划纲要,中国国家发展改革委员会与国家开发银行签署了《贯彻落实〈中俄地区合作规划纲要〉加强跨境涉边基础设施建设合作备忘录》(以下简称《备忘录》),建立了政策性金融机构对地区合作的支持机制。《备忘录》规定双方将按照政府推动、银行独立审贷、市场化运行的原则,以《规划纲要》为指导,积极支持东北地区跨境涉边基础设施、运输通道、合作园区、重大地区合作项目建设。在风险可控的前提下，国家开发银行在每年的贷款规模范畴内优先安排资金，用于支持上述领域的合作项目。同时根据项目实际情况，提供中长期、短期贷款，财务顾问，债券承销，融资租赁等各类金融产品和服务。此外，中方还积极筹建中俄地区合作发展基金。基金首期募集规模100亿元人民币，总规模为1000亿元人民币，采用分期运作方式。中俄地区合作发展基金的投资领域参照《规划纲要》，重点以股权、准股权和直接投资的方式，支持跨境涉边基础设施、双边或多边国际通道、重大地区合作项目的建设，此外还为参与中俄地区合作的中小企业提供融资服务。在建立边境合作开发区、跨境交通基础设施建设实践中，也存在中方"一头热"的现象。有很多项目，中方的地方政府早已划出地块或者已经修建了部分设施，但是因俄方迟迟未见动静而使合作项目长期搁置。从俄罗斯方面讲，虽然《规划纲要》已签署，但联邦政府从国家安全利益出发，对在人烟稀少的远东和东西伯利亚与中国相邻地区进行合作实质上还存在诸多疑虑。地方政府在促进地区发展方面可以使用的政策手段多已被联邦中央限定，可以作为的空间不大，因此大多缺乏发展本地经济的主体意识。从普通民众角度看，坐拥丰富的自然资源，夏季在房前屋后和郊外居所从事些农耕活动，自给自足，乐在其中。再者，如果当地经济、人居环境到了实在让人难以忍受的程度，民众还可以"用脚投票"，移居到生活条件、工作环境较为如意的地区，俄罗斯地域广阔，可以移居的地方很多。因此，是否需要通过发展地区合作促进当地经济发展，对他们来讲也并不十分热切。三是俄罗斯的投资环境有待进一步改善。在与俄方合作中，俄方惯用"单赢"思维思考问题，无限挤压合作方的利益空间，使很多合作项目或"形同鸡肋"，或对合作方根本无利可言，导致合作无法开展或者无法继续推进。此外，赴俄劳务人员配额严重不足，审批时间冗长，签证期过短，程序繁复；税负较重；腐败问题；海关入境手续繁杂，关税过高，通关时间长；行政审批手续繁杂拖沓等也是合作中的主要障碍。

尽管如此，就目前的现实情况来看，中俄两国的地区间合作还是应该本着积极、理性、稳妥的原则推进，并且可以适当拓展合作区域和领域。总体来看，中国在参与俄罗斯的地区发展过程中，应该注意以下几点。

一 地区合作范围不应仅局限于远东和西伯利亚地区

《中华人民共和国东北地区与俄罗斯联邦远东及东西伯利亚地区合作规划纲要（2009～2018年）》从双方政府层面把中俄地区合作的范围限定在两国相邻地区。虽然从地理位置角度考量具有一定的合理性，但是也受到一些因素的制约。首先是客观条件的制约。远东及东西伯利亚地区气候条件不佳，基础设施落后，大城市网较为稀疏。远东联邦区是八大联邦区中铁路网最稀疏的地区，仅为13公里/万平方公里；硬面公路网密度也最低，仅为6.1公里/千平方公里。远东联邦区的九个联邦主体中，堪察加边疆区、马丹加州和楚科奇自治区不通铁路，萨哈共和国（雅库特）的铁路线长度仅有354公里。而且俄罗斯现有的51个城市集聚区中，仅有十个位于占俄罗斯国土面积2/3的亚洲地区。其次是俄方的戒备心理。对东部地区沦为原料附庸的担忧、人口减少的现实威胁[①]、对17～19世纪远东历史的特殊记忆[②]、中国在国际经济政治舞台上地位的进一步提升，这些都可能使俄方以特殊的防范心态对待中国与远东和东西伯利亚地区的合作。虽然中国参与远东和东西伯利亚开发具有亚太地区其他国家难以兼具的地理位置、资金和劳动力优势，但相关合作项目推进速度较慢，当然有各自企业对对方投资环境和投资合作潜力认知不足等原因，但其中最主要的原因之一还是俄方的戒备心理。最后，随着世界页岩气开发前景逐渐趋于乐观，俄罗斯远东和东西伯利亚地区的油气开发将面临经济合理性的考验。俄罗斯50%的油气前景储量集中在东西伯利亚和远东人迹罕至的地区，并且相当大一部分集中在北极及其北冰洋大陆架地区[③]，未来俄罗斯天然气和石油开采量的增加主要依托东西伯利亚和远东地区，特别是萨哈林岛大陆架的油气资源。但是，复杂的气候和地质条件使这些地区的油气开采成本较高。在世界能源产品价格处于高位的条件下，开采远东和东西伯利亚的能源具有商业

---

① 根据预测，到2050年，俄罗斯亚洲部分的人口将是1989年人口数量的59%，А. Вишневский, Е. Андреев, А. Трейвиш, Перспективы развития России. Роль демографического фактора, М.: Научные труды ИЭПП, 2003.
② 见本书第七章第二节。
③ Л. Рубан, Перспективы энергетического сотрудничества России-АТР（в экспертных оценках）, М., 2010, стр. 172.

价值。但是一旦发端于北美的"页岩气"革命真正开始，世界能源结构会随之做出较大调整，俄罗斯远东和东西伯利亚的"昂贵常规能源"或将再无市场可言。

二 适当考虑参与西伯利亚南部地区——阿尔泰地区的旅游开发和农业开发

远东和东西伯利亚地区虽然以能源原材料优势见长，其他优势也不容忽视。如旅游开发和农业开发优势。位于西伯利亚南部的阿尔泰地区具有广阔的旅游业开发和农业发展前景。在旅游开发领域，阿尔泰地区拥有独特的原始自然风貌、悠久的旅游业开发历史、发展旅游业的良好市场基础、淳朴的民风和融洽的民族关系、旅游业发展的良好政策环境、不断完善的交通基础设施、旅游需求市场的成长性等七大优势，我国企业可以积极探索参与该地区旅游业的开发。我国参与俄罗斯阿尔泰地区旅游开发具有三大优势。一是资金优势与经验优势。近年来，万科、万达、恒大、龙湖、绿地、金茂地产等纷纷进军我国的旅游地产行业，已经积累了一定的经验，并具有较强的资金实力，可以试着探索进入国际市场（万达集团和泛海控股已与俄罗斯北高加索度假村签署了一份总投资额为25亿~30亿美元的投资意向协议书）。二是客源优势。2000年之后，中国出境旅游年均增幅超过20%，2011年的出境人数超过7025万人次，预计2012年将突破8000万人次。出境旅游消费达690亿美元，仅次于美国和德国。从出境旅游市场规模上看，目前我国的出境旅游市场已经是美国的1.2倍，日本的3.5倍。在不久的将来，中国将成为世界第一大出境旅游市场。三是地缘优势。俄罗斯阿尔泰地区与我国接壤，具有成为我国出境旅游目标市场之一的地缘位置优势。

此外，阿尔泰边疆区是俄罗斯主要的农业区，具有发展农业的良好条件，食品加工业在当地经济中占有重要地位。面粉产量在全俄各联邦主体中排名第一，牛奶产量第三，谷物产量排名第四。近年来，我国农业对外投资额快速增长，合作地域范围已从东南亚国家扩展到南美和非洲地区，产业范围也从粮食作物扩展到经济作物和农产品加工，积累了初步的经验。因此，可以探索与阿尔泰边疆区的农业合作。当然，因目前俄罗斯农业用地对外资企业只能租赁不能买卖，因此需要与当地政府进行合作，取得当地政府的支持。此外，还应当增强对外投资企业的实力，解决资金短缺问题，提升人员素质，避免野蛮开发，注意保持生态平衡。

三 可以探索城市间的合作

2011年我国城市化率达到51.3%，首次超过50%，正在步入加速城市化的中期阶段，部分地区的城市发展正在走向集群化，集群化逐渐成为中国城市化的一个基本趋势。俄罗斯的城市化在苏联时期的工业化进程中达到巅峰，有过很多教训，当然也有值得借鉴的经验。我国长江中游城市群与俄罗斯伏尔加河流域城市群在科技教育、机械制造、航空造船、石化资源、旅游人文等领域有着较大的合作机会和互补性，开展中国长江流域城市群与俄罗斯伏尔加河流域城市群的区域合作，是中俄地区合作从毗邻地区扩大到两国其他地区、推进全面合作的重要步骤。目前，中国国家发展改革委员会东北振兴司正在组织开展中国长江中游城市群与俄罗斯伏尔加河流域城市群区域合作专题调研，这或将成为中俄城市间合作的前奏。2012年8月中俄总理定期会晤委员会运输合作分委会第16次会议期间，双方决定两国地方间客货航班将由每周400次增至423次，城市间合作的便利条件增加。

四 在合作中应该秉持战略思维与理性思维相结合的原则

我国与俄罗斯互为邻国，邻居是不可以选择的，而合作是必然的选择。实际上，从俄罗斯国家层面来看，虽然对东部地区与中国的合作存在诸多防范，但世界经济与贸易中心日渐转向亚太地区是事实。俄罗斯已经意识到，必须做好准备使东部地区适应这一发展趋势。实际上早在2000年11月10日普京总统谈到亚太政策时就指出："我们任何时候也没有忘记，俄罗斯的大部分领土位于亚洲。我们同亚太国家一起从言论转向行动去发展经济、政治和其他联系的时刻到了。""在很短的时间内，亚太地区各国，首先是日本、中国、东盟国家发生了巨大的变化。俄罗斯也不会置身于这些进程之外。"[①] 在与亚太地

---

① 《普京文集（2002~2008）》，中国社会科学出版社，2008，第196~198页。

区国家的合作中，尽管俄罗斯为寻求国家利益最大化，强调同时加强与中、日、韩的合作，并力图全面出击。但俄日关系无法摆脱在北方四岛上的领土争端，双方政治关系前景不甚明晰；俄韩关系中，美韩军事同盟关系和朝鲜半岛南北关系问题是主要制约因素。对中俄战略协作伙伴关系，普京总统在 2012 年 6 月访华时的表述是："已经到达了一个前所未有的高度。"可见，在未来俄罗斯亚太战略中，中国的重要性会得到提升。当然，俄罗斯在与亚太国家的合作中，惯于挑动这些国家之间的争斗来追求利益最大化，对此也要有清醒的认识。

与此同时，在与俄方合作中，也应理性分析自身实力，须知"知人者智，自知者明"。我国在经历了 30 年的经济高速增长后，综合国力大幅提升，国际地位和影响力显著提高。在此背景下，国人的"弱国心态"日渐消弭，但是随之而来的却不是成熟的"大国心态"，很多情况下是过分的自信心膨胀、妄自尊大。而且经济快速增长不仅没有改变我们好面子、缺乏契约精神的文化心态，反而让其更加浮躁。实际上，我国与主要投资大国之间还有较大的差距。一是经济实力的差距。根据国际经验，开始大规模对外投资的国家一般都是经济发展水平远远超过了同期世界经济发展平均水平，人均收入水平高于同期世界人均 GDP 的国家。按现价计算，2011 年我国人均 GDP 虽然已达 5400 美元，但离高收入国家 12000 美元的标准还有较大的差距。二是缺乏具有竞争力的制造业企业。尽管我国国有企业经过多年的改革之后，在资源开采等领域已经具备了一定的国际竞争力，形成了一批具有跨国投资能力的能源资源巨头，并且正在对外直接投资中扮演开路先锋的角色，但是制造业企业竞争力不足仍是不争的事实。当然，也不必妄自菲薄。我国发展与俄罗斯的地区合作除了地理位置优势外，还有两大优势。首先是巨额的外汇储备。在出口导向型政策作用下，我国积累了巨额的外汇储备，目前我国的外汇储备已跃居世界第一，这是我国进行对外投资的重要支撑。其次是我国能源资源对外依赖程度的上升和国内产业转移及自主创新能力建设产生的推动效应。前者决定能源资源类行业仍将是我国对外投资的重点，后者则预示着以机械、汽车、新能源为代表的高端制造业对外投资有望较快增长。

因此，我们在加强与俄罗斯远东和东西伯利亚等传统地区合作的同时，还应更多放眼于其他地区，同时在合作中应当以稳健成熟的心态把握好节奏，不宜"贪快求大"。古语曰："欲速则不达，见小利则大事不成。"应树立全局和长期合作的观念，进行一定的战略安排，克服短视行为和急功近利思想，有条不紊、积极稳步推进。合作领域不需要齐头并进，全面开花，而是应本着互利共赢原则，"择可行而后行"，先行实施双方利益契合点较多的项目，然后依次逐步铺开。

主要参考文献

中文部分

1. 〔俄〕德·利沃夫主编《通向21世纪的道路——俄罗斯经济的战略问题与前景》，陈晓旭、乔木森等译，经济科学出版社，2003。
2. 〔美〕乔治·亚历山大·伦森：《俄国向东方的扩张》，商务印书馆，1978。
3. 安虎森：《新区域经济学》，东北财经大学出版社，2010。
4. 陈联璧：《俄罗斯民族关系问题研究》，中华社科基金项目成果（1998）。
5. 程雪阳：《联邦制应否基于民族政治自治？——从俄罗斯联邦制与民族主义的关系谈起》，《清华法治论衡》第12辑，清华大学出版社，2009。
6. 冯春萍：《过渡时期俄罗斯区域社会经济发展新特点》，《世界地理研究》，2002年3月。
7. 郭连成、车丽娟：《俄罗斯预算联邦制的改革与发展》，《俄罗斯中亚东欧研究》2009年第3期。
8. 纪晓岚：《苏联城市化历史过程分析与评价》，《东欧中亚研究》2002年第3期。
9. 〔苏〕特·库采夫：《新城市社会学》，中国建筑工业出版社，1987。
10. 李雅君：《俄罗斯的联邦制改革》，载邢广程：《2005：应对挑战》，社会科学文献出版社，2006。
11. 刘向文：《俄罗斯联邦主体的合并及其对我国的启示》，《社会转型时期宪政建设问题国际研讨会论文集》2007年5月。

12. 陆南泉：《普京的治国理念与俄罗斯的未来》，《当代世界与社会主义》2005年第2期。

13. 苗长虹、樊杰、张文忠：《西方经济地理学区域研究的新视角》，《经济地理》2002年第6期。

14. 宋锦海：《俄罗斯的中央－地方关系：地方选举带来的变化》，《欧洲》1998年第4期。

15. 唐朱昌：《从危机到治理：俄罗斯中央和地方关系制度变迁评析》，《学习与探索》2006年第3期。

16. 邢广程、张建国主编《梅德韦杰夫和普京——最高权力的组合》，长春出版社，2008。

17. 许新、陈联璧、潘德礼、姜毅：《解决民族问题的阶级斗争方式与民族关系危机》，《中国民族报》2009年10月16日第7版。

18. 许新：《从中央与地方的经济关系看苏联的解体》，《世界经济》1992年第6期。

19. 周民良：《转轨进程中的俄罗斯区域经济发展》，《开发研究》2000年11月。

20. 周尚文、叶书宗、王斯德：《新编苏联史（1917～1985）》，上海人民出版社，1990。

俄文部分

1. А. Алексеев, Н. Зубаревич, Кризис урбанизации и сельская местность России, Миграция и урбанизация в СНГ и Балтии в 90-е годы. М., 1999.

2. А. Вишневский, Е. Кваша, Т. Харькова, Е. Щербакова, Аграрные проблемы современной России: российское село в демографическом измерении, Мир России, №1. 2007.

3. А. Вишневский, Серп и рубль, Консервативная модернизация в СССР. М., 1998.

4. *А. Геттнер*, Европейская Россия: Антропогеографический этюд, М.: Изд. журнала Землеведение, 1909.

5. *А. Гранберг*, Основы региональной экономики, Издательский дом ГУ ВШЭ. М., 2004.

6. *А. Малчинова*, Доктрина регионального развития Российской Федерации: макет-проект, Центр проблемного ан. и гос.-упр. Проект, М.: Научный эксперт, 2009.

7. *А. Малчинова*, Региональное измерение государственной экономической политики, Центр проблемного анализа и государственно-управленческого проектирования, М.: Научный эксперт, 2007.

8. *А. Махрова, Т. Нефедова, А. Трейвиш*, Московская область сегодня и завтра: тенденции и перспективы пространственного развития. М.: Новый хронограф, 2008.

9. *А. Минц*, Прогнозная гипотеза развития народного хозяйства Европейской части СССР: Ресурсы, среда, расселение, М., 1974.

10. *А. Трейвиш*, Город, район, страна и мир, Развитие России глазами страноведа, М.: Новый хронограф, 2009.

11. *А. Трейвиш*, Остров Россия на пороге XXI века как часть мировой экономики, Геополитическое положение России: представление и реальность. Под. ред. В. Колосова. М., 2000.

12. *А. Хагуров*, Некоторые мотодологические аспекты исследования российского села, Социалогические исследования, №2, 2009.

13. *А. Чирикова*, Региональные элиты России, М.: Аспект Пресс, 2010.

14. *Б. Миронов*, Социальная история России периода империи (XVIII-начало XX в.) СПб: Дм. Буланин, 1999.

15. *Б. Родоман*, Проблема сохранения экологических функций пригородной зоны Москвы, Проблемы землепользования в связи с развитием малоэтажного жилищного строительства в Московском регионе. М.: Моск. обл. совет народных депутатов, 1993.

16. *В. Артемов*, *О. Новохацкая*, Сельская повседневность в 1970 – 2000 годы: данные к анализу, Экономическое развитие России: региональный и отраслевой аспекты: сб. науч. тр., под ред. Е. Коломак, Л. Машкиной. Новосибирск: ИЭОПП СО РАН, 2006.

17. *В. Башмачников*, Минсельхоз меняет взгляды: интервью, Деловой крестьянин, №2. 2008.

18. *В. Г. Глушкая*, *Ю. А. Симагина*, Федеральные округа России. региональная экономика: учебное пособие, М.: КНОРУС. 2009.

19. *В. Глазычев*, Город России на пороге урбанизации, Город как социокультурное явление исторического процесса. М., 1995.

20. *В. Земсков*, Спецпоселенцы в СССР (1930 – 1960), М., Наука, 2005.

21. *В. Идрисова*, *Л. Фрейкман*, Влияние федеральных трансфертов и фискальное поведение региональных властей, Научные труды № 137Р, ИЭПП, 2010.

22. *В. Кистанов*, *Н. Копылов*, Региональная экономика России, М.: Финансы и статистика, 2009.

23. *В. Пациорковский*, Сельская Россия: 1991 – 2001гг., М., 2003.

24. *В. Пациорковский*, Сельско-городская Россия, М.: ИСЭПН РАН. 2010.

25. *В. Селин*, Современное геоэкономическое позиционирование в российской Арктике, Вопросы экономики, №12. 2011.

26. *Г. Павлова*, Брошенные сельскохозяйственные земли—угроза безопасности, Экономист, №4. 2012.

27. *Г. Полян*, *Т. Нефедова*, *А. Трейвиш*, *Д. Лухманов*, *А. Титков*, *С. Сафронов*, Город и деревня в Европейской России: сто лет перемен. М., 2001.

28. *Г. Шмелев*, Аграрная политика и аграрные отношения в России в XX веке. М., 2000.

29. *Е. Балабанова*, *А. Бедный*, *А. Грузинский*, Концентрация собственности в сельском хозяйстве: путь становления эффективного предприятия, Социол. исслед. №4. 2005.

30. *Ж. Зайончковская*, *Н. Мкртчян*, Внутренняя миграция в России: правовая практика, центр миграционных исследований институт народнохозяйственного прогнозирования РАН, Москва 2007.

31. *Ж. Зайончковская*, Россия: миграция в разном масштабе времени, М., 1999.

32. *З. Калигина*, Парадоксы аграрной реформы в России. Новосибирск, 2000.

33. *З. Калугина*, *О. Фадеева*, Новая парадигма сельского развития, Мир России, №2. 2009.

34. *И. Стародубровская*, *Н. Зубаревич*, *Д. Соколов*, *Т. Интигринова*, *Н. Миронова*, *Х. Магомедов*, Северный Кавказ: модернизационный вызов, М.:, Издательский дом «Дело» РАНХиГС, 2011.

35. *И. Ильин*, Аграрная реформа в полиэтническом регионе, Чебоксары, 2006.

36. *И. Калашникова*, *К. Филиппова*, Современное состояние и проблемы промышленного производства российского Дальнего востока, Региональная экономика: теория и практика, №32 (263). 2012.

37. *И. Липсиц*, Монопрофильные города и градообразующие предприятия: обзорный доклад, М.: ИД Хроникер, 2000.

38. *И. Соболева*, *Т. Ремингтон*, *А. Соболев*, *М. Урнов*, Дилеммы губернатора: экономические и социальные компромиссы в ходе перераспределительной политики, М.: Изд. дом Высшей школы экономики, 2012.

39. *Л. Давыдов*, Внутренняя миграция в России как путь к выравниванию уровней социально-экономического развития регионов, Профиль, 24 мая 2010 года.

40. *Л. Рубан*, Перспективы энергетического сотрудничества России-АТР (в экспертных оценках), М., 2010.

41. *М. Хауке*, Пригородная зона большого города. М.: Гос. изд-во литературы по строительству, архитектуре и строительнам материалам, 1960.

42. *М. Титаренко*, Россия и её азиатские партнеры в глобализирующемся мире, М.: ИД «ФОРУМ», 2012.

43. *Н. Миронова*, *Х. Магомедов*, Северный Кавказ: модернизационный вызов, М.: Издательский дом «Дело» РАНХиГС, 2011.

44. *Н. Петраков*, Модернизация и экономическая безопасность России: Т. 1 М.: ИД «Финансы и кредиты», 2009.

45. *Н. Петраков*, Модернизация и экономическая безопасность России: Т. 2 М.; СПб.: Нестор-История, 2011.

46. *Н. Шагайда*, Оборот сельскохозяйственных земель в России: трансформация институтов и практика, М.: Ин-т Гайдара, 2010.

47. *Н. Зубаревич*, Развитие и конкуренция крупнейших городов России в периоды экономического роста и кризиса, Региональные исследования №1（27）, 2010.

48. *Н. Зубаревич*, Региональное развитие и институты: российская специфика, Региональные исследования №2（28）, 2010.

49. *Н. Тихонова*, *А. Акатнова*, *Н. Седова*, Жилищная обеспеченность и жилищная политика в современной России, Социологические исследования, №1, 2007.

50. *О. Кузнецова*, Федеральная региональная политика в России: современное состояние и перспективы, Региональные исследования №1（22）．2009.

51. *П. Великий*, Неоотходничество, или лишние люди современной деревни, Социологические исследования, №9. 2010.

52. *П. Великий*, Российское село: кризис созидания, Тезисы докладов и выступлений на Всероссийском социологическом коргрессе, М., 2006.

53. *П. Кириллов*, *А. Махрова*, Субурбанизация в московском столичном регионе: современное и перспективное состояние, Региональные исследования, №4－5（25）, 2009.

54. *Р. Медведев*, Народ и власть, Свободная мысль, №4. 1998.

55. *С. Лепина*, Стратегические приоритеты социально-экономического развития республик северного кавказа: пути и методы их достижения, М.: Издательство ЛКИ, 2010.

56. *С. Артоболевский, О. Вендина, Е. Гонтмахер, Н. Зубаревич, А. Кынев*, Объединение субъектов Российской федерации: за и против, Москва 2010.

57. *С. Котлярова*, Практика формирования кластеров в регионах России, Региональная экономика: теория и практика, №24 (255). 2012.

58. *С. Паникарова*, Границы и структура этноэкономики региона, Региональная экономика: теория и практика, №4. 2011.

59. *С. Артоболевский, О. Глезер*, Региональная политика, Региональное развитие и региональная политика России в переходный период, М.: Издательство МГТУ им. Н. Э. Баумана, 2011.

60. *Т. Горбачева*, Использование данных обследования населения по проблемам занятости в России для определения параметров теневой экономики, Вопросы статистики, №6. 2000.

61. *Т. Заславская*, Страницы творческой биографии, Реформаторские течения в отечественной аграрно-экономической мысли (1950 – 1990 – е гг.). М. 1999.

62. *Т. Нефедова* Сжатие внегородского освоенного пространства России, Сжатие социально-экономического пространства: новое в теории регионального развития и практике госрегулирования, М., 2010.

63. *Т. Нефедова, А. Трейвиш*, Между городом и деревней, Мир России, №4. 2002.

64. *Т. Нефедова, Дж. Пэллот*, Индивидуальные хозяйства населения как объект географического изучения, Известия РАН, Сер. геогр. №3. 2002.

65. *Т. Нефедова, П. Полян, А. Трейвиш*, Город и деревня в Европейской России: сто лет перемен, М.: ОГИ, 2001.

66. *Т. Нефёдова*, Перспективы регионального развития сельского хозяйства и сельской местности, Социально-экономическая география традиции и современность, 2009. М. : Смоленск: Ойкумена.

67. *Т. Нефедова*, Прошлое, настоящее и будущее старосвоенных периферийных районов Нечерноземья（на примере Костромской области）, Вопросы государственного и муниципального управления, №1. 2008.

68. *Т. Нефедова*, Российская периферия как социально-экономический феномен, Региональные исследования, №5（20）. 2008.

69. *Т. Нефедова*, Российские дачи как социальный феномен, SPERO, №15, Осень-Зима 2011.

70. *Т. Нефедова*, Сельская Россия на перепутье, Новое издательство, 2003.

71. *Т. Нефёдова*, Увидеть Россию, Отечественные записки, №5. 2006.

72. *Т. Шанин*, Рефлексивное крестьяноведение и русское село, Рефлексивное крестьяноведение. М. 2002.

73. *Ю. Михайлов*, Административно- территориальная система России: проблемы устойчивого развития. Изд. РГО, 1999.

74. *Ю. Лужков*, Сельский капитализм в России, М. , 2005.

75. *Ю. Пивоваров*, Урбанизация России в XX веке: представления и реальность, Общественные науки и современность, №6. 2001.

后　　记

　　俄罗斯地区经济社会发展是一项涉及范围十分广泛的研究课题，本人历时多年，尝试从整体上对这一问题进行把握，然而受精力和水平的限制，只能说有了一个大体的轮廓，希望以此抛砖引玉，今后能够看到更为广泛而深入的研究。

　　在课题研究过程中，得到了众多师长和同仁的关心和帮助。在本书付梓之时，感谢陆南泉教授欣然作序，感谢李建民教授的悉心指导，感谢程亦军教授和李福川教授提出宝贵的修改意见，感谢冯育民老师的鼎力相助。

　　感谢俄罗斯科学院教授 A. Трейвиш 和 T. Нефедова，感谢莫斯科大学地理系教授 Н. Зубаревич，感谢盖达尔经济政策研究所研究员 И. Стародубровская。在本书写作过程中，不仅借鉴了他们丰硕的研究成果，我还就一些问题多次向他们求教。他们以丰厚的学养、俄罗斯知识精英的风范、对来自中国同行的悉心指导和无私帮助让我受益匪浅，感念至深。

　　对本书编辑张苏琴女士致以特别的敬意。她的严谨与求精，使书稿避免了不少错误和粗粝之风，能够坦然呈给读者。尽管作者呕心沥血，编辑精心打磨，但错误或许难以避免，恳请同行批评指正。

高际香

2012 年冬于莫斯科

图书在版编目(CIP)数据

区域经济社会发展：俄罗斯的探索与实践/高际香著.—北京：
社会科学文献出版社，2013.5
（当代俄罗斯东欧中亚研究丛书）
ISBN 978-7-5097-4369-0

Ⅰ.①区… Ⅱ.①高… Ⅲ.①区域经济发展-研究-俄罗斯
②区域发展-社会发展-研究-俄罗斯 Ⅳ.①F151.27

中国版本图书馆 CIP 数据核字（2013）第 041222 号

·当代俄罗斯东欧中亚研究丛书·

区域经济社会发展
—— 俄罗斯的探索与实践

著　　者 /	高际香
出 版 人 /	谢寿光
出 版 者 /	社会科学文献出版社
地　　址 /	北京市西城区北三环中路甲 29 号院 3 号楼华龙大厦
邮政编码	100029

责任部门 /	全球与地区问题出版中心 （010） 59367004	责任编辑 /	张苏琴
电子信箱 /	bianyibu@ssap.cn	责任校对 /	牛立明
项目统筹 /	祝得彬	责任印制 /	岳　阳
经　　销 /	社会科学文献出版社市场营销中心 （010） 59367081 59367089
读者服务 /	读者服务中心 （010） 59367028

印　　装 /	北京季蜂印刷有限公司		
开　　本 /	787mm×1092mm 1/16	印　张 /	19.25
版　　次 /	2013 年 5 月第 1 版	字　数 /	314 千字
印　　次 /	2013 年 5 月第 1 次印刷		
书　　号 /	ISBN 978-7-5097-4369-0		
定　　价 /	59.00 元		

本书如有破损、缺页、装订错误，请与本社读者服务中心联系更换

版权所有　翻印必究